Im Januar 2011 war der bedeutende ägyptische Autor Alaa al-Aswani unter den Tausenden von Menschen, die am Tahrir Platz in Kairo gegen das Mubarak Regime protestierten. Es war der Moment, auf den al-Aswani mit seinen wöchentlichen Zeitungskolumnen seit Jahren hingearbeitet hat: Unerschrocken hat er darin Korruption und Gewalttätigkeit des Regimes offengelegt, Missstände wie die fehlende Meinungsfreiheit oder die Unterdrückung der Frau angeprangert. Diese Auswahl kritischer Essays gewährt nebst der vernichtenden Kritik von Mubarak einen lebendigen – und bisweilen erschreckenden – Einblick in den Alltag der Ägypter während der brisanten Zeit vor dem Sturz des Regimes. Und als Lösung kommt immer nur eines in Frage: Demokratie!

Alaa al-Aswani wurde 1957 in Ägypten geboren. Er hat in Kairo und in den USA Zahnmedizin studiert und ist seit vielen Jahren in Kairo als Zahnarzt, Journalist und Schriftsteller tätig. Sein literarisches Debut ›Der Jakubijân-Bau‹ war ein internationaler Bestseller und zählt zu den meistbeachteten Romanen der arabischen Literatur. Mit seinen literarischen, vor allem aber mit seinen journalistischen Texten engagiert sich al-Aswani aktiv für ein freies, demokratisches Ägypten.

Weitere Informationen, auch zu E-Book-Ausgaben, finden Sie bei www.fischerverlage.de

Alaa al-Aswani

Im Land Ägypten
Am Vorabend der Revolution

Aus dem Arabischen
von Hartmut Fähndrich

Mit einer Nachbemerkung
von Hartmut Fähndrich

Fischer Taschenbuch Verlag

MIX
Papier aus verantwor-
tungsvollen Quellen
FSC
www.fsc.org   FSC® C019821

Deutsche Erstausgabe
Veröffentlicht im Fischer Taschenbuch Verlag,
einem Unternehmen der S. Fischer Verlag GmbH,
Frankfurt am Main, August 2011

Die Originaltexte erschienen auf Arabisch in drei Bänden
und in der vorliegenden Auswahl auf Englisch
unter dem Titel ›On the State of Egypt‹
bei Canongate Books
© 2011 Alaa al-Aswani
Für die deutsche Ausgabe:
© S. Fischer Verlag GmbH, Frankfurt am Main 2011
Gesamtherstellung: Druckerei C. H. Beck, Nördlingen
Printed in Germany
ISBN 978-3-596-19409-4

Einleitung

Im Jahre 2004 nahm ich an einer Literaturveranstaltung in New York teil. Als das Publikum Gelegenheit bekam, sich zu äußern, meldete sich ein junger Amerikaner, sprang auf und stellte mir die folgende Frage: »Habt ihr Araber mit Frauen auf die gleiche Art Sex wie wir hier im Westen?« Im Publikum rumorte und kicherte es eine Weile, dann antwortete ich: »Soweit mir bekannt, lieben sich Menschen überall in der Welt auf die gleiche Art, aber es ist nie verkehrt, dabei besser zu werden.« Der ganze Saal brüllte vor Lachen und der größte Teil des Publikums dachte, es handle sich um einen Scherz, um die Atmosphäre ein wenig zu lockern. Nach der Veranstaltung kam der Mann zu mir und fragte ganz höflich, ob mich die Frage verärgert habe. Ich sagte nein und schüttelte ihm herzlich die Hand. Daraufhin erklärte er, er habe im Fernsehen gesehen, dass in manchen antiken Zivilisationen die Männer beim Sex den Körper der Frau völlig mit einem Tuch zudeckten und nur eine kleine Öffnung ließen.

Ich schaute den jungen Mann an. Er schien völlig arglos, wusste offenbar wirklich nicht, was diese Araber da mit ihren Frauen anstellten, und erwartete, dass sie alle möglichen skurrilen und außergewöhnlichen Dinge mit ihnen taten, wie wir das von Außerirdischen vermuten würden. Dieser Zwischenfall illustriert die tiefe und immer weiter werdende Kluft zwischen dem Westen und der arabischen Welt. Die Kenntnisse im Westen über Araber und Muslime waren schon immer bescheiden und oberflächlich. Was sich in der islamischen Welt abspielt, hatte nie Priorität in den westlichen Medien, und das Berichtete wurde immer so zurechtgestutzt, dass es den Interessen westlicher Mächte entsprach. So wurde beispielsweise ein despotischer arabischer Herrscher, egal welcher Verbrechen gegen sein eigenes Volk er sich schuldig machte, als gemäßigt und weise bezeichnet, so lange er den westlichen Interessen diente. Wenn er sich jedoch gegen diese wandte, wurde er umgehend zum Diktator, und alle seine Verbrechen wurden angeprangert. Einer US-Besetzung Widerstand zu leisten, galt immer als Terrorismus, während der Widerstand gegen sowjetische Besetzung ein ruhmvoller und heldenhafter Akt war. Dann gab es die Anschläge vom 11. September, ein veritabler Wendepunkt, der aber vielen Menschen im Westen zu bestätigen schien, was sie immer schon zu wissen glaubten: dass die Araber anders sind als die Weißen im Westen. Man betrachtete sie als weniger arbeitsam, als träge und lüstern, als Menschen, die Frauen als Sexobjekte behandeln, und, dies am gefährlichsten, als Menschen, die von Natur und von Kultur aus eine Neigung zu Mord und Totschlag haben.

Die antiarabischen und antiislamischen Artikel, die die westliche Presse zurzeit veröffentlicht, wären noch vor zwei Jahrzehnten als unerträglich reaktionär und rassistisch betrachtet worden, doch stehen die Tore des Hasses leider weit offen. Auf Dutzenden westlicher Fernsehkanäle diskutieren Gäste, die als Mittelostexperten vorgestellt werden, die Frage, warum der Islam eine gewalttätige Religion ist und warum er den Mord an Menschen rechtfertigt. Viele dieser Experten wissen bedauerlich und beschämend wenig von islamischer Kultur, und viele von ihnen folgen lediglich der vorherrschenden Meinung. Wenn die Tendenz dahin geht, die Muslime für terroristische Akte verantwortlich zu machen, müssen sich auch die Experten dahingehend äußern. Keiner von ihnen wird je erwähnen, dass die Opfer des Terrorismus unter Arabern und Muslimen viel zahlreicher sind als im Westen oder dass man den Islam, wie alle Religionen, sowohl als menschlich und großherzig lesen kann als auch, falsch, als Aufforderung zu Verbrechen. Keiner wird je erwähnen, dass die Religion, jedwede Religion, nicht verantwortlich ist für diejenigen, die sie missverstehen. Keiner wird darauf hinweisen, dass die christliche Religion, die Liebe und Toleranz lehrt, auch schon falsch verstanden wurde und zu Kreuzzügen und Inquisition aufrief, wodurch Zehntausende Unschuldiger ums Leben kamen – was uns aber nicht das Recht gibt zu glauben, dass die christliche Lehre zu Gewalt aufruft. Keiner wird all das erwähnen oder es in seine Überlegungen einbeziehen. Je eindeutiger das herrschende Stereotyp, desto verlässlicher! Jeder Araber und jede Araberin ist und bleibt potenziell ein Terrorist oder eine Terroristin, egal wie kultiviert und wie gebildet er oder sie ist.

Während der vergangenen Jahre bin ich dutzende Male in westliche Länder gereist, um aus meinen Büchern zu lesen und mein Lesepublikum zu treffen. An Flughäfen bin ich kein bekannter Schriftsteller, sondern lediglich ein arabischer Passagier, ein potentieller Terrorist und eine leichte Beute für alle, die ihren Hass auf Araber oder Muslime loswerden wollen. Nicht dass ich etwas gegen Sicherheitsmaßnahmen hätte, ich rede von einer feindseligen Einstellung, die nichts mit Sicherheit zu tun hat: diese forschenden, hass- und verachtungsschwangeren Blicke, die manche Sicherheitsbeamte einem zuwerfen, nur weil man arabisch aussieht oder weil die Ehefrau den Hidschab* trägt. Man kommt sich völlig gede-

---

* Hidschab: Kopf- und Schultertuch, oft verbunden mit langem Kleid mit langen Ärmeln; das Gesicht bleibt unbedeckt.

mütigt vor und macht sich dann klar, dass es keinen Grund zur Beschwerde gibt. Diese Beamten haben gelernt, ihre Demütigungen sanft zu erteilen. Sie schlagen dich niederträchtig ins Gesicht, tragen dabei aber Samthandschuhe, die keine Spuren hinterlassen. Ich werde nie das ägyptische Mädchen vergessen, das von einer Sicherheitsbeamtin am Charles-de-Gaulle-Flughafen in Paris gezwungen wurde, ihren Mantel auszuziehen, obwohl sie darunter nur ihre Unterwäsche trug. Ich werde nie ihren Gesichtsausdruck vergessen. Sie weinte vor Furcht und Scham, während sie unter den Blicken aller Passagiere in Unterwäsche durch die elektronische Schranke ging.

Einmal, es war am Flughafen von Nizza, und ich hatte wie die anderen Passagiere alle Formalitäten hinter mich gebracht und war nur noch ein paar Schritte von der Straße entfernt. Da erschien ein französischer Zollbeamter, seine Lippen leckend wie in den Cartoons die Katze, die die Maus betrachtet. Er winkte mich mit einem Finger herüber, als wolle er deutlich machen, wie unbedeutend ich sei. Er inspizierte meinen Pass, warf einen forschenden Blick voller Abscheu und Verachtung auf mich und wollte dann wissen, was ich in Frankreich vorhätte.

Ich war überrascht und erwiderte nichts, worauf er seine Frage lauter wiederholte: »Sie verstehen Französisch? Was wollen Sie hier?«

»Ich bin nach Frankreich gekommen, um mich nach guten Kühen umzusehen?«

»Kühen?«, fragte er überrascht, was mir zeigte, dass seine Intelligenz begrenzt war.

»Ja, ich möchte in Frankreich Kühe kaufen«, erklärte ich ruhig und tiefernst.

»Aber in Ihrem Pass steht, dass Sie Zahnarzt sind«, sagte er.

»Sehen Sie, daran können Sie erkennen, dass manche Zahnärzte Kühe lieben«, erwiderte ich.

Erst jetzt kam meine Botschaft an. Der Mann blickte wütend. Wir standen da und starrten uns volle dreißig Sekunden an. Ich war entschlossen, nicht wegzuschauen, selbst auf die Gefahr hin, eine Nacht im Gefängnis verbringen zu müssen. Schließlich lenkte er ein, reichte mir meinen Pass und ließ mich hinausgehen. Ich sollte hinzufügen, dass ich ein gerüttelt Maß an Immunität genieße: Ich bin ein bekannter Autor, ich spreche Französisch, ich verfüge über ein Dreijahresvisum für Europa – und ich war zu einem Vortrag über arabische Literatur am Institut für Politische Studien in Menton eingeladen. Wenn man mich trotz alldem so behandelt, ist leicht vorstellbar, wie dieser Zollbeamte mit einer Frau im Hidschab umspringt, die kein Französisch kann, oder mit einem einfachen arabischen Mann.

Eine Welle des Hasses gegen Araber und Muslime überspült zurzeit den gesamten Westen. Gleichzeitig wird der Begriff ›Westen‹ in der Arabischen Welt häufig verallgemeinert. Westliche Politik, die die schlimmsten Diktaturen unterstützte und zur Besetzung und Zerstörung des Iraks führte, wo, unter dem Vorwand der Einrichtung von Demokratie, eine Million Menschen umkamen, trug dazu bei, dass man in der Arabischen Welt glaubt, dass *der* Westen *den* Arabern und Muslimen feindselig gegenübersteht. Niemand wird hier erwähnen, dass der Westen mehr ist als die Summe seiner Regierungen und dass die westliche Zivilisation auch für anderes steht als für die staatliche Politik. Niemand wird erwähnen, dass jener Westen, der George W. Bush und Tony Blair hervorgebracht hat, derselbe Westen ist, dem die Welt auch Shakespeare, Voltaire und Rousseau verdankt; dass der Westen, der den Kolonialismus in die Arabische Welt getragen hat, derselbe Westen ist, in dem die Vorstellungen von Demokratie und Menschenrechten entwickelt wurden. Niemand wird erwähnen, dass die Demonstrationen gegen die Invasion des Iraks in westlichen Hauptstädten um vieles größer waren als in der islamischen Welt. Aber eben, ein Stereotyp hat endgültig und klar zu sein. Erstaunlich dabei ist, dass die Extremisten auf beiden Seiten derselben Logik folgen. Wenn weiße Rassisten die Araber für weniger fähige und weniger intelligente Geschöpfe halten, für gewalttätiger und blutrünstiger, so denken viele muslimische Extremisten, dass alle Menschen im Westen den Islam hassen und sich auf die eine oder andere Weise gegen ihn verschworen haben. Das Problem ist ein wechselseitiges. Was also tun?

Irgendwann habe ich einmal gelesen, dass die US-Armee während des Vietnamkrieges an ihre Kampftruppen folgende Vorschrift erließ: »Wenn du schießt, sieh dem Feind nicht in die Augen!« Die Idee ist einfach, aber zutiefst bezeichnend. Wer jemandem in die Augen sieht, wird nicht imstande sein, ihn zu töten, weil man in seinen Augen den Menschen in ihm erkennt. Töten ist einfacher, wenn man das Opfer entmenschlicht, wenn wir diejenigen, die wir töten, nicht als menschliche Wesen betrachten, sondern sie kategorisieren als Araber, Juden, Muslime, Hindus oder einfach als Feinde. Ich glaube, wir haben jetzt alle die Pflicht, das Gegenteil dessen zu tun, was die US-Armee befahl. Wir haben die Pflicht, einander in die Augen zu sehen und miteinander zuerst als Menschen zu kommunizieren. Dann wird uns klar werden, dass wir zwar verschiedene Religionen oder Hautfarben haben mögen, dass wir aber zunächst alle Menschen sind, mit den gleichen Gefühlen und Ideen.

Diese Vorstellung ist es, die mich veranlasste, dieses Buch international zu veröffentlichen. Eine solide Mauer aus Missverständnis,

Unkenntnis, Furcht und Hass erhebt sich zurzeit zwischen den Menschen in der Arabischen Welt und denjenigen im Westen. Es ist an der Zeit, diese Mauer einzureißen. Ich hoffe, dieses Buch ist ein, wenn auch kleiner, Schritt in die richtige Richtung.

Die Präsidentschaft und die Erbfolge

Der ägyptische Kampf gegen die Erbfolge

Theaterleute kennen diesen Augenblick. Szenenende. Auf der Bühne wird es dunkel und die Bühnenarbeiter eilen heran, um das Bühnenbild für die nächste Szene umzubauen. Dieser Vorgang, der Umbau, erfordert Übung und Geschick, in erster Linie aber eine genaue Kenntnis dessen, was in der nächsten Szene verlangt wird. Ich habe, wie alle Ägypter, die jüngste Konferenz der Nationaldemokratischen Partei mitverfolgt und war überrascht von der Fähigkeit langjähriger Beamter, zu erfinden und zu lügen. Sie sprechen von Leistungen, die lediglich in ihren Berichten und in ihren Gehirnen existieren, während Millionen von Ägyptern in tiefstem Elend leben. Doch gleichzeitig hatte ich das Gefühl, dass Ägypten sich in einem Umbau befindet, der eigentlich schnell ›über die Bühne‹ gebracht werden sollte, sich dann aber hinzog und versandete. Und dafür gibt es vielerlei Gründe.

Erstens regiert Präsident Mubarak Ägypten seit dreißig Jahren und ist inzwischen über achtzig Jahre alt. Auch wenn ich ihn respektiere, kann er, aufgrund seines Alters und der Gesetze der Natur, seine Stellung nicht für immer innehaben. Vor einigen Tagen überraschte Emad Adib die Öffentlichkeit mit einer höchst ungewöhnlichen Bemerkung: Er hoffe, sagte er, der Präsident werde von seinem Amt zurücktreten, und deutete an, Präsidenten sollten ihr Amt ungefährdet verlassen können, das heißt, sie sollten weder politisch noch rechtlich für das zur Rechenschaft gezogen werden können, was sie während ihrer Amtsausübung taten. Man kann sich nur schwer vorstellen, dass ein langjähriger Kommentator wie Emad Adib, der dem Präsidentenpalast nahesteht, ohne die Erlaubnis oder gar den Auftrag von oben einen so klaren und ernsthaften Vorschlag macht. Diese Zeichen vermehren noch das Durcheinander auf der politischen Bühne im Land, da wir nicht wissen, ob der Präsident nun zurücktreten oder im Amt bleiben wird. Und oft sieht es so aus, als wären am Gipfel der Macht zwei gegenläufige Bestrebungen wirksam: eine, die den Präsidenten im Amt hält, eine andere, die ihn abtreten sehen möchte.

Zweitens arbeitet das Regime seit Jahren intensiv daran, Gamal Mubarak zum Erben seines Vaters aufzubauen. Diese Bemühung blieb nicht auf Ägypten begrenzt, sondern erstreckte sich auch auf das Ausland, und zur Zeit richtet sich das Interesse ägyptischer Außenpolitik hauptsächlich darauf, man muss es leider sagen, die Unterstützung westlicher Länder für Gamal Mubarak zu gewinnen. Der Preis für diese Zustimmung sind das Interesse, das Geld und die Würde der Ägypter. Das ägyptische Regime hat begriffen, dass der Schlüssel zum Herzen des Westens in der Hand Israels liegt. Wenn Israel zufrieden ist, sind sofort alle westlichen Länder ebenso zufrieden. Im Interesse der Erbfolge hat das ägyptische Regime sich selbst dabei überschlagen, Israel Dienste anzubieten. Seit 2005 hat Ägypten Israel Zugeständnisse gemacht, die nicht einmal nach Camp David 1978 denkbar gewesen wären: die Rückkehr des ägyptischen Botschafters, Lieferverträge für Gas, Erdöl und Zement, und, viel wichtiger noch, die Versuche Ägyptens, die Palästinenser dazu zu überreden, sich Israel gegenüber gefügig zu zeigen. Das ging bis zur Schließung des Grenzübergangs bei Rafach und zur Beteiligung der Blockade der Palästinenser und der Bestrafung der Hamas, damit sie sich dem israelischen Willen beuge.

Für diese Dienste konnte das ägyptische Regime mehr oder weniger direkte internationale Unterstützung in der Erbfolgefrage einheimsen. Wir erinnern uns daran, wie bei der Konferenz von Scharm el-Scheich unmittelbar nach dem Massaker in Gaza westliche Führer Präsident Mubarak feierten und ihm offiziell für »seine Friedensbemühungen« dankten. Wir erinnern uns auch daran, wie Präsident Obama, von den Amerikanern gewählt, um weltweit die Respektierung von Menschenrechten und Demokratie durchzusetzen, Präsident Mubarak aufgrund der Schritte, die er zur Demokratie hin unternommen habe, als weisen Führer lobte. Diese Doppelmoral charakterisiert seit eh und je die Haltung westlicher Regierungen. Jeglicher Verdacht von Wahlfälschung in Iran (also bei Israels Hauptfeind) erfährt durch westliche Medien und Politiker sofort eine intensive und erbarmungslose Kampagne im Interesse der Demokratie, während die Notstandsgesetze, die Inhaftierungen, die Folter, die Verfassungsänderungen im Hinblick auf die Präsidentennachfolge und die Beseitigung jeglicher rechtlicher Kontrolle in keiner Weise westliche Entrüstung wachruft, da das ägyptische Regime ein wichtiger und loyaler Verbündeter Israels und der Vereinigten Staaten ist.

Drittens mag die Erbfolgekampagne international erfolgreich gewesen sein, in Ägypten selber war sie ein absoluter Fehlschlag, weil die Ägypter sich nie mit der Idee Ägyptens als monarchischer Republik anfreunden konnten, in der der Sohn den Thron des Vaters erbt. Kommt hinzu, dass Gamal Mubarak, bei allem Respekt für seine Person, vielleicht ein erfolgreicher Banker oder Manager ist, aber doch wohl über keinerlei politisches Talent oder politische Erfahrung verfügt. Schon bei Dutzenden von Treffen und Seminaren ergriff Gamal Mubarak das Wort und wurde von scheinheiligen

Mitgliedern der Nationaldemokratischen Partei und allen möglichen Regierungsschreiberlingen gepriesen; und bei zahlreichen
Besuchen Gamal Mubaraks in Dörfern und Armenvierteln hat die
Staatssicherheit einige jämmerliche Personen ausgewählt, die fotografiert wurden, während sie ihm Beifall klatschten und ihm zu-
jubelten. Doch keine dieser Kampagnen hat die Ägypter davon
überzeugt, dass die Erbfolge eine gute Idee sei. Im Gegenteil, sie
haben sie dazu bewogen, die Erbfolge abzulehnen, zu verdammen
und mitunter sogar darüber zu spotten.

Viertens haben die Lebensbedingungen in Ägypten einen Tiefststand erreicht: Armut, Krankheit, Repression, Korruption, Arbeitslosigkeit, Mangel an Gesundheitsvorsorge und ein immer miserable-
res Bildungswesen. Wer hätte sich je vorstellen können, dass Ägypter
einmal Abwasser trinken müssen? Die Zahl der Menschen, die mit
Fähren untergehen, in Zügen verbrennen oder unter einstürzenden
Häusern begraben werden, ist inzwischen höher als die Zahl aller
Gefallenen in den Kriegen, die Ägypten führte. Aus diesem Grund
haben sich Proteste und Streiks in einer Weise ausgeweitet, wie es
Ägypten seit der Revolution von 1952 nicht erlebt hat. Die Apo-
logeten des Regimes behaupten, diese Proteste brächten nicht den
tatsächlichen Wunsch nach radikaler Reform zum Ausdruck, sondern zielten nur auf einzelne berufliche Belange. Doch diese Leute
begreifen nicht, dass die meisten Revolutionen im Verlauf der Geschichte ihren Ausgang bei Bewegungen nahmen, die nicht eigentlich auf eine Revolution abzielten, da nämlich eine Revolution kein
Slogan oder wohldefiniertes Ziel ist, sondern eine Etappe, durch die
eine Gesellschaft in einem bestimmten Augenblick hindurchgeht,
wenn alles sich leicht entzünden kann. Wir befinden uns zweifellos
in einer solchen Etappe. Alle Ägypter wissen, dass der bisherige
Status quo nicht länger aufrechtzuerhalten oder akzeptabel ist und

dass die Veränderung unausweichlich kommt. Unsere nationale Aufgabe ist es, einen möglichst friedlichen Übergang zur Demokratie zu garantieren, andernfalls könnte sich Ägypten in einem schrecklichen Chaos wiederfinden, das niemand will, weil es das Risiko eines Flächenbrands birgt.

Vielleicht war es diese Ahnung der Gefahr, die den bekannten Autor Muhammad Hassanain Haikal gedrängt hat, mit seinem Projekt für einen Übergang zu demokratischer Veränderung an die Öffentlichkeit zu treten. Es handelt sich, auch wenn wir nicht bis ins Detail damit einverstanden sein mögen, um einen ausgezeichneten und objektiven Ausgangspunkt für eine echte Reform. Außerdem haben die Ägypter begonnen, wichtige Personen zu nennen, die sie sich als gewählte Präsidenten vorstellen könnten: Dr. Mohamed el-Baradei, Amr Mussa und Dr. Achmad Zewail, die alle viel tauglicher für das Präsidentenamt sind als Gamal Mubarak.

Schließlich begann vor ein paar Tagen eine ägyptische Kampagne gegen die Erbfolge, der sich, kaum war sie angekündigt, Dutzende von öffentlichen Personen, Vereinigungen und politischen Parteien anschlossen. Ich selbst habe an der Gründungsveranstaltung teilgenommen, und die Begeisterung und die Aufrichtigkeit der Anwesenden haben mich sehr optimistisch gestimmt. Hassan Nafaa wurde zum Leiter der Kampagne gekürt – eine grundanständige Persönlichkeit, die unserem Vorhaben Glaubwürdigkeit verleiht. Die Mitglieder dieser Kampagne entstammen unterschiedlichen politischen Ausrichtungen: von der Muslimbruderschaft* über die So-

---

* Muslimbruderschaft: 1928 gegründete, fundamentalistisch-konservative Organisation, die ihren Widerstand gegen das Regime durch soziale und karitative Tätigkeit artikuliert hat, zuzeiten aber auch vor Attentaten und Terror nicht zurückschreckte. Die M. wird seit der Nasserzeit daran gehindert, sich zu einer politischen Partei zu formieren.

zialisten und Nasseristen wie Abdalhalim Kandil bis zu den Libera-
len wie Aiman Nur und Osama al-Ghazali Harb. Über alle unsere
politischen und ideologischen Differenzen hinweg haben wir in der
Ausübung unserer nationalen Pflicht zusammengefunden. Die Ziele
sind klar und legitim: Man will verhindern, dass ein großes Land
wie Ägypten vom Vater auf den Sohn weitergereicht wird wie ein
Stück Land oder eine Hühnerfarm; man will das natürliche Recht
der Ägypter wiederherstellen, diejenigen zu bestimmen, die das
Sagen über sie haben; man will alle Ägypter in den Genuss von
Gerechtigkeit und Freiheit kommen lassen. Ägypten hat das Potential zu einem großen Staat. Doch dieses Potential ist vom Despotismus gelähmt. Wenn es Demokratie gäbe, könnte Ägypten durch
die Arbeit seiner Bevölkerung innerhalb von wenigen Jahren zum
Blühen gebracht werden.

Geschätzter Leser, wenn Sie gegen Ungerechtigkeit und Despotie
sind und davon ausgehen, dass Sie und Ihre Kinder es verdient
haben, ein Leben in Würde zu führen, fordere ich Sie auf, sich der
Ägyptischen Kampagne gegen die Erbfolge anzuschließen. Kommen Sie und machen Sie mit! So Gott will, werden wir die Zukunft
Ägyptens gestalten, ohne darauf zu warten, dass die Anderen es auf
ihre Art und in ihrem Interesse tun. Es ist Zeit, dass wir die Sitze
auf den Zuschauerrängen verlassen und die nächste Szene selbst
gestalten.

Demokratie ist die Lösung.

1. November 2009

Drei irrige Argumente zur Unterstützung von Gamal Mubarak

Vergangene Woche schrieb ich über die Lancierung der ägyptischen Kampagne gegen die Erbfolge, eine Kampagne, die Präsident Mubarak hindern soll, unser Land an seinen Sohn weiterzureichen, weil Ägypten kein Privatgrundstück und keine Hühnerfarm ist, die irgendjemandem gehört, egal, welchen Rang oder welche Stellung er innehat. Patriotische Intellektuelle, politische Parteien und Organisationen unterschiedlicher politischer und intellektueller Couleurs beteiligten sich an dieser Lancierung, alle entschlossen, sich dafür einzusetzen, dass die Ägypter ihr natürliches Recht zurückerhalten, ihren nächsten Präsidenten in anständigen Wahlen zu bestimmen.

Kaum war der Artikel erschienen, da überfluteten mich auch schon Zuschriften von Lesern innerhalb und außerhalb Ägyptens. Sie alle brachten ihre Unterstützung für diese Kampagne zum Ausdruck und wollten wissen, wie man beitreten könne. Ich danke all diesen Lesern, ich schätze ihren großartigen Enthusiasmus, und ich versichere ihnen, dass in den nächsten Tagen der Gründungstext der Kampagne, zusammen mit dem Beitrittsprozedere, veröffentlicht wird. Wir erwarten, dass dieser Kampagne, so Gott will, außerordentlicher Erfolg zuteil wird, aber wir müssen auch darauf gefasst sein, dass der Weg dorthin nicht einfach sein wird. Denn das ägyptische Regime hat eine eigene Organisation ins Leben gerufen, um die Idee der Erbfolge zu verbreiten. Daran beteiligen sich

Journalisten, Politiker, Medienschaffende und Rechtsprofessoren, die einzig die Aufgabe haben, diese Idee dem ägyptischen Volk schmackhaft zu machen. Respekt dürfen diese heuchlerischen Sprecher für die Sache der Erbfolge nicht erwarten, da sie ihre beruflichen und patriotischen Pflichten verraten haben und ihre eigenen Interessen über diejenigen der Nation stellen. Die Propagandisten für Gamal Mubarak besitzen lediglich drei irrige Argumente, die sie endlos wiederholen. Kurz zusammengefasst lauten sie folgendermaßen:

Erstens behaupten sie, Gamal Mubarak sei ein weltgewandter, gebildeter junger Mann, zurzeit unersetzlich als Kandidat für das Präsidentenamt. Gamal werde der erste zivile Präsident seit der Revolution von 1952 sein, und das sei ein Schritt in Richtung Demokratie. Darum sollten wir ihn alle unterstützen, unter dem Vorwand, er werde das Amt des Präsidenten nur für zwei Amtszeiten bekleiden. Wir sind durchaus einverstanden, dass Gamal Mubarak ein weltgewandter Mensch ist, dass er eine gewisse Bildung besitzt und fließend Englisch spricht, aber wir verstehen nicht, was all das mit dem Präsidentenamt zu tun hat. In Ägypten gibt es Hunderttausende weltgewandte Menschen mit hohen Universitätsabschlüssen und soliden Kenntnissen des Englischen und des Französischen. Sind sie darum alle für das Präsidentenamt geeignet? Die Idee, Gamal Mubarak sei die einzige Option, ist abstrus. Ägypten verfügt über genug Talent und intellektuelle Kraft, um zehn Länder zu versorgen. Und mit der spürbaren Beschleunigung des Erbfolgevorgangs hat man hierzulande über wichtige Personen nachzudenken begonnen, die als Präsidenten in Frage kämen: Dr. Achmad Zewail, Dr. Mohamed el-Baradei, Amr Mussa, Hischam al-Bastawisi, Sakarija Abdalasis und viele andere. Alle diese sind Gamal Mubarak für das Präsidentenamt bei weitem vorzuziehen.

Auch die Behauptung, Gamal Mubarak werde ein ziviler Präsident Ägyptens sein, beruht auf einem Irrtum, denn die Natur eines Regimes definiert sich nicht über den Beruf des Präsidenten, sondern über die Art und Weise, wie er die Macht übernimmt. Es gibt einerseits autokratische Militärregimes, die einen Zivilisten ins Präsidentenamt gehievt haben, so in Syrien mit Baschar al-Assad, andrerseits gibt es demokratische Systeme, in denen Militärs die Armee verlassen und sich zur Wahl gestellt und gewonnen haben, oder einen Ministerposten wie Colin Powell in den Vereinigten Staaten und Charles de Gaulle in Frankreich übernahmen. Wenn Gamal Mubarak Präsident Ägyptens wird, wird das nicht das Ende der Militärherrschaft sein, sondern wird dieser nur ein weiteres Unheil hinzufügen. Die Autokratie wird mit einem Erbfolgesystem verbunden, und was könnte dann Gamal Mubarak davon abhalten, das Präsidentenamt an seinen Sohn oder seinen Neffen zu übertragen? Wer behauptet, Gamal Mubarak werde sich auf zwei Legislaturperioden beschränken, versucht, die Öffentlichkeit zu täuschen und ihre Intelligenz zu strapazieren. Was sollte Gamal Mubarak verpflichten, die Macht freiwillig abzugeben? Auch Präsident Hosni Mubarak hat zu Beginn seiner Amtszeit versprochen, sich auf zwei Amtszeiten zu beschränken, nahm dann aber dieses Versprechen zurück und blieb dreißig Jahre lang an der Macht.

Zweitens erklären Gamal Mubaraks Sprachrohre, die Ägypter interessierten sich nicht für die Demokratie und seien wegen des verbreiteten Analphabetismus außerstande, sie zu praktizieren. Sie erklären auch, bei freien Wahlen würde die Muslimbruderschaft gewinnen und die Macht übernehmen. In der Tat erlebt Ägypten zurzeit eine Streik- und Protestwelle in einem seit der Revolution von 1952 ungeannten Ausmaß. Die weitverbreitete soziale Unruhe kündigt eine unumgängliche Veränderung an, die der Demokratie durchaus nicht fremd ist. Die unablässigen Protestbewegungen bringen die Forderung der Ägypter nach Gerechtigkeit zum Ausdruck, die nur durch demokratische Reformen herbeigeführt werden kann. Die Feststellung, die Ägypter seien für die Demokratie nicht qualifiziert, ist einerseits eine Beleidigung und zeigt andrerseits eine peinliche Unkenntnis der ägyptischen Geschichte. Demokratische Experimente begannen in Ägypten im Jahre 1866, früher als in vielen europäischen Ländern, als der Khedive den ersten Repräsentativrat einrichtete. Zunächst hatte dieses Gremium nur beratende Funktion, doch seine Mitglieder kämpften für echte Macht und erhielten sie. Von 1882 bis 1952 kämpften die Ägypter, und Tausende von ihnen bezahlten dafür mit dem Leben, für zwei Ziele: die Unabhängigkeit und die Verfassung. Mit anderen Worten, die Befreiung Ägyptens von britischer Besetzung verband sich im Bewusstsein der Ägypter immer mit der Einrichtung einer Demokratie. Und Demokratie heißt Gleichheit, Gerechtigkeit und Freiheit, also grundlegende Menschenrechte, die kein Volk mehr als ein anderes verdient. Die andere Behauptung, Analphabetismus verhindere Demokratie, wird durch die Tatsache widerlegt, dass die Analphabetismusrate das große Indien nicht daran gehindert hat, in nur wenigen Jahren eine große Demokratie zu werden; außerdem durch die Tatsache, dass die Analphabetismusrate vor der Revolution von 1952 es nicht verhindert hat, dass die Wafd-Partei* in jeder freien Wahl Erdrutschsiege davongetragen hat. Die analphabetischen Bauern haben immer für die Wafdisten und gegen die Landbesitzer votiert, die der Liberal-Konstitutionellen Partei angehörten.

---

* Wafd (›Delegation‹): Nach dem Ersten Weltkrieg im Zusammenhang mit großen antibritischen Demonstrationen entstandene nationalistische Partei, die bis zu ihrem Verbot 1953, häufig gegen das Königshaus gerichtet, die ägyptische Politik wesentlich mitbestimmt hat.

Man braucht keinen Doktor in Rechtswissenschaft zu haben, um zu wissen, dass die Regierung in diesem Land repressiv und korrupt ist. Tatsächlich sind die Gefühle der einfachen Leute oft näher bei der Wahrheit als die Ansichten und langwierigen Debatten der Gebildeten. Jedenfalls gibt es in Ägypten über vierzig Millionen Menschen mit Schulbildung, durchaus genügend, um einem demokratischen Experiment zum Durchbruch zu verhelfen.

Die Rolle und den Einfluss der Muslimbruderschaft hat die Regierung immer übertrieben und sie als Schreckgespenst verwendet, um die westlichen Länder in Angst und Schrecken zu versetzen, damit sie der Despotie und der Erbfolgeregelung ihren Segen gaben. Die Muslimbruderschaft könnte, gemessen an ihrer Mitgliederzahl und ihrem Einfluss, in keiner freien Wahl eine Mehrheit gewinnen – sofern die Leute wirklich an die Urne gingen. Und selbst wenn sie gewännen, wäre das dann nicht die freie Entscheidung der Ägypter, die wir akzeptieren müssten, wenn wir denn wahre Demokraten sind? Auch wenn wir mit der Muslimbruderschaft nicht einer Meinung sind, sind deren Mitglieder nicht schließlich und endlich ägyptische Bürger, die das Recht haben, Wahlen zu gewinnen und sich an der Regierung zu beteiligen, solange sie die Regeln der Demokratie respektieren? Allein demokratische Reform kann religiösen Extremismus beseitigen, während in autokratischen Ländern auch nach gewaltsamer Unterdrückung und Beseitigung extremistischer Bewegungen die Ursachen für diesen Extremismus bestehen bleiben und nur auf die nächste Gelegenheit warten, wieder aufzubrechen.

Drittens fragen sich die Propagandisten, warum man Gamal Mubarak dermaßen attackiert. Er sei doch auch nur ein ägyptischer Bürger mit dem Recht, sich für die Präsidentschaftswahl aufstellen zu lassen. Die Antwort darauf lautet, dass Gamal Mubarak erst dann das Recht hat, sich für die Präsidentschaftswahl aufstellen zu lassen, wenn ein demokratisches System existiert, in dem alle Kandidaten die gleichen Chancen haben, wenn die Notstandsgesetze aufgehoben und öffentliche Freiheiten garantiert sind, wenn die Verfassung dahingehend geändert wurde, dass sie einen ehrlichen Wettkampf um die Präsidentschaft erlaubt, und wenn saubere Wahlen unter einer umfassenden und unabhängigen Rechtsaufsicht durchgeführt werden, mit unparteiischen internationalen Beobachtern, ohne das Eingreifen von Polizisten oder Gangstern und ohne Betrug. Erst dann darf Gamal Mubarak das Recht erhalten, für die Präsidentschaft zu kandidieren. Sollte er das im Schatten des jetzigen repressiven Apparats tun, würde sich damit nur das immer gleiche miese und lächerliche Schauspiel wiederholen. Er wäre ein Kandidat der herrschenden Nationaldemokratischen Partei, die Behörden würden einige Statisten aus den Phantasieparteien, die die Staatssicherheit schuf, mobilisieren und dann würden die Resultate gefälscht. Auf diese Weise würde sich Gamal Mubarak der Präsidentschaft illegal und illegitim bemächtigen.

Ägypten steht zurzeit an einer Kreuzung in jeglicher Hinsicht. Werden die Ägypter, so Gott will, ihren Anspruch auf Gerechtigkeit und Freiheit zurückgewinnen, das Recht, in ihrem Land als geachtete Bürger zu leben, die frei und unabhängig diejenige Person wählen können, die ihnen für das Präsidentenamt würdig erscheint?

Demokratie ist die Lösung.

8. November 2009

Die Kunst, dem Präsidenten zu gefallen

Hätte ich es nicht mit eigenen Augen in einer Aufnahme der jüngsten Konferenz der Nationaldemokratischen Partei – gesendet im Mehwar Channel – gesehen, hätte ich es nicht geglaubt: Suzanne Mubarak, umgeben von Leibwächtern, erschien im Saal, und Minister und Offizielle eilten herbei, sie zu begrüßen. Dann trat die Arbeitsministerin, Aischa Abdalhadi, hinzu und reihte sich in ihre Gefolgschaft ein. Sie hielt eine Ansprache, deren Thema Frau Mubarak nicht zu interessieren schien, der sie aber mit einem höflichen Lächeln lauschte. Plötzlich beugte sich die Ministerin über Suzanne Mubaraks Hand und küsste sie. Eine höchst bizarre Szene. In Frankreich küsst ein Mann einer Frau die Hand, doch in Ägypten ist diese Sitte nicht weit verbreitet. Ägypter küssen vielleicht, zum Ausdruck des Respekts, die Hand ihrer Mutter oder ihres Vaters, doch davon abgesehen gilt der Brauch des Händeküssens in unserem Land als unvereinbar mit der eigenen Würde und Selbstachtung. Als im Jahre 1950 die Wafd-Partei, die einige Zeit im Abseits gestanden hatte, wieder mit der Regierungsbildung betraut worden war, beugte sich der Wafd-Führer Mustafa an-Nahhas bei einer Begegnung mit König Faruk über die Hand des Königs und küsste sie – ein Skandal, der den Parteiführer bis zu seinem Tod verfolgte.

Was sollte eine Ministerin dazu bewegen, sich vor jemandem zu verneigen und seine Hand zu küssen? Fakt ist, dass Aischa Abdalhadi, die nur über eine sehr begrenzte Ausbildung verfügt, nie auch nur davon träumen konnte, Ministerin zu werden. Sie besitzt nicht einmal einen Grundschulabschluss, wurde aber Ministerin in einem Land, in dem es Zehntausende mit einem Doktorabschluss gibt. Aischa Abdalhadi versteht, dass sie nicht zur Ministerin ernannt wurde, weil sie die notwendigen Kompetenzen und Fähigkeiten für diese Aufgabe mitbringt, sondern weil der Präsident und seine Familie sie unterstützten – und um sich diese Unterstützung zu erhalten, ist sie bereit, alles zu tun, auch die Hand des Präsidenten, seiner Gattin oder seiner Söhne zu küssen.

Es stellt sich die Frage, ob wir von Aischa Abdalhadi erwarten können, dass sie, was ihre Pflicht als Arbeitsministerin wäre, die Würde und die Rechte der Ägypter verteidigt. Die Antwort lautet ganz klar: nein. Tausende von Ägyptern, die am Golf arbeiten, werden von ihren Bürgen ausgeplündert, werden misshandelt, gedemütigt und mitunter zu Unrecht inhaftiert und ausgepeitscht. Sie erwarten, dass die Regierung sich für ihre Rechte einsetzt, aber Aischa Abdalhadi, die Hände küsst, unternimmt nichts für sie. Im Gegenteil, vor zwei Jahren erklärte diese Ministerin, sie habe mit der saudischen Regierung ein Abkommen getroffen, Tausende von ägyptischen Frauen zur Arbeit in saudischen Haushalten zur Verfügung zu stellen. Dieser außergewöhnliche Handel schockierte die Ägypter aus verschiedenen Gründen: Erstens, weil es in Ägypten Hunderttausende hochqualifizierter Personen gibt, die eher für Arbeitsverträge am Golf infrage kämen; zweitens, weil die Verschickung von Ägypterinnen als Hausmägde unvereinbar ist mit den grundsätzlichsten Regeln nationaler Würde, da sie so in die Gefahr geraten, gedemütigt und sexuell missbraucht zu werden; drittens, weil viele Ägypterinnen über mittlere und höhere Qualifikationen verfügen, unter dem Druck von Armut und Arbeitslosigkeit aber gezwungen sind, sich als Haushaltshilfe zu verdingen; und viertens, weil die in religiösen Dingen ausgesprochen strikte saudische Regierung Musliminnen nur in Begleitung eines männlichen Verwandten zur Pilgerfahrt ins Land lässt, in diesem Fall aber sogar verlangt, dass die Haushaltshilfen ohne Begleitung kämen. Aischa Abdalhadi verteidigte das Abkommen mit dem Hinweis, die Arbeit als Hausangestellte sei keineswegs ehrenrührig, und legte ihren Gegnern nahe, ihre sinnlose Überempfindlichkeit aufzugeben. Ich erinnere mich, dass ein ägyptischer Intellektueller, Dr. Aiman Jachja, der Ministerin in einer praktischen und originellen Weise die Leviten las. Er ließ auf der Titelseite der Zeitung *al-Karama* eine Anzeige mit folgendem Text erscheinen:»Gesucht: Saudische Hausangestellte für reiche ägyptische Familie. Gute Bezahlung.« Er hinterließ seine eigene Telefonnummer und erhielt während mehrerer Wochen eine Flut von Beschimpfungen und Flüchen von Dutzenden von Saudis, die diese Anzeige als Beleidigung ihres Landes empfanden.

Unter dem Druck der öffentlichen Meinung sah sich Aischa Abdalhadi gezwungen, das Projekt mit Saudi-Arabien aufzugeben, doch sie ließ nicht locker und verkündete im vergangenen Monat, sie habe jetzt ein Abkommen erreicht, um Ägypterinnen als Haushaltshilfen nach Kuwait zu schicken. Ich weiß nicht, warum einige Funktionäre vom Golf so erpicht darauf sind, ägyptische Hausangestellte, nicht aber ägyptische Ärzte, Ingenieure oder andere qualifizierte Personen zu holen, die bereits am Fortschritt der Golfregion mitgewirkt haben. Verschafft die Verwendung von Ägyptern als Dienstpersonal gewissen Golfstaatenbewohnern etwa ein besonderes Vergnügen? Ich verstehe auch nicht, warum diese seltsame Ministerin eine solche Begeisterung dafür zeigt, ägyptische Hausmädchen an Golfstaaten zu liefern. Ich verstehe aber, dass jemand, der etwas verloren hat, dieses Etwas nicht mehr weggeben kann, und dass jemand, der bereit ist, anderen in aller Öffentlichkeit die Hand zu küssen, für niemandes Würde mehr einstehen kann. Aischa Abdalhadis Handkuss für Suzanne Mubarak zeigt das Verhältnis zwischen Ministern und hohen Beamten einerseits und Präsident Mubarak und seiner Familie andrerseits.

Auf demselben Filmstreifen des Mehwar Channels sind auch Aufnahmen von Dr. Aliaddin Hilal, dem Chef der Informationsabteilung der Nationaldemokratischen Partei und Professor für Politikwissenschaften. Man sieht ihn in einem Dilemma, als er sich zufällig in der Nähe der Präsidentengattin wiederfand. Er war völlig durcheinander und wusste nicht, was tun. Ihr den Rücken zuzudrehen, hätte als Beleidigung verstanden werden und ernste Konsequenzen haben können; doch er wagte auch nicht, sich ihr zuzuwenden und sie ohne Aufforderung anzusprechen. Auch sich plötzlich von ihr zu entfernen hätte als unangemessenes Verhalten interpretiert werden können. Was sollte er tun? Der Mann sah verwirrt und unentschlossen aus. Er blieb unsicher stehen, bis der Boss der Leibwächter zu ihm trat und ihn zur Seite schob, damit Suzanne Mubarak weiterschreiten konnte. Diese totale Unterwerfung unter den Präsidenten und seine Familie ist ein allen ägyptischen Ministern gemeinsames Charakteristikum. Vielleicht erinnern sich die Leser noch daran, wie Gamal Mubarak in aller Öffentlichkeit an der Amerikanischen Universität in Kairo den Minister für Hochschulwesen, Hani Hilal, maßregelte, indem er ihn daran hinderte, sich neben ihn aufs Podium zu setzen, und ihm mit einer Handbewegung zu verstehen gab, sich zu verziehen. Dieser Minister war nicht wütend über die öffentliche Zurechtweisung, sondern lediglich besorgt, Gamal Mubarak könnte verärgert über ihn sein.

In einem demokratischen Land erhalten Minister ihr Amt durch faire Wahlen. Sie sind den Wählern gegenüber verpflichtet und

bemühen sich, deren Vertrauen und Stimmen zu behalten. Wenn
ein Minister eine Meinungsverschiedenheit mit dem Präsidenten
hat, reicht er sofort seinen Rücktritt ein, weil er weiß, dass er sein
Amt zurückbekommen kann, wenn er in den nächsten Wahlen
erfolgreich ist. In einem despotischen System ist es dem Minister
gleichgültig, was die Leute von ihm halten, weil er sein Amt nicht
aufgrund seiner Kompetenz erhält, sondern aufgrund seiner Loyalität zum Präsidenten, wodurch seine gesamte politische Zukunft von
einem einzigen Wort aus dessen Mund abhängt. In Ägypten werden
Sie nie einen Minister finden, der dem Präsidenten widerspricht
oder auch nur einen Vorbehalt gegenüber einem einzigen Präsiden-
tenwort zum Ausdruck bringt. Sie rühmen den Präsidenten und
preisen sein Genie und seine enormen Leistungen, die wir Ägypter
nicht sehen können (weil sie ganz einfach nicht existieren). Vor
einigen Jahren sah ich im Fernsehen einen hohen Staatsbeamten
und Ökonomen, der behauptete, Präsident Mubarak habe zwar nie
Wirtschaftswissenschaften studiert, sei aber mit einer »ökonomi-
schen Inspiration« begabt, die ihn befähige, brillante und kraftvolle
ökonomische Ideen zu entwickeln, die sich selbst dem Verständnis
akademischer Ökonomen entzögen. Die Art, wie in Ägypten Beamte zu Amt und Würden gelangen, schließt automatisch qualifizierte Kandidaten ebenso wie natürlich begabte Führungspersön-
lichkeiten aus, solche, die Selbstachtung haben und solche, die auf
ihre Würde bedacht sind. Offizielle Positionen gehen im Allgemeinen an Losertypen, Parteifreunde, Sykophanten und solche, die
mit dem Sicherheitsapparat zusammenarbeiten. Das hat dazu geführt, dass praktisch alles in Ägypten in desolatestem Zustand ist.
Der Handkuss und die Verneigung Aischa Abdalhadis vor Suzanne
Mubarak symbolisieren, wie die Ägypter zu Hause und im Ausland
ihre Rechte verloren haben. Erst mit Hilfe einer echten demokrati-

schen Reform werden Wahlen kompetente und anständige Beamte an die Macht bringen, solche, die nicht unterwürfig die Hand des Präsidenten und seiner Familie küssen. Erst dann wird es Ägypten bessergehen.

Demokratie ist die Lösung.

2. Dezember 2009

Die Chamäleons attackieren el-Baradei

Die Geschichte begann ganz harmlos. Auf der Straße sprang ein Hund einen Passanten an und biss ihn in den Finger. Der Mann schrie vor Schmerz auf und Leute scharten sich um ihn. Auch ein Polizist kam vorbei, schaute sich den Vorfall an und beschloss, den Hundehalter unter dem Vorwurf festzunehmen, er habe seinen Hund ohne Maulkorb frei herumlaufen lassen und damit die Sicherheit der Leute gefährdet. Der Polizist fragte, wem der Hund gehöre, und einer der Anwesenden sagte, er gehöre dem General, dem Gouverneur der Stadt. Der Polizist war peinlich berührt und seine Haltung veränderte sich diametral. Statt den Hundebesitzer festnehmen zu wollen, wandte er sich jetzt an den Gebissenen und kanzelte ihn ab: »Hören Sie«, predigte er, »das ist ein sanftes Tier, gehorsam und sehr gesittet. Sie haben es provoziert. Sie haben dem armen Hund Rauch ins Gesicht geblasen, und so sah er keinen anderen Weg, als Sie zu seiner Verteidigung in den Finger zu beißen. Ich nehme Sie unter dem Vorwurf der Hundeprovokation fest.« Das ist in Kürze der Inhalt einer wunderschönen Geschichte mit dem Titel ›Das Chamäleon‹ von Anton Tschechow (1860 – 1904), in der es darum geht, dass manche Leute um ihrer kleinen, beschränkten Interessen willen wie ein Chamäleon die Farbe wechseln und ohne sich zu schämen von einer Extremposition in eine andere verfallen. Die Geschichte fiel mir ein, während ich die üble Kampagne verfolgte, die die Schreiberlinge des Regimes in jüngster Zeit gegen Dr. Mohamed el-Baradei führten. Jahrelang war dieser Mann Gegenstand offizieller Anerkennung, ja, der ägyptische Staat verlieh ihm die Nil-Medaille, die höchste Auszeichnung des Landes. Damals wetteiferten diese Schreiberlinge darum, von el-Baradeis Tugenden und Leistungen (die es wirklich gibt) zu berichten, machten dann aber, als die ägyptische Bevölkerung el-Baradei aufforderte, sich zur Wahl als Präsident zu stellen, eine Kehrtwendung, ganz wie der Polizist in Tschechows Geschichte. Im Versuch, seine Bedeutung kleinzureden und seinen Ruf zu schädigen, beschimpften sie el-Baradei nach Strich und Faden. Einmal abgesehen von der beruflichen und moralischen Schamlosigkeit, gibt es verschiedene Gründe dafür, dass die Schreiberlinge des Regimes solche Angst haben.

Erstens ist es zurzeit schwierig, einen besseren Kandidaten für das Präsidentenamt zu finden als Dr. Mohamed el-Baradei, der eine solide Ausbildung besitzt (einen Doktor in internationalem Recht der New York University) und über mehr internationale und politische Erfahrung verfügt als Präsident Hosni Mubarak zum Zeitpunkt, da er sein Amt antrat. Er hat weitgefächerte internationale Beziehungen und ist auf der ganzen Welt geachtet. Er erhielt, neben dem Friedensnobelpreis, eine ganze Reihe internationaler Auszeichnungen. Am wichtigsten aber ist, dass er seinen großen Erfolg nicht Beziehungen oder Verwandten verdankt, sondern eigener harter Arbeit, verbunden mit Begabung und Engagement. All das macht ihn zu einem echten Vorbild für Millionen junger Leute in Ägypten.

Zweitens hat el-Baradei bewiesen, dass er sagt, was er glaubt, und dass er tut, was er sagt. Er stand allein gegen einen immensen Druck seitens der Vereinigten Staaten, als er im Jahre 2003 einen Bericht zuhanden des UN-Sicherheitsrates veröffentlichte, in dem er erklärte, die Internationale Atombehörde, die er präsidiere, habe im Irak keinerlei Spuren von Massenvernichtungswaffen gefunden. Damit entzog er dem US-amerikanischen Angriff auf den Irak die Legitimität. Und ein weiteres Mal lenkte er den Zorn der Vereinigten Staaten auf sich, als er sich erkundigte, wohin die 377 Tonnen explosiven Materials gekommen seien, die nach der amerikanischen Besetzung des Iraks verschwunden waren. Später nahm er eine ehrliche und mutige Position gegen einen Krieg im Iran ein. All das veranlasste die Vereinigten Staaten, sich im Jahre 2005 seiner Wiederwahl als Chef der Internationalen Atombehörde zu widersetzen. Israel bezichtigt ihn der Loyalität für arabische und islamische Staaten.

Drittens hätte el-Baradei sich auf dem Gipfel seiner beruflichen Karriere zur Ruhe setzen und geachtet und geschätzt in Ägypten oder anderswo leben können. Er hätte sich bei Präsident Mubarak, wie so viele andere, mit wenigen Worten einschmeicheln können. Dann hätte ihm das Regime einen roten Teppich ausgelegt und ihm wahrscheinlich ein hohes Regierungsamt übertragen. El-Baradei aber bewies, dass seine Liebe für sein Land und sein Engagement für seine Prinzipien größer sind als irgendwelche persönlichen Überlegungen oder Interessen. Zeugen haben mir von einem Treffen el-Baradeis mit hohen ägyptischen Regierungsbeamten erzählt, bei dem er sich nicht gescheut habe, zu sagen, was er von ihren miserablen Leistungen halte und wie sehr er den jämmerlichen Zustand des Landes beklage. Aus diesem Grund blieb es ihm danach versagt, hohe Regierungsbeamte zu treffen. Diese moralische Integrität stellt el-Baradei über viele in Ägypten, die nie dem Präsidenten oder irgendjemandem aus seiner Familie widersprechen würden – nicht einmal in Fußballfragen. Dass el-Baradei seit zwanzig Jahren kein staatliches Amt in Ägypten innegehabt hat, erhöht seine Glaubwürdigkeit drastisch, da er so nicht am korrupten System beteiligt ist. Seine Hände sind nicht von schmutzigem Geld besudelt, er hat nicht mitgeholfen, die Ägypter zu täuschen, Wahlen zu manipulieren, Bürger zu unterdrücken. Er war nicht heuchlerisch und hat nicht die Wahrheit zurückgehalten. Obwohl er außerhalb Ägyptens lebte, hat er doch den Kontakt mit dem Land nicht verloren. Er nimmt zur Kenntnis, was in Ägypten passiert, spürt die Leiden und die Probleme. Schließlich hat er auch seinen Anteil am Friedensnobelpreis, immerhin über fünf Millionen Ägyptische Pfund, für Waisenkinder in Ägypten zur Verfügung gestellt.

Viertens gibt es etwas im Charakter von Dr. Mohamed el-Baradei, das ihn für Ägypter annehmbar macht. Es ist diese Mischung aus Demut, Gelassenheit, logischem Denken, Selbstvertrauen und Würde. Bei Ägyptern wirkt el-Baradei so väterlich, wie sie es bei ihren großen Führern, Saad Saghlul, Mustafa an-Nahhas und Gamal Abdel Nasser schätzten.

Fünftens treibt das Erscheinen el-Baradeis auf der politischen Bühne den letzten Nagel in den Sarg von Präsident Mubaraks Plan, die Macht an seinen Sohn Gamal weiterzugeben. Das Erbfolgeprojekt basierte auf zwei Ideen, die in den vergangenen Jahren unablässig unters Volk gebracht wurden. Laut der ersten gibt es für das Präsidentenamt in Ägypten keine Alternative zu Gamal Mubarak, und nun zeigt plötzlich el-Baradei, dass es weitaus bessere Alternativen gibt (tatsächlich ist es völlig abwegig, Gamal Mubarak mit Mohamed el-Baradei im Hinblick auf Erfahrung und Kompetenz zu vergleichen). Laut der zweiten Idee, die das Regime ständig westlichen Ländern vorgetragen hat, gibt es in Ägypten nur zwei Möglichkeiten: das Mubarak-Regime oder die Muslimbruderschaft. El-Baradei hat, als Person, die die Zuneigung und die Bewunderung der Ägypter errang und sich so weit wie möglich vom Regime und von der Muslimbruderschaft entfernt hält, gezeigt, dass auch diese Idee irrig ist.

Sechstens wird Mohamed el-Baradei nicht so leicht Beute der üblichen Verschwörungen des Regimes. Dieses wird nämlich nicht in der Lage sein, ihm Betrugsvorwürfe oder einen Sexskandal anzuhängen, und man wird ihn auch nicht unter dem Vorwurf einkerkern können, den Ruf Ägyptens geschädigt oder Unruhe gestiftet zu haben. Alle diese hirnrissigen Methoden hat das Regime schon benutzt, um sich oppositioneller Figuren zu entledigen. Doch bei el-Baradei wird das nicht funktionieren, weil er einen makellosen Ruf hat und durch die internationale Bewunderung, die er genießt, geschützt ist.

Schließlich hat Dr. el-Baradei wie ein Arzt, der die schlimmste Krankheit mit wenigen Worten diagnostiziert, erfolgreich seinen Finger auf die Mängel in dem despotischen System gelegt, das uns unterdrückt. Die Bedingungen, die el-Baradei für faire und anständige Präsidentschaftswahlen formuliert hat, sind genau die Schritte, die unser Land im Interesse einer gesunden Demokratie unternehmen muss. El-Baradei hat klargestellt, dass er nicht willens ist, eine Sonderrolle in einem manipulierten Wahltheater zu spielen, und er hat angekündigt, dass er den Ägyptern in ihrem Kampf für Gerechtigkeit und Freiheit zur Seite stehen will. Das Erscheinen el-Baradeis ist für alle ägyptischen Nationalisten eine echte Gelegenheit, die nicht versäumt werden sollte. Wir müssen uns Dr. Mohamed el-Baradei anschließen, um die konfiszierten Rechte der Ägypter zu verteidigen. Dr. el-Baradei sollte am 15. Januar in Ägypten eintreffen, und wir alle haben die Pflicht, diesen großen Mann mit all den Ehren und der Achtung, die er verdient, willkommen zu heißen. Wir wollen ihm zeigen, dass seine inspirierende Botschaft uns erreicht hat, dass wir ihn schätzen und achten und dass wir gemeinsam mit ihm unser Bestes geben werden, um in Ägypten eine Renaissance einzuleiten und dem Land zu der Stellung zu verhelfen, die es verdient.

Demokratie ist die Lösung.

13. Dezember 2009

Sollte Gaza den Preis für die Erbfolge in Ägypten bezahlen?

Nachdem die israelische Zeitung *Haaretz* die Meldung gebracht und die amerikanische Regierung sie bestätigt hatte, gab die ägyptische Regierung schließlich zu, dass sie entlang der Grenze zu Gaza eine unterirdische Stahlwand errichtet, um die Tunnels zu schließen, durch welche die Palästinenser Lebensmittel und Medizin schmuggeln. Dieser Schmuggel ist die Reaktion auf die ruinöse Blockade, die Israel vor mehr als zwei Jahren über den Gazastreifen verhängt und an der sich Ägypten durch die Schließung des Grenzübergangs bei Rafach beteiligt hat. Dazu lassen sich mehrere Feststellungen machen:

Erstens ist es, laut israelischer Erklärung, das Ziel der Blockade, den palästinensischen Widerstand zu brechen und die Bevölkerung des Gazastreifens auszuhungern, bis sie sich dem israelischen Willen unterwirft und die israelischen Bedingungen für eine Friedenslösung akzeptiert, bei der sie jegliche Rechte verlieren würde. Durch den schon legendären Widerstandswillen der Palästinenser sah sich Israel zu einem brutalen Massaker berechtigt, bei dem auch international verbotene Waffen zum Einsatz kamen und über 1400 Menschen ihr Leben verloren, mindestens die Hälfte davon Frauen und Kinder. Trotz des Massakers und der Blockade haben die Palästinenser nicht kapituliert, sondern ihren heroischen Kampf weitergeführt und Israel veranlasst, sich Gedanken über Maßnahmen zu machen, um sie ein für alle Mal zu erwürgen. Es besteht kein Zweifel daran, dass die Idee einer unterirdischen Stahlwand im Prinzip israelischer Herkunft ist, die die israelische Regierung jedoch umzusetzen zögerte. Ägypten dagegen gab nach und begann mit der Errichtung dieser Wand, deren Bau die Vereinigten Staaten finanzieren und überwachen. Zweck dieser Wand ist es, die Palästinenser zu töten, und zwar ganz wörtlich, denn sie wird die letzte Möglichkeit unterbinden, Lebensmittel ins Land zu bringen.

Zweitens begeht die ägyptische Regierung, indem sie den Grenzübergang bei Rafach schließt und es so arabischen und internationalen Hilfskonvois verunmöglicht, nach Gaza zu gelangen, und indem sie die Stahlwand errichtet, um so die Palästinenser auszuhungern, ein grässliches Verbrechen gegen unsere arabischen Brüder und Schwestern, als Araber und als Mitmenschen. Arabische Solidarität und ägyptische Pflicht gegenüber den Muslimen und Christen in Palästina sind für ägyptische Regierungsvertreter keine nennenswerten Kriterien mehr, ja sie mokieren sich in aller Öffentlichkeit darüber. Doch hat sich die ägyptische Regierung, in ihrem Eifer, Israel zu gefallen, nicht klargemacht, dass sie ihr eigenes Ansehen weltweit beschmutzt. Das Massaker in Gaza vor Jahresfrist hat schon die Reste des internationalen israelischen Ansehens zerstört, und in westlichen Ländern sind die Stimmen, die Israel verurteilen, in bisher nicht erlebtem Ausmaß lautgeworden. Als der israelische Ministerpräsident Ehud Olmert im Oktober eine Rede an der Universität von Chicago hielt, sah er sich umlagert von Studierenden, die ihm »Schlächter von Gaza!« und »Kindermörder!« ins Gesicht schrien. Und verschiedene westliche Richter erließen Haftbefehl gegen israelische Politiker wegen des Vorwurfs, in Gaza und im Libanon Kriegsverbrechen begangen zu haben. Solches geschah in Belgien, Norwegen, Spanien und jüngst auch in Großbritannien, wo sich die ehemalige israelische Außenministerin Tzipi Livni nur in letzter Minute einer Festnahme durch die Polizei entziehen konnte. Natürlich wurden die meisten dieser Haftbefehle aufgrund massiven zionistischen Drucks auf die westlichen Regierungen zurückgezogen, doch zeigen sie deutlich eine bislang unbekannte internationale Tendenz, Israel zu verurteilen. Die ägyptische Regierung riskiert also mit dem Bau der Stahlwand nicht nur ihre schon sehr geringe Popularität in Ägypten und der arabischen Welt, sondern befleckt auch ihr Ansehen weltweit.

Drittens würden alle Rechtfertigungen des Regimes für den Bau der Stahlwand nicht einmal ein kleines Kind überzeugen. Die Regierung behauptet nämlich, sie habe das Recht, eine solche Wand zu bauen, solange sie innerhalb ägyptischen Territoriums liege, wobei sie aber übersieht, dass durch Gepflogenheit, Logik und internationales Recht die Freiheit jedes Staates nicht absolut, sondern durch die Rechte anderer beschränkt ist, und dass Ägypten nicht Hand reichen darf zur Aushungerung von anderthalb Millionen Menschen, die nebenan wohnen, und dann behaupten, es könne tun, was es wolle. Das Regime behauptet, durch die Tunnels würden Waffen für Terroristen nach Ägypten geschmuggelt. Da bekanntermaßen Waffen von Libyen und dem Sudan ins Land geschmuggelt werden, stellt sich die Frage, ob die ägyptische Regierung nun die Absicht hegt, entlang der Grenzen mit allen Nachbarländern Stahlwände zu ziehen. Wenn das Innenministerium mit seinem riesigen Sicherheitsapparat nicht imstande ist, die Grenzen zu sichern, möchte man wissen, was es mit den acht Milliarden Pfund macht, die es vom ägyptischen Volk Jahr um Jahr für sein Budget erhält.

Das Regime bedient sich jetzt des Slogans »Die nationale Sicherheit Ägyptens ist die rote Linie!«. Wir gehen damit einig und bestreiten diese Aussage keineswegs, doch die nationale Sicherheit beginnt unserer Ansicht nach damit, den Feind Ägyptens zu definieren. Ist es Israel oder die Bevölkerung von Gaza? Wenn Israel unser Feind ist – und das ist es tatsächlich –, wäre es dann nicht im nationalen Interesse Ägyptens, den palästinensischen Widerstand zu unterstützen? Hat sich denn nie jemand gefragt, warum sich die Palästinenser gezwungen sehen, Tunnels zu graben? Für sie ist es der einzige Weg, zu überleben. Würden die Palästinenser denn Tunnels graben, wenn Ägypten den Grenzübergang bei Rafach öffnete und so Lebensmittel und Medikamente nach Gaza gebracht werden könnten? Wenn Ägypten diese Wand errichtet, um die Palästinenser auszuhungern, sollten wir es da diesen wirklich zum Vorwurf machen, wenn sie mit Gewalt den Bau stoppen oder ihn zu zerstören versuchen? Handelt es sich dabei nicht um legitime Selbstverteidigung? In Regierungskreisen spricht man viel über den ägyptischen Offizier, der durch eine Kugel aus dem Gazastreifen erschossen wurde, und auch wir beklagen diesen Todesfall, erinnern uns aber gleichzeitig, dass es nicht den geringsten Beweis dafür gibt, dass das Geschoss von der Hamas stammte, und wir erinnern uns auch daran, dass Israel zugegeben hat, schon mehrere ägyptische Offiziere und Soldaten an der Grenze erschossen zu haben. Warum war unsere Regierung in diesen Fällen nicht verärgert um der nationalen Sicherheit willen? Und wo blieb die nationale Sicherheit, als Israel zugab, im Krieg Hunderte von Ägyptern getötet und in Massengräbern verscharrt zu haben? Damals unternahmen ägyptische Regierungskreise nichts, aber auch gar nichts gegen die israelischen Kriegsverbrecher. Regierungsvertreter in Ägypten erklären, man habe die Grenzen geschlossen, weil ein Massenzustrom von Palästinensern nach Ägypten zu befürchten gewesen sei. Ein törichtes Argument, da es der Mangel an Lebensmitteln war, der die Palästinenser über die Grenze trieb.

Sie versorgten sich mit ihrem eigenen Geld bei ägyptischen Händlern und gingen dann dorthin zurück, wo sie hergekommen waren. Was erwarten wir denn von den Palästinensern, wenn wir mit einer Stahlwand ihren letzten Lebensnerv abschneiden? Könnte ihnen jemand einen Vorwurf machen, wenn sie zu Tausenden durch den Grenzübergang bei Rafach brächen, um so dem Hungertod zu entkommen? Diese Wand ist nicht nur ein hässlicher Akt und ein untilgbares Schandmal auf Ägyptens Stirn, sondern auch eine echte Bedrohung der ägyptischen nationalen Sicherheit.

Viertens möchte man wissen, was das ägyptische Regime dazu veranlasst, sich dermaßen der israelischen Politik zu unterwerfen. Ein Grund ist sicher, dass das Regime überzeugt ist, dass jeder Hamassieg der Muslimbruderschaft in die Hand arbeiten und die ägyptische Regierung gefährden würde. Das ist ein gravierender Fehler, denn ein Sieg des Widerstands wäre eine große Hilfe für Ägypten, sicher keine Bedrohung. Außerdem stellt die Muslimbruderschaft, aufgrund ihrer Größe und ihres Einflusses, keine echte Bedrohung des Regimes dar, welches diese Idee ständig im Munde führt, um die Despotie zu rechtfertigen. Ein weiterer Grund ist, dass das ägyptische Regime genau weiß, dass die Erfüllung israelischer Wünsche der sichere Weg zur Gunst Amerikas ist. In den letzten paar Jahren hat Israel von Ägypten mehr erhalten als nach der Unterzeichnung des Vertrags von Camp David: die Freilassung des Spions Asam Asam, Vereinbarungen über den Verkauf von Erdgas und Zement, die Blockade der Palästinenser und schließlich diese schändliche Wand. All das erklärt, warum Amerika so zufrieden ist mit Mubarak. Vor ein paar Tagen erklärte Margaret Scobey, die amerikanische Botschafterin in Kairo, die Demokratie in Ägypten sei auf guten Wegen. Diese bizarre Behauptung zeigt, in welchem Ausmaß die zionistische Lobby die US-amerikanische Politik kontrolliert. Die Vereinigten Staaten werden mit dem despotischen Regime in Ägypten zufrieden sein, solange Israel damit zufrieden ist. Kann sich unter diesen Umständen Frau Scobey wundern, dass die Ägypter die amerikanische Politik verabscheuen und die Vereinigten Staaten der Heuchelei und der Doppelmoral beschuldigen?

Schließlich steht der kriminelle Bau der Stahlwand, mit der die Palästinenser ausgehungert werden sollen, in einem Zusammenhang mit der Frage demokratischer Reform in Ägypten, denn das Regime hat sich zu diesem Bau bereiterklärt, weil es die US-amerikanische Unterstützung für Präsident Mubaraks Plan, die Präsidentschaft an seinen Sohn Gamal weiterzureichen, braucht. Hier liegt also ein gefährliches Beispiel für die Folgen despotischer Herrschaft vor. Die Interessen des Regimes in Ägypten stehen inzwischen in klarem Gegensatz zu den Interessen des Volkes. Wäre das Mubarak-Regime ein demokratisches, würde es niemals wagen, sich an der Blockade und der Aushungerung der Palästinenser zu beteiligen. Nur in demokratischen Systemen sind die Interessen des Regimes identisch mit denen des Volkes und der Nation.

Demokratie ist die Lösung.

27. Dezember 2009

Warum bleiben wir zurück, während die Welt voranschreitet?

Vor wenigen Monaten wurde Ahmad H. Zewail zum wissenschaftlichen Berater des amerikanischen Präsidenten Barack Obama ernannt, und als er zum ersten Mal Präsident Obama im Weißen Haus aufsuchte, gab man ihm eine Passierkarte mit seinem Namen und seiner Funktion, auf der aber, wie er feststellte, unten »befristet« vermerkt war. Etwas überrascht wandte er sich an einen höheren Beamten des Weißen Hauses und wollte wissen, warum auf seiner Karte »befristet« stehe.

Der Gefragte lächelte und fragte zurück: »Herr Dr. Zewail, Sie arbeiten doch als Berater von Präsident Obama?«

»Ja.«

»Auch Obamas Präsidentschaftszeit ist befristet«, erklärte der Beamte.

Diesen Vorfall, den mir Dr. Zewail erzählte, finde ich aus mehreren Gründen bemerkenswert. Der Präsident der Vereinigten Staaten hat, wie alle Präsidenten in Demokratien, sein Amt für vier Jahre inne, und diese Amtszeit ist einmal verlängerbar. Danach darf er keinen weiteren Tag im Amt bleiben. Er erhielt sein Amt, weil die Bevölkerung aus freien Stücken beschlossen hat, ihn zu wählen, und er untersteht einer strengen Kontrolle im Hinblick auf seine eigene Person und seine Familie. Weil er nun sein Amt der Bevölkerung verdankt und deren Kontrolle untersteht, bemüht er sich, so gut es geht, die Versprechungen zu erfüllen, deretwegen ihn die Leute gewählt haben. Das zwingt ihn, die kompetentesten Personen im Lande heranzuziehen, um bei seinem Dienst fürs Volk von ihren Fähigkeiten zu profitieren. So läuft das in Demokratien. In Ägypten dagegen haben wir einen Präsidenten, der sich an der Macht festklammert, bis ihn sein unabänderliches Ende erreicht – eine Praxis, die bedenkliche Auswirkungen hat, egal wer Präsident ist und wie gut seine Absichten sind, denn:

Erstens übernimmt in Ägypten der Präsident sein Amt nicht aufgrund einer Wählerentscheidung, sondern mittels der Macht der Sicherheitsorgane und deren Fähigkeit, Oppositionelle mundtot zu machen. Aus diesem Grund legt der Präsident auch nicht viel Gewicht auf die öffentliche Meinung, da er weiß, dass sein Überleben im Amt nicht von Leuten, die ihn schätzen, abhängt, sondern von der Fähigkeit der Sicherheitsorgane, ihn vor Rebellion oder Putsch zu schützen. Die Sicherheitsorgane sind in Ägypten die Autorität, die überall, im Großen wie im Kleinen, das Sagen hat, von der Ernennung des Bürgermeisters des winzigsten Dorfs über die Ernennung von Fakultätsdekanen oder Universitätspräsidenten, bis zur Bewilligung von Parteigründungen, der Vergabe von Zeitungs- oder Satellitenkanälen oder der Besetzung von Ministerposten. Zahlreiche kompetente Personen waren Kandidaten für Ministerämter, wurden jedoch sofort ausgeschieden, als sich die Sicherheitsorgane gegen sie aussprachen. Und zahlreiche inkompetente Personen wurden aufgrund der Unterstützung seitens der Sicherheitsorgane in hohe Staatsämter gehievt. Ägypten leistet sich eine unter allen Ländern der Welt einzigartige Perversion: Der Staat gibt alljährlich fast neun Milliarden Pfund für das Innenministerium aus, doppelt so viel wie für das Gesundheitsministerium, das über weniger als fünf Milliarden Pfund jährlich verfügt. Das heißt, das ägyptische Regime gibt zweimal so viel Geld für die Unterwerfung, die Einkerkerung und die Unterdrückung der Bevölkerung wie für den Gesundheitsdienst aus.

Zweitens gibt es keinen legitimen Weg, mit dem Präsidenten um das Amt zu konkurrieren; das Hauptziel ist es, den gegenwärtigen im Amt zu halten. Deshalb ist das Regime erbost, wenn eine öffentliche Figur auftaucht, und bemüht sich, diese möglichst rasch aus dem Verkehr zu ziehen. Das hat zur Folge, dass Ägypten bedeutende Talente ungenutzt lässt. Sie werden ausgegrenzt, da sie über Eigenschaften verfügen, die sie für das Präsidentenamt, und sei es nur spekulativ, qualifizieren. Der Fall von Dr. Zewail ist dafür exemplarisch: Nachdem er den Nobelpreis für Chemie erhalten hatte, kehrte er nach Ägypten zurück und legte ein Projekt für eine Technische Hochschule vor, die helfen sollte, das Land ins wissenschaftliche Zeitalter zu bewegen. Doch Gerüchte und Sicherheitsberichte warnten, Dr. Zewail sei höchst beliebt unter jungen Menschen, und viele sagten, sie wünschten sich ihn zum Präsidenten. Das war der Abgesang. Das Regime blockierte jeden Pfad vor Dr. Zewail. Man begann, ihn zu belästigen und verlor das Interesse an dem Projekt, mit dem er dem Land helfen wollte. Wenige Monate später ernannte ihn der amerikanische Präsident zum Wissenschaftsberater, um sich sein reiches Wissen zunutze zu machen. Und Dr. Zewail ist nur einer unter Tausenden hochqualifizierter Ägypter, die wegen der Despotie ihre Talente nicht verfügbar machen können.

Drittens hat in Ägypten der Präsident uneingeschränkte Macht und ist niemandem Rechenschaft schuldig. Wir haben keine Ahnung, welchen Umfang Präsident Mubaraks Vermögen hat oder wie viel Geld seine Söhne auf Banken deponiert haben. Wie hoch ist das Budget des Präsidialamtes, und wie lauten die einzelnen Ausgabeposten? Ist es angemessen, dass der Staat Millionen öffentlicher

Gelder für die Feriendomizile und Paläste des Präsidenten ausgibt, während Millionen Ägypter in schäbigen Hütten ohne das für eine menschliche Existenz notwendige Minimum leben? Die völlige Immunität des Präsidenten erstreckt sich auch auf hohe Regierungsbeamte. Rechnungsprüfer in Ägypten halten sich an untere Beamte und ziehen sie für jede kleinste Kleinigkeit zur Verantwortung, was zu Entlassung und Gefängnisstrafen führen kann. Doch höheren Beamten gegenüber ist ihre Rolle schwach; sie melden höchstens einzelne Vergehen an den Präsidenten weiter, der dann entscheidet, ob er sie zur Rechenschaft ziehen oder darüber hinwegsehen will. So beschränkt sich die Durchsetzung des Gesetzes auf die Kleinen, die Schwachen und jene Höheren, die aus der Gunst gefallen sind.

Doch Korruption selektiv zu bekämpfen, ist nicht nur sinnlos und ineffizient, sondern ebenfalls eine Form der Korruption.

Viertens hat in Ägypten der Präsident die Befugnis, Minister zu ernennen und zu erlassen. Er sieht sich nicht in der Pflicht, seine Entscheidungen den Ägyptern zu erklären, die deshalb nie erfahren, warum ein Minister ernannt oder entlassen wird. Kompetenz ist nicht der entscheidende Faktor bei der Auswahl eines Ministers, am wichtigsten ist die Loyalität dem Präsidenten gegenüber. Jüngst wurde Achmad Saki Badr zum Erziehungsminister ernannt, obwohl er keinerlei Voraussetzungen für dieses Amt mitbringt und keinerlei Erfahrung mit der Verbesserung des Bildungswesens vorweisen kann. Seine einzige Leistung als Präsident der Ain-Schams-Universität war, kurz gesagt, dass man, zum ersten Mal in der Geschichte ägyptischer Universitäten, Gruppen von Schlägern mit Messern und Molotowcocktails auf das Universitätsgelände gerufen hat, um protestierende Studenten zu attackieren. Dieses schändliche Verhalten, das in jedem demokratischen Land die Entlassung eines Universitätspräsidenten und ein sofortiges Gerichtsverfahren zur Folge gehabt hätte, war offenbar ausschlaggebend für die Ernennung Achmad Saki Badrs zum Erziehungsminister.

Darüber hinaus erfolgt die Ernennung und Ersetzung von Ministern im Allgemeinen aus subjektiven Gründen, die niemandem zugänglich sind. So war der Premierminister, nach dem Präsidenten der zweite Mann im Staat, nie zuvor politisch tätig; der Minister für soziale Solidarität war früher für die Postdienste verantwortlich; der Informationsminister hat wissenschaftliche Enzyklopädien verkauft; und der ehemalige Wohnungsbauminister, Muhammad Ibrahim Sulaiman, wurde per Präsidentendekret auf den Chefposten einer Erdölkompanie befördert. Offensichtlich mag der Präsident manche Beamte und vertraut ihnen, weshalb er die höchsten Stellen im Land unter ihnen verteilt, ohne allzu viel darüber nachzudenken, welche Eignung oder welche Erfahrung sie dafür mitbringen. Das Regime schließt fähige Personen aus, weil es sich ihrer Loyalität nicht gewiss ist oder ihre Popularität fürchtet, gleichzeitig überträgt es Funktionen an Gefolgsleute, selbst wenn diese ungeeignet dafür sind. Da die meisten Parlamentsmitglieder der herrschenden Partei angehören und ihren Sitz durch gezinkte Wahlen erhalten haben, erfüllen sie die Anweisungen der Regierung, anstatt ihre Kontrollfunktion wahrzunehmen. In Ägypten betrachtet sich ein Minister nicht als dem Volk gegenüber verantwortlich, da er genau weiß, dass sein politisches Überleben nichts mit seiner Leistung zu tun hat, sondern damit, ob er dem Präsidenten behagt. So kann man auch verstehen, dass die Minister sich dabei überschlagen, den Präsidenten zu bejubeln, seine Weisheit zu preisen und das Loblied auf seine außergewöhnlichen, ja historischen Entscheidungen zu singen. Selbst die Ministerin für Arbeitskräfte, Aischa Abdalhadi, hatte nicht die geringsten Bedenken, sich in aller Öffentlichkeit und angesichts der Presse über die Hand von Suzanne Mubarak zu neigen und diese zu küssen.

Aus all diesen Gründen fallen wir Tag für Tag zurück, während die Welt voranschreitet. Ägypten hat Millionen gut ausgebildeter Menschen und Tausende von ehrlichen Leuten mit besonderen Fähigkeiten, die, würde man ihnen eine Chance geben, innerhalb von wenigen Jahren einen echten Neuanfang in die Wege leiten könnten. Doch der Despotismus ist die eigentliche Ursache, warum Ägypten und die Ägypter zurückbleiben.

Demokratie ist die Lösung.

17. Januar 2010

Die einzige Art, Herrn Battista loszuwerden

Dr. Galal Amin wohnt mit seiner Frau Jan und seinen Kindern in einem eleganten Haus mitten in einem hübschen Garten im Vorort Maadi. Im Sommer 1971 beschloss Dr. Amin, mit seiner Familie für ein Jahr nach Beirut zu gehen. Er hatte die Idee, sein Haus zu vermieten, und er fand mühelos einen Mieter, Herrn Battista, einen Diplomaten aus Panama. Dr. Amin unterzeichnete mit ihm einen Mietvertrag für genau ein Jahr. Herr Battista sollte während dieses Jahres in dem Haus wohnen und nach Ablauf der Vertragsfrist wieder ausziehen. Alles lief nach Plan, doch als Dr. Amin nach Jahresfrist zurückkehrte, erwartete ihn eine Überraschung. Herr Battista weigerte sich, das Haus zu verlassen, und zwar mit der Begründung, Dr. Amin habe ihm nicht, wie im Vertrag vorgesehen, mit einem eingeschriebenen Brief Mitteilung von seiner Rückkehr gemacht. Dr. Amin versuchte, Herrn Battista davon zu überzeugen, dass er von Anfang an zugestimmt hatte, das Haus nur für ein Jahr zu mieten, ohne die Möglichkeit einer Vertragsverlängerung. Er erinnerte ihn auch daran, dass er ihn vor Ablauf des Vertrags angerufen habe, was einer freundlichen Aufforderung zum Ausziehen gleichgekommen sei. Doch Herr Battista verlangte eine Verlängerung nach der anderen, erfand Ausreden und Ausflüchte und erklärte schließlich klar und deutlich, er werde das Haus nicht verlassen. Dr. Amin war gezwungen, für sich und seine Familie eine möblierte Wohnung zu mieten, doch er fühlte sich ungerecht behandelt, und schließlich wurde er wütend.

An Heiligabend sagte Dr. Amin zu seiner Frau, dass sie am nächsten Tag wieder in ihrem Haus schlafen würden. Die ganze folgende Nacht über rief Dr. Amin den Mieter an und hängte auf, ohne etwas zu sagen. Er tat das mehrere Dutzend Mal, weswegen Herr Battista nicht schlafen konnte und nervös wurde. Am nächsten Morgen mietete Dr. Amin in aller Frühe drei Karren, verlud seine Habseligkeiten darauf und klopfte an der Tür des Hauses. Als Herr Battista öffnete, verlangte Dr. Amin von ihm, das Haus umgehend zu verlassen. Herr Battista gab vor, einzuwilligen, lockte aber Dr. Amin auf die Terrasse und verriegelte alle Türen von innen. Daraufhin ging Dr. Amin zu seinem Auto, nahm den Wagenheber aus Stahl und zertrümmerte, ohne zu zögern, die Glastüren des Hauses. Die Scherben flogen überall herum, und Dr. Amin blutete aus Schnittwunden und hatte ein blutverschmiertes Gesicht und blutverdreckte Kleider. Aber er brach in das Haus ein und trug, ohne irgendwelchen Widerstand des ob dieses Vorgangs entsetzten Herrn Battista, sein Gepäck hinein. Dr. Amins Frau kam und brachte ihren Mann ins Krankenhaus, wo die Wunden an seinem Gesicht verbunden wurden. Dergestalt verpflastert ging er zurück ins Haus, legte sich ins Bett und erklärte Herrn Battista, er müsse umgehend verschwinden.

Herr Battista rief die Polizei, und ein Polizist versuchte, die Angelegenheit friedlich zu regeln. Herr Battista bat um einen weiteren Tag Verzug, doch Dr. Amin wollte davon nichts wissen und bestand darauf, dass er sofort das Haus verließ. Er bot Herrn Battista sogar an, ihm ein Hotelzimmer zu bezahlen, bis er eine andere Wohnung gefunden habe. Nun zog Herr Battista den Vertrag hervor und reichte ihn dem Polizisten. Dr. Amin bat, das

Schriftstück auch sehen zu dürfen, nahm es, zerriss es und ließ die Fetzen auf den Boden schweben. Der Polizist war außer sich vor Zorn und drohte, die Sache an die höchste Ebene weiterzureichen. Doch Dr. Amin hatte, in weiser Voraussicht, schon mit allen Regierungsstellen, die er kannte, Kontakt aufgenommen und kümmerte sich deshalb nicht um die Drohung. Er blieb, trotz seiner Verletzungen, seiner Erschöpfung und der Verbände an seinem Kopf, im Bett liegen. Jetzt sah Herr Battista ein, dass er nachgeben musste. Er packte seine Sachen, ging und überließ das Haus seinen Eigentümern.

Ich erfuhr von diesem Vorfall durch die Lektüre eines wunderbaren Buchs, das der *Schuruk*-Verlag jüngst publizierte: der zweite Teil von Gamal Amins Autobiografie, ein hübsches Stück arabischer Literatur. Ich war höchst überrascht, als ich las, was Dr. Amin getan hatte, denn erstens ist er einer der großen und wichtigen arabischen Intellektuellen, zweitens ist er – ich kenne ihn als Freund und Mentor seit zwanzig Jahren – ohne Zweifel eine der sanftesten und zurückhaltendsten Personen, die mir bekannt sind. Wie konnte es dazu kommen, dass er sich derart gewalttätig aufführte? Erklären lässt sich das nur dadurch, dass Dr. Amin merkte, dass das die einzige Art war, sein besetztes Haus zurückzubekommen. Er hatte verschiedentlich freundlich mit Herrn Battista gesprochen, hatte mehrfachen Aufschüben zugestimmt, doch Herr Battista weigerte sich zu gehen. Und über den Rechtsweg sein Haus zurückzubekommen, hätte Galal Amin viele Jahre gekostet.

Ich kann nicht anders, als Galal Amins Erlebnis mit seinem Haus damit zu vergleichen, was Ägypten insgesamt erlebt. Das Regime, das Ägypten regiert, hält dieses, wie Herr Battista das Haus, ohne Legitimation allein durch Repression und Betrug in der Hand, und das seit dreißig Jahren. Lange Zeit schon verlangen wir von diesem

Regime, den Ägyptern ihr natürliches Recht zu gewähren: zu wählen, von wem sie sich regieren lassen wollen, doch das Regime
bedient sich, genau wie Herr Battista, aller möglichen Ausreden
und Ausflüchte, um an seinem Machtmonopol festzuhalten, ja es
versucht sogar, dieses von Präsident Mubarak auf seinen Sohn zu
übertragen. Durch Despotismus und Korruption sind die Verhältnisse in Ägypten auf einem Tiefststand angekommen. Millionen
von Ägyptern sind bettelarm, arbeitslos und leben unter menschenunwürdigen Bedingungen. Täglich gibt es mehr Streiks und Sit-ins,
und man hat allmählich den Eindruck, dass jeder Sektor der Gesellschaft gegen die Zustände aufbegehrt.

Warum aber, muss man sich fragen, braucht es mit all der
verbreiteten und wachsenden Wut so lange, bis sich etwas ändert?
Die Antwort lautet, dass die Ägypter, genau wie Galal Amin, erst
lernen müssen, dass Rechte nicht gewährt werden, sondern dass
man sie sich nehmen muss, und dass an einem bestimmten Punkt
die Person, der Unrecht widerfahren ist, gezwungen ist, sich diese
Rechte, ohne Rücksicht auf die möglichen Opfer, selbst zu nehmen.
Ich rufe nicht zur Gewalt auf. Ich rufe dazu auf, mit allen friedlichen Mitteln Druck auszuüben, damit die Ägypter ihre gestoh-
lenen Rechte zurückerhalten. Ägypten befindet sich an einem echten Wendepunkt und ist für einen Wechsel reifer als je zuvor. Die
Ägypter waren voller Hoffnung, als Dr. Mohamed el-Baradei erschien und erklärte, er werde sich an den nationalen Bemühungen
um Demokratie und soziale Gerechtigkeit beteiligen. Als ich mich
mit Dr. el-Baradei traf, ist meine Bewunderung für ihn zusätzlich
gewachsen. Aus der Nähe spürte ich seine Bescheidenheit und seine
Aufrichtigkeit, sein ausgewogenes Denken und sein tiefes Mitgefühl
für das Leiden der Ägypter. Wichtig für ihn ist nicht die Kandidatur
für das Präsidentenamt, er schätzt die Macht nicht sehr, da seine

berufliche und soziale Stellung sie für ihn überflüssig macht. Außerdem würde jeder, der unter der gegenwärtigen mangelhaften Verfassung für die Präsidentschaft kandidiert, zum lächerlichen Statisten im Theater um die Präsidentennachfolge. Denn die zurzeit gültige Verfassung sieht für das Präsidentenamt nur den augenblicklichen Staatschef und seine Söhne vor. Für Dr. el-Baradei und jede andre Persönlichkeit mit etwas Selbstachtung wäre das eine nicht hinnehmbare Schmach. Dr. el-Baradeis einziges Interesse ist die Reform, und er hegt die Hoffnung, das Land an dem Platz zu sehen, wo es hingehört. Vor einigen Tagen hat er die Nationale Vereinigung für den Wandel gegründet und alle Ägypter aufgerufen, sich anzuschließen. Das Ziel dieser Vereinigung ist die Aufhebung der Notstandgesetze, saubere und anständige Wahlen unter umfassender juristischer Kontrolle und internationaler Beobachtung und eine Verfassungsreform, die gleiche und gerechte Möglichkeiten schafft, sich zur Wahl zu stellen.

Dieses Vorgehen el-Baradeis hält die demokratische Reform für den einzigen Weg zu wirtschaftlicher Reform und sozialer Gerechtigkeit. Es ist ein gutes Zeichen, dass Dr. el-Baradeis Popularität in nie gesehener Weise von Tag zu Tag wächst. Zehntausende von Ägyptern haben schon ihre Unterstützung für el-Baradei erklärt und haben volles Vertrauen in ihn. Die Kampagne wird weitergeführt, bis eine Million Ägypter unterzeichnet haben. Danach werden wir den Schritt zur Konfrontation machen müssen. Inzwischen ist es nutzlos geworden, sich an das Regime zu wenden, da es nicht zuhören wird. Aber wenn eine Million Ägypter demonstrierend hinaus auf die Strasse gingen oder einen Generalstreik ausriefen, wenn das auch nur ein einziges Mal geschähe, würde das Regime sofort auf die Forderungen des Volkes eingehen. Veränderung ist, bis zu einem gewissen Grad, möglich und nicht mehr fern, aber wir werden einen Preis dafür zahlen müssen. Wir werden in diesem Kampf nur siegen, wenn wir entschlossen um unsere Rechte kämpfen, egal wie groß das Opfer ist. Es ist der einzige Weg, Herrn Battista hinauszubugsieren.

Demokratie ist die Lösung.

28. Februar 2010

Was die Ägypter von el-Baradei erwarten

Das politische System in Ägypten sieht sich in einer veritablen Krise, weil Präsident Mubarak (dem wir eine rasche Genesung wünschen) jeden Augenblick gezwungen sein könnte, zurückzutreten, und weil es dem Regime, trotz seiner großen Bemühungen, Gamal Mubarak zu vermarkten, in keiner Weise gelungen ist, die Ägypter davon zu überzeugen, der Sohn sei der Präsidentschaft würdig. Darüber hinaus lehnen die meisten Ägypter die Idee einer Erbfolge grundsätzlich ab, egal ob zugunsten von Gamal Mubarak oder irgendjemandem sonst, und bestehen auf ihrem natürlichen Recht, ihren Herrscher zu wählen. Gleichzeitig ist es Dr. Mohamed el-Baradei gelungen, sich den Ägyptern als wirklichen Führer im Kampf um den Wechsel anzutragen. Die breite öffentliche Unterstützung, derer sich el-Baradei zurzeit erfreut, ist ein Phänomen, wie man es nur selten in unserer Geschichte kennt: bei Saad Saghlul, Gamal Abdel Nasser und Mustafa an-Nahhas. Ägypter verschiedenster intellektueller und politischer Couleur haben sich in der Unterstützung el-Baradeis zusammengefunden – Islamisten, Kopten, Sozialisten, Liberale, Nasseristen, Wafdisten und, wichtiger als alle diese, Millionen einfacher Ägypter, die in el-Baradei einen Führer sehen, der ihre Träume nach Gerechtigkeit und Freiheit verkörpert. Angesichts der Krise im System und der breit gefächerten Unterstützung für el-Baradei scheint es nützlich, sich zu fragen, was die Ägypter von ihm erwarten. Die Antwort darauf lautet, in Kürze, folgendermaßen:

Erstens hatte Dr. el-Baradei als Generaldirektor der Internationalen Atomenergieagentur eine gehobene internationale Funktion inne, und Menschen dieser Art hören nicht zu arbeiten auf, wenn sie von einer solchen Funktion zurücktreten. Kaum verlassen sie ihren Posten, werden sie auch schon mit Einladungen überflutet, Vorträge zu halten und an verschiedenen internationalen Aktivitäten teilzunehmen. Ägypter erwarten, dass Dr. el-Baradei sich irgendwann in Ägypten niederlassen und der Führung einer nationalen Kampagne Vorrang einräumen werde, da ein Führer, der die Rechte der Nation verteidigt, immer auf dem Kampfplatz präsent sein muss. Ich bin sicher, dass sich Dr. el-Baradei daran erinnert, was Mustafa an-Nahhas tat, als er im Jahre 1927 die Leitung der Wafd-Partei übernahm. Zu jenem Zeitpunkt war er ein großer, bekannter Rechtsanwalt, doch in dem Augenblick, da er die Parteiführung übernahm, legte er diese Tätigkeit nieder, schloss seine Kanzlei und machte die berühmt gewordene Bemerkung: »Heute bin ich ein Anwalt für die gesamte Nation geworden, kann also nicht länger einzelne Personen vor Gericht verteidigen.«

Zweitens waren schon vor el-Baradeis Auftreten verschiedene nationale Bewegungen für den Wechsel entstanden. Die wichtigste war die Kifaja-Bewegung,* die besondere Anerkennung dafür verdient, bei den Ägyptern die Barriere der Furcht durchbrochen zu haben. Die Mitglieder der Kifaja, die sich über die Notstandsgesetze hinwegsetzten, die von der Einsatzpolizei zusammengeknüppelt

---

* Kifaja (›Genug!‹): Inzwischen eingebürgerte Bezeichnung für die Ägyptische Bewegung für den Wandel, zu der sich seit 2004 (erste Demonstrationen mit der Forderung nach dem Ende des Mubarak-Regimes) verschiedene politische Oppositionskreise zusammenschlossen.

wurden und die Verhaftung und Folter auf sich nahmen – sie waren es, die das Recht zu demonstrieren und zu streiken für die gesamte Nation zurückgewannen. Sie sind die eigentlichen Väter der Protestbewegungen, die sich inzwischen über ganz Ägypten ausgebreitet haben. Doch alle diese Bewegungen für einen Wechsel in Ägypten, einschließlich der Kifaja, krankten daran, nur schwach in der breiten Masse der Bevölkerung verankert zu sein. Mit el-Baradei ist das anders. Seine Popularität begann auf der Straße und erreichte von dort aus die Elite. El-Baradei wurde nicht durch Intellektuelle und Politiker populär, sondern durch die Zehntausenden von einfachen Ägyptern, die ihn mögen und ihm vertrauen. Diese breitgefächerte Unterstützung in der Bevölkerung verpflichtet Dr. el-Baradei dazu, volksnah zu bleiben, und in seinem engsten Anhängerkreis befinden sich einige der besten und aufrichtigsten ägyptischen Nationalisten. Aber die Tür muss für alle offen bleiben. Dr. el-Baradei ist zum Führer aller Ägypter geworden, gleich welcher politischen Richtung sie angehören, weshalb jeder Ägypter und jede Ägypterin das Recht hat, ihn zu treffen und ihm seine oder ihre Ideen vorzutragen, und Dr. el-Baradei hat die Pflicht zuzuhören, denn sein Erfolg bei dieser enormen Aufgabe wird davon abhängen, in welchem Ausmaß er mit den einfachen Leuten Kontakt halten kann.

Drittens hat Dr. el-Baradei mit der Ausrufung der Nationalen Vereinigung für den Wandel einen klugen politischen Schritt getan, und ich bin davon überzeugt, dass Hunderttausende, vielleicht sogar Millionen von Ägyptern sich dieser Vereinigung anschließen werden, obwohl sie noch nicht einmal Mitglieder aufnimmt. Menschen innerhalb und außerhalb Ägyptens wollen sich el-Baradei anschließen, wissen aber nicht, was tun. Sie müssen die Möglichkeit erhalten, mehr zu tun als Erklärungen zu unterzeichnen, wie sie jetzt gesammelt werden. Durch die breitgefächerte Unterstützung, derer sich el-Baradei erfreut, hat sich um ihn ein Kreis aus begabten und talentierten Menschen gebildet, die alle auf die Bewegung schauen, in der sie Aufgaben für ihr Land übernehmen können. Wir erwarten, dass Dr. el-Baradei, sobald er nach Ägypten zurückkehrt, einen Sitz für die Vereinigung wählt, Mitglieder aufnimmt und verschiedene Komitees einrichtet, um für die von uns ersehnte Reform Gebrauch von allen Talenten zu machen.

Viertens erwarten wir von Dr. el-Baradei, dass er für heftige Auseinandersetzungen mit dem gegenwärtigen Regime gerüstet ist. El-Baradei hat die Rolle des politischen Reformers schon hinter sich gelassen und ist zum politischen Führer geworden, und so wäre es für das despotische Regime nur natürlich, wenn es seine Privilegien mit Händen und Füßen verteidigen würde. Es nützt also nichts, die Konfrontation umgehen oder hinausschieben zu wollen, da sie unvermeidlich ist. Sie hat auch längst begonnen: Letzte Woche wurde ein Anhänger el-Baradeis, Dr. Taha Abdaltawab, ins Hauptquartier der Staatssicherheit in der Provinz Fajjum zitiert, wo man ihn entkleidete, schlug, folterte und auf schreckliche und unmenschliche Weise demütigte. Diese Art Verbrechen, die sich täglich in den Büros der Staatssicherheit abspielt, erhält nun eine neue Bedeutung. Es ist eine Botschaft des Regimes an diejenigen, die einen Wechsel verlangen, dass niemand, und mag seine Stellung noch so hoch sein, vor dem Missbrauch der staatlichen Stellen sicher ist. Dr. el-Baradei weiß das, und als er in Korea war, gab er eine Presseerklärung heraus, in der er diesen Übergriff aufs Heftigste verurteilte und Dr. Taha Abdaltawab seiner vollen Solidarität versicherte. Doch der schreckliche Zwischenfall ist erst der Beginn des Krieges gegen Dr. el-Baradei, eines Krieges, in dem das Regime jede Art Waffen, legal oder illegal, einsetzen wird, um die Hoffnung der Ägypter auf Freiheit zu ersticken. Wir erwarten von Dr. el-Baradei, dass er seine umfangreiche Erfahrung mit internationalem Recht dazu verwenden wird, die Henker, die Unschuldige festhalten und foltern, gerichtlich zu belangen und sie vor internationale Gerichtshöfe zu bringen.

Fünftens hat Dr. el-Baradei es von Beginn an abgelehnt, im Rahmen einer anerkannten Partei für die Präsidentschaft zu kandidieren. Er hat es ebenfalls abgelehnt, dem Parteienkomitee einen Antrag zur Bewilligung einer Parteigründung vorzulegen. Vergangene Woche sickerte die Nachricht von einer geheimen Absprache zwischen dem Regime, der Tagammu,* der Wafd-Partei und der Muslimbruderschaft durch, wonach diese Parteien el-Baradei nicht unterstützen wollen und dafür bei den nächsten gefälschten Wahlen ein paar Sitze mehr im Parlament erhalten sollen. Dieser miese Handel zeigt, wie tief manche Politiker in Ägypten gesunken sind, und beweist gleichzeitig, wie weise und weitsichtig es von el-Baradei war, jegliche Zusammenarbeit mit ihnen abzulehnen. So hat er sich vor der Bevölkerung ein sauberes Image erhalten, unbefleckt durch die Korruption des Regimes und all jener, die es angeblich bekämpfen, insgeheim aber mit ihm gegen die Rechte des Volkes zusammenarbeiten. Die Ägypter hoffen darauf, dass Dr. el-Baradei diesen Prinzipien treu bleibt und jegliche Art von Verhandlungen und Kompromissen zurückweist. Was die Ägypter heute wollen, ist nicht eine begrenzte Anpassung der Politik, sondern eine umfassende, radikale Reform. Jeder Ägypter, der eine Unterstützung für el-Baradei und die Revision der Verfassung unterzeichnet, erklärt gleichzeitig, dass er dem gegenwärtigen System das Vertrauen aufkündigt. Es ist also nutzlos, Appelle und Petitionen zu formulieren, da Rechte

---

* Tagammu (›Sammlung‹): Kurzbezeichnung für die 1977 gegründete Nationale Fortschrittliche Einheitspartei, die ein sozialistisches Programm vertritt.

nicht gewährt, sondern geholt werden. Unsere Fähigkeit, der Gerechtigkeit den Weg zu ebnen, ist immer mit unserem Willen verknüpft, dafür Opfer zu bringen. Hundert wohlformulierte Petitionen an das Regime werden die Staatsvertreter nicht von den Tugenden der Demokratie überzeugen, aber wenn eine Million Demonstranten hinaus auf die Straße drängte ... dann sähe sich das Regime schließlich gezwungen, auf die Forderungen nach Reform einzugehen.

Während ganz Ägypten auf Dr. el-Baradeis Rückkehr wartet, hielt ich es für meine Pflicht, ihm die Gedanken der Ägypter mitzuteilen, die ihn schätzen, die auf ihn hoffen und die, wie ich auch, darauf vertrauen, dass er sie nicht im Stich lässt.

Demokratie ist die Lösung.

15. März 2010

Wann wird Präsident Mubarak das begreifen?

Muhammad Resa Pahlavi, der inzwischen verstorbene letzte Schah von Iran, regierte sein Land von 1941 bis 1979 und pflegte enge Beziehungen zum britischen und zum US-amerikanischen Geheimdienst, dem er seine Wiedereinsetzung verdankte, nachdem ihn sein Premierminister Muhammad Mosaddegh 1953 gezwungen hatte, ins Exil zu gehen. Der Schah herrschte mittels gewaltsamer Unterdrückung seiner Opponenten, und der SAVAK, die iranische Geheimpolizei, war in den Jahren vor der iranischen Revolution von 1979 für Tod und Folter an Hunderttausenden von Iranern verantwortlich. Gemessen an unabhängigen und objektiven Kriterien, darf man den Schah einen bösartigen Diktator nennen, dessen Hände vom Blut der Iraner besudelt waren, und – in des Wortes eigentlicher Bedeutung – ein Unterpfand in der Hand der Vereinigten Staaten und des Westens. Vor zwei Jahren traf ich Farah Pahlavi, seine Witwe, im Haus von gemeinsamen Freunden in Kairo. Ihre offene, angenehme und bescheidene Art beeindruckte mich ebenso wie ihre Intelligenz und ihre Bildung. Während unserer langen Unterhaltung erzählte sie mir, sie schreibe ihre Memoiren, und versprach, mir nach Erscheinen ein Exemplar zukommen zu lassen, was sie auch jüngst tat. Als ich das im *Schuruk*-Verlag erschienene Buch zu lesen begann, stellte ich mit Entsetzen fest, dass die ehemalige iranische Kaiserin den Schah als nationalen Helden betrachtet, der dem Land großen Nutzen brachte, und dass sie die iranische Revolution lediglich als Verschwörung von ein paar unzufriedenen Nörglern sieht. Über die letzten Augenblicke, unmittelbar bevor die Revolution sie und ihren Ehemann zwang, das Land zu verlassen, schrieb sie: »Wir gingen erhobenen Hauptes, überzeugt, unaufhörlich im Interesse des Landes gewirkt zu haben. Und auch wenn wir Fehler gemacht haben sollten, so haben wir doch nie das Gemeinwohl aus den Augen verloren.« Diese Worte überraschten mich, und ich fragte mich, wie eine kultivierte, intelligente Frau die schrecklichen Verbrechen ignorieren oder übersehen kann, die der Schah gegen sein Land verübt hat. Eine Frau mag ja aus Liebe über die Schwächen ihres Mannes hinwegsehen, doch hier handelt es sich nicht um persönliche Fehler, sondern um fürchterliche Verbrechen an Millionen von Iranern. Noch seltsamer ist, dass diese Memoiren voller Hinweise darauf sind, dass der Schah selbst überzeugt war, immer das Richtige getan und sein Leben und seinen Komfort für sein Land geopfert zu haben.

Das führt uns zu der Frage, wie autokratische Herrscher sich selbst sehen. Und hier lehrt uns die Geschichte, dass Männer dieser Art sich selbst als große Helden betrachten und in einem derartigen Zustand der Selbsttäuschung leben, dass sie ohne Mühe ihr Fehlverhalten und ihre Verbrechen rechtfertigen können. Diese dauernde Kluft zwischen dem autokratischen Herrscher und der Realität ist ein Phänomen, das schon vielerorts sorgfältig analysiert wurde und das man ›die Einsamkeit des Diktators‹ nennt. Der Diktator lebt völlig isoliert von den Bürgern und weiß eigentlich nicht, was sich im Lande abspielt. Nach Jahren an der Macht hat sich eine Gruppe von Freunden und reichen Verwandten um ihn herum kristallisiert, deren extravaganter Lebensstil ihn von der Realität der einfachen Leute trennt. So verliert der Diktator sein Gefühl für die

Armen und jegliche Beziehung zum wirklichen Leben. Ein Bild von diesem liefern ihm lediglich seine Sicherheitsorgane, die es aber, im Interesse der guten Laune ihres Herrn, für geboten halten, diese triste Realität zu beschönigen. Häufig wetteifern sie auch um das Vertrauen des Diktators und schreiben einander widersprechende Berichte, und mitunter erfinden sie, um den Herrscher von ihrer Wichtigkcit zu überzeugen, Verschwörungen, die sie vereitelt haben wollen. Darüber hinaus werden die Minister, die mit dem Diktator zusammenarbeiten, nicht gewählt, sind also nicht interessiert daran, was die Leute von ihnen denken. Ihr einziges Interesse ist es, sich die Gunst des Herrschers zu erhalten, der sie ernannt hat und der sie jederzeit entlassen kann. Sie werden diesen Herrscher niemals mit der Wahrheit konfrontieren, sondern immer nur berichten, was er gerne hört. In einem autokratischen System wagen es Minister nur selten, ihre eigene Meinung kundzutun; sie warten lediglich auf die Instruktionen des Präsidenten und betrachten alles, was dieser tut, sagt oder sogar denkt, als Inbegriff von Weisheit, Mut und Größe.

So wird der Diktator völlig von der Wirklichkeit abgeschirmt, bis zu dem Tag, da ein Unglück geschieht oder eine Revolution ihn stürzt. Die Einsamkeit des Diktators, ein Phänomen, das man durch die Geschichte hindurch verfolgen kann, ist eine der schlimmsten Fehlentwicklungen des autokratischen Systems. Als zu Beginn der Französischen Revolution im Jahre 1789 wütende und hungrige Volksmassen das Schloss von Versailles umlagerten, erkundigte sich Königin Marie Antoinette, warum diese Menschen denn demonstrierten, und als man ihr mitteilte, sie seien wütend, weil sie kein Brot hätten, soll die Königin überrascht geantwortet haben, dann könnten sie doch Kuchen essen. Diese berühmte Bemerkung zeigt, wie isoliert ein autokratischer Herrscher sein kann. Marie Antoinette war eine starke und intelligente Frau, ja, sie war die treibende Kraft hinter den Entscheidungen ihres Ehemannes, Louis XVI, aber nach langen Jahren der Autokratie lebte sie in einer anderen, abgeschiedenen Welt.

Darüber dachte ich angesichts der Ereignisse in Ägypten nach, während Präsident Mubarak für eine Operation in Deutschland weilte. Natürlich wünsche ich jedem Kranken eine rasche Genesung, aber ich glaube nicht, dass die Krankheit des Präsidenten irgendwie außergewöhnlich war. Jeder wird einmal krank, und das vorgerückte Alter des Präsidenten führt zwangsläufig von Zeit zu Zeit zu Gesundheitsproblemen. Aber die Schreiberlinge des Regimes taten geradezu so, als ob die Krankheit des Präsidenten das Ende der Welt bedeutete, und manche gingen so weit, das ganze Land an der Präsidentenkrankheit leiden zu sehen, als ob Präsident Mubarak die Inkarnation und die Verkörperung ganz Ägyptens wäre. Dieses billige und abgeschmackte Gesäusel war während seiner gesamten Abwesenheit zu vernehmen, und als Präsident Mubarak nach erfolgreichem chirurgischem Eingriff nach Ägypten zurückkehrte, schmetterten die Sykophanten mit Pauken und Trompeten. Einige Barden erhielten gar den Auftrag, Gesänge zur glücklichen Rückkehr des Präsidenten zu komponieren. Es ist mir unklar, wie irgendein echter Kunstschaffender sich dazu bereitfinden kann, gegen Bezahlung Loblieder anzustimmen, ganz wie jene Bettler, die an den jährlichen Festen für heilige Männer auftreten. Haben sich diese Sykophanten schon Gedanken darüber gemacht, was sie bei einer weiteren Reise des Präsidenten nach Deutschland unternehmen wollen? Werden sie zur Feier seiner Rückkehr neue Hymnen schaffen? Ob Präsident Mubarak diese Schmeichelei wohl ernst nimmt? Ob es ihm wohl je in den Sinn gekommen ist, dass diese Pauker und Trompeter ihn nicht ausstehen können, sondern lediglich die Privilegien seiner Herrschaft genießen? Merkt Präsident Mubarak denn nicht, dass diese Schmeichler sich schon immer an die Machthaber geklammert und ihre eigenen Vorstellungen und Ansichten schon immer in Einklang mit denjenigen des Herrschers gebracht haben? Zur Zeit von Gamal Abdel Nasser waren sie loyale Sozialisten, doch als der Wind sich drehte und der Staat sich der Marktwirtschaft zuwandte, wurden sie zu eifrigen Anwälten der Privatisierung und des freien Marktes.

Was hat Präsident Mubarak wohl für Vorstellungen von der Lage in Ägypten? Weiß er, dass über die Hälfte der Ägypter unter der Armutsgrenze lebt? Kümmert es ihn, dass Millionen von Ägyptern in Slums ohne Wasser, Elektrizität oder Abwassersystem wohnen? Ist er beunruhigt über die grassierende Arbeitslosigkeit, über Armut, Krankheit und Frustration? Ist der Präsident sich bewusst, dass Ägypten in vielen Bereichen ganz unten ist? Hat er von den Armen gehört, die Schlange stehen für Brot und Propangas? Ist ihm etwas von den Todesschiffen zu Ohren gekommen, auf denen Tausende junger Ägypter dem Elend entfliehen wollen, nur um dann auf hoher See zu ertrinken? Hat je jemand dem Präsidenten davon erzählt, dass monatelang Tausende von Staatsangestellten mit Kind und Kegel vor dem Parlament auf der Straße lagen, weil ihr Leben unerträglich geworden ist? Hat der Präsident je über Staatsbedienstete nachgedacht, die mit hundert Ägyptischen Pfund (€ 15.-) im Monat eine ganze Familie durchbringen müssen, und das bei einem Fleischpreis von siebzig Pfund pro Kilo? Natürlich weiß ich nicht, wie Präsident Mubarak denkt, aber gestützt auf die Theorie von der Einsamkeit des Diktators, nehme ich an, dass seine Vorstellungen weit entfernt sind von der tatsächlichen Lage in Ägypten, einer Wirklichkeit, die jeden Augenblick zu einer Explosion führen kann, und wenn es zu einer solchen Explosion kommt, was Gott verhüten möge, werden wir alle einen hohen Preis dafür bezahlen. Ich hoffe, dass Präsident Mubarak seine vielen Amtsjahre damit beschließen wird, echte demokratische Reformen durchzuführen, die Verfassung zu ändern, um einen echten Wettstreit der Kandidaten und freie und faire Wahlen zu erlauben, damit die Ägypter neue Gesichter wählen können – Personen, die geachtet und willens sind, Verantwortung zu übernehmen, damit der Leidensweg Ägyptens endet und eine neue Zukunft beginnen kann. Wann wird Präsident Mubarak das begreifen?

Demokratie ist die Lösung.

6. April 2010

Gilt Wahlfälschung als große Sünde?

In etwa achtzehn Monaten werden in Ägypten erst Parlaments- und danach Präsidentschaftswahlen stattfinden. In der Vergangenheit hat das Regime versucht, Richter einzusetzen, um Wahlfälschungen zu kaschieren, doch haben die anständigen unter ihnen sich geweigert, ihre Prinzipien zu verraten, und ihre Botschaft war klar: »Entweder überwachen wir die Wahlen ernsthaft und genau oder wir verzichten darauf. Dann trägt das Regime die gesamte Verantwortung für den Betrug.« Diesmal hat das Regime beschlossen, von vornherein auf rechtliche Überwachung zu verzichten, und außerdem angekündigt, es werde keine internationale Beobachtung des Urnengangs zulassen. All das verheißt, dass die nächste Wahl gezinkt sein wird. Damit wissen die Ägypter schon jetzt genau, dass die Mehrheit der Parlamentssitze an Mitglieder der herrschenden Partei gehen, dass die Präsidentschaftswahl im nächsten Jahr also eine Farce sein wird, mittels derer sich Präsident Mubarak im Amt bestätigen oder die Macht an seinen Sohn Gamal weitergeben will.

Nun stellt sich die Frage, wer eigentlich für die Fälschung der Wahlen verantwortlich ist. Das Ministerium des Innern hat die Aufsicht über die Durchführung von Wahlen und ist damit auch für deren Fälschung verantwortlich, doch eigentlich führt auch der Innenminister nur Befehle aus. Die Entscheidung zur Fälschung fällt allein der Präsident und reicht diese an den Innenminister weiter; dann wird sie von Tausenden von Polizisten und Staats-angestellten im ganzen Land umgesetzt. Das sind die Personen, die die Leute daran hindern, ihre Stimme abzugeben, die Schläger an-heuern, um Wähler zu verprügeln, die nicht zur Regierungspartei gehören, die ungebrauchte Wahlzettel ausfüllen, Urnen schließen und schließlich frei erfundene Wahlergebnisse verkünden. All diese Betrüger verrichten, wie die meisten Ägypter dieser Tage, gewissen-haft ihr Gebet, fasten im Monat Ramadan, entrichten ihre Almosen-steuer, unternehmen die Pilgerfahrt nach Mekka und fordern Frau-en und Töchter auf, den Hidschab zu tragen, sich mit Kopftuch und langen Kleidern zu verhüllen. Das heißt, sie erfüllen genauestens ihre religiösen Pflichten, beteiligen sich aber an den Wahlfälschun-gen und haben nicht das Gefühl, damit eine religiöse Sünde zu begehen. Und bei Nacht hält kein Schuldgefühl sie schlaflos. Im Allgemeinen glauben sie einfach, die Befehle ihrer Chefs zu befolgen und scheinen keine Verbindung zwischen der Wahlfrage und der Religion zu sehen.

Stellen wir uns einmal vor, der Präsident würde den Polizisten und Staatsangestellten nicht befehlen, Wahlen zu fälschen, sondern Alkohol zu trinken und ihnen verbieten, während des Ramadans zu fasten! Sie würden sich sicherlich weigern und argumentieren, man dürfe keinem Menschen gehorchen, wenn man dadurch Gott un-gehorsam sei. Warum betrachten diese Staatsangestellten die Fäl-schung von Wahlen lediglich als Befehlserfüllung, den Konsum von Alkohol und das Nicht-Fasten im Ramadan aber als schwere Sünde? Die Antwort auf diese Frage zeigt uns, wie tief die Kluft zwischen dem wahren Islam und unserem Verständnis davon ist. In keinem einzigen Buch über islamisches Recht wird man ein Wort über Wahlfälschungen finden, weil diese Bücher alle alt sind und aus einer Zeit stammen, in der Wahlen unbekannt waren. Das Tor des *idschtihad*, der individuellen Beurteilung islamischer Rechtsfragen, wurde vor Jahrhunderten geschlossen, und die meisten Experten in islamischem Recht begnügen sich heute damit, Rechtsansichten wiederzukäuen, die schon vor tausend Jahren formuliert wurden. Außerdem haben sich in der islamischen Geschichte viele Juristen auf die Seite der Despoten gestellt und haben zwar islamische Vorschriften für viele Bereiche des Lebens festgelegt, dabei aber ganz bewusst die politischen Rechte der Muslime ausgeklammert. Manche haben sogar die Wahrheit entstellt und die Religion in einer Weise interpretiert, die dazu diente, den Despoten zu unterstützen und ihn unfehlbar zu machen. In Ägypten gibt es Dutzende berühmter Scheiche, die unterschiedlichen religiösen Schulen angehören – vom Scheich der Ashar-Universität über die Salafi-Scheiche bis hin zu den neuen Predigern – und jeden Tag in Tausenden von Moscheen und auf Dutzenden von Satellitenkanälen predigen. Sie behandeln jedes Detail im Leben eines Muslims – Hochzeit und Scheidung, das Tragen von Gold oder Seide, den Vollzug der rituellen Waschung zur Beseitigung grober Besudelung –, aber keiner von ihnen äußert je ein Wort über Wahlfälschung. Vor einigen Monaten traf ich einen dieser berühmten neuen Prediger, einen kultivierten jungen Mann. Er bat, den wöchentlichen Salon besuchen zu dürfen, den ich organisiere, was ich ihm gern erlaubte. Als er kam, stellte er fest, dass die Anwesenden über Demokratie und Notstandsgesetze diskutierten und sich dafür aussprachen, dass die Ägypter das Recht haben sollten, ihre Herrscher selber zu wählen. Er steuerte kein einziges Wort bei, sondern saß nur schweigend da und ging dann. Er kam auch kein zweites Mal, und ich habe ihn nie wieder gesehen. Nach Ansicht dieses Predigers hat Religion nichts mit öffentlichem Leben zu tun. Für ihn beginnt und endet Religion mit der Schamhaftigkeit der Frauen, mit moralischen Tugenden und der Erfüllung religiöser Pflichten. Deswegen liegt ihm auch nichts daran, politische Rechte und öffentliche Freiheiten zu diskutieren. Außerdem weiß er, dass die Diskussion dieser Themen in Ägypten einen hohen Preis haben kann, den zu bezahlen er nicht bereit ist.

Als ich mich mit religiösen Werken beschäftigte, um die Beurteilung von Wahlfälschungen durch den Islam zu erfahren, fand ich heraus, dass die Sünden in große und in kleine eingeteilt werden. Große Sünden sind diejenigen, die Gottes Bestrafung im Diesseits und im Jenseits verdienen, und obwohl die Rechtsgelehrten sich in vielen Einzelheiten nicht einig sind, halten sie alle die falsche Zeugenaussage für eine der schwersten unter den großen Sünden. Auch der Koran warnt an mehreren Stellen nachdrücklich vor falscher Zeugenaussage, zum Beispiel in Sure 25, Vers 72, wo von denen die Rede ist, »die nicht falsch Zeugnis ablegen«, oder in Sure 22, Vers 30, wo man liest: »Meidet das Wort der Lüge«. Falsches Zeugnis ablegen heißt, vorsätzlich zu lügen, um die Gerechtigkeit zu untergraben. Wenn jemand vor einem Richter eine Falschaussage macht, begeht er eine schwere Sünde, weil er dadurch jemandem etwas wegnimmt, was ihm gehört, und es einem anderen gibt, dem es nicht zusteht. In der Verurteilung falscher Zeugenaussagen gehen manche Juristen so weit, sie mit Götzendienst gleichzusetzen und sogar zu behaupten, dass man sich von dieser Schuld nicht durch Reue oder durch eine Pilgerfahrt loskaufen könne, sondern nur dadurch, dass man denen eine Wiedergutmachung leistet, die ihrer Rechte verlustig gingen, oder ihnen mindestens seine Schuld bekennt und um Vergebung bittet.

Dem falschen Zeugnis, das der Islam als gravierenden Fehltritt und schlimmes Verbrechen erachtet, entspricht im heutigen Leben die Wahlfälschung – nicht mehr und nicht weniger –, denn der

Staatsangestellte, der sich an einer solchen beteiligt, macht falsche Aussagen, um die Ergebnisse zu fälschen; damit verunmöglicht er es dem siegreichen Kandidaten, das Amt zu erhalten, das ihm zusteht, und gibt es demjenigen, dem es nicht zusteht. Meiner Meinung nach ist Wahlfälschung sogar viel schlimmer als eine Falschaussage, da letztere einem Individuum oder einer Familie nimmt, was ihr zusteht, während erstere der ganzen Nation das nimmt, was ihr zusteht. Wenn die Betrüger im Innenministerium begriffen, dass sie, vom religiösen Standpunkt aus, falsches Zeugnis ablegen, würden sie sich weigern, sich daran zu beteiligen; aber wie viele Ägypter betrachten sie Wahlen, Demokratie und Machtwechsel als etwas Sekundäres, das nichts mit der Religion zu tun hat. Und dieses begrenzte Verständnis von Religion macht uns anfällig für Despotismus und nachgiebig der Ungerechtigkeit gegenüber, und es erklärt, warum Despotismus in islamischen Ländern häufiger anzutreffen ist als anderswo.

Die Menschen haben nur zwei Möglichkeiten, um weiterzukommen: Entweder, wenn sie die Religion richtig verstehen als primären Einsatz für menschliche Werte – Wahrheit, Gerechtigkeit und Freiheit –, oder wenn sie ein ethisches Konzept zugrunde legen, das das menschliche Gewissen zum Schiedsrichter macht, der die Kriterien für Tugend und Ehrlichkeit festsetzt. Aber in Ländern, in denen die Religion als abgetrennt von menschlichen Werten verstanden wird, liegen Begabungen und Ressourcen brach, und die Bevölkerung fällt im Zuge der Zivilisation zurück. Ein derart begrenztes Verständnis, das den Geist der Religion ignoriert und aus der Religion eine Ansammlung von Ritualen macht, führt die Menschheit zu einer falschen, formalistischen Frömmigkeit und untergräbt die natürlichen Empfindungen des Gewissens. Es kann jemanden sogar so weit bringen, sich abscheulich zu verhalten und gleichzeitig überzeugt von seiner Frömmigkeit zu sein, weil er glaubt, sie bestehe nur aus der Erfüllung religiöser Pflichten. Ägypten ist ganz tief gesunken, und man kann dem nicht länger schweigend zusehen. Millionen von Ägyptern leben unter unmenschlichen Bedingungen, geprägt von Armut, Arbeitslosigkeit, Krankheit, Repression und beispielloser Korruption. Diese Menschen haben ein Recht auf ein würdiges menschliches Leben. Die von uns verlangte Veränderung kommt sowohl von der Spitze der politischen Pyramide als auch von deren Fundament. Unsere Pflicht ist es, so lange Druck auf das Regime auszuüben, bis es anständige Wahlen zulässt, doch gleichzeitig müssen wir den Leuten erklären, dass diejenigen, die sich an Wahlfälschungen beteiligen, eine schwere Sünde und ein abscheuliches Verbrechen gegen ihr Land begehen. Wenn der Präsident befiehlt, die Wahlen zu fälschen, jedoch keinen Polizeioffizier und keinen Angestellten im Innenministerium findet, der bereit ist, durch seine Beteiligung seine Ehre und seine Religion zu besudeln, erst dann wird in Ägypten die Zukunft beginnen.

Demokratie ist die Lösung.

19. April 2010

Brauchen wir einen gerechten Tyrannen?

Der vergangene Mittwoch war kein guter Tag für Gordon Brown, den britischen Premierminister und Chef der Labour Partei. Er war auf einer Wahlveranstaltung in Rochdale, einer Stadt im Nordwesten Englands, und während er mit Leuten auf der Straße sprach, tauchte eine Frau namens Gillian Duffy auf, eine sechsundsechzigjährige Staatsangestellte im Ruhestand. Frau Duffy führte vor laufenden Fernsehkameras eine hitzige Debatte mit Gordon Brown, in der sie über die Einwanderer aus Osteuropa klagte und behauptete, sie nähmen den Briten die Jobs weg. Der Premierminister versuchte, sie von der Richtigkeit der Einwanderungspolitik seiner Regierung zu überzeugen, doch Frau Duffy ließ sich nicht umstimmen, und so blieb Gordon Brown nichts anderes übrig, als die Diskussion artig mit einer Frage nach ihren Kindern und Enkelkindern zu beenden. Danach schüttelte er ihr höflich die Hand und eilte zu seinem Auto, um rechtzeitig beim nächsten Termin zu erscheinen. Doch unglücklicherweise vergaß Gordon Brown, das kleine Mikrophon abzuschalten, das an seinem Revers befestigt war, weshalb alles, was er in der Folge im Auto seinen Mitarbeitern erzählte, weitergegeben wurde. Gordon Brown war verärgert über die Begegnung mit dieser Frau und bemerkte: »Das war katastrophal. Man hätte mich nicht mit dieser Frau zusammenbringen sollen. Wessen Idee war das eigentlich? ... So eine kleinkarierte Person!« Alle britischen

Medien verbreiteten Browns Worte, und innerhalb einer Stunde war der Patzer landauf, landab Gesprächsstoff. Der Premierminister hatte eine britische Bürgerin beleidigt und sie kleinkariert genannt, nur weil sie nicht seiner Meinung war. Als Frau Duffy durch die Medien erfuhr, was der Premierminister von ihr hielt, war sie äußerst verstimmt, und Gordon Brown war, nur wenige Tage vor den Wahlen in Großbritannien am 6. Mai, in Schwierigkeiten. Er rief Frau Duffy an und entschuldigte sich bei ihr. Doch damit nicht genug. Bei einem Fernsehauftritt wenig später setzte ihm der Interviewer hart zu. Er spielte ihm eine Aufnahme seiner Bemerkung vor und fragte den Premierminister, ob er sich Vorwürfe mache. Dieser bejahte und versicherte, es werde nie mehr vorkommen. Danach entschuldigte er sich vor dem gesamten Land bei Frau Duffy. Doch damit noch immer nicht genug. Es reichte nicht, um diesen bösen Vorfall ad acta zu legen. Also fuhr er nochmals nach Rochdale, suchte Frau Duffy auf und verbrachte vierzig Minuten damit, bei ihr Abbitte zu leisten. Sie akzeptierte schließlich die Entschuldigung, weigerte sich aber, mit dem Premierminister vor die Tür zu treten und vor den Medien zu erklären, sie habe ihm verziehen. Deshalb kam Gordon Brown allein heraus und gab nochmals zu, einen Fehler gemacht zu haben und dies zu bedauern, nun jedoch erleichtert zu sein, dass Frau Duffy seine Entschuldigung akzeptiert habe.

Zur selben Zeit, da der britische Premierminister sich nachdrücklich bei einer einfachen britischen Bürgerin dafür entschuldigte, dass sie von ihm in einer irrtümlicherweise aufgezeichneten privaten Unterhaltung als kleinkariert bezeichnet worden war, hatten Hunderte von Ägyptern schon monatelang mit Frau und Kind auf der Straße vor dem Regierungs- und dem Parlamentsgebäude genächtigt. Sie repräsentierten die Millionen armer Ägypter, deren Lebensstandard sich so verschlechtert hat, dass sie nicht mehr in der Lage sind, für ihre Kinder zu sorgen. Doch der Premierminister, Achmad Nasif, hat sich nie die Mühe gemacht, auch nur auf die Straße hinauszugehen, um den armen Menschen zuzuhören und ihnen vielleicht irgendwie zu helfen. Im Gegenteil, sie ließen ihn völlig kalt und er reiste mit seiner neuen Frau in den Badeort Hurghada. Die jungen Leute, die für eine Verfassungsänderung demonstrieren und Freiheit und ein Ende der Notstandsgesetze verlangen, werden zusammengeschlagen, weggeschleppt und von den zentralen Sicherheitskräften (einer eigentlichen ägyptischen Besatzungsarmee) festgehalten, und einige Parlamentsabgeordnete aus der Regierungspartei haben sogar vorgeschlagen, man sollte sie erschießen.

Dieser beträchtliche Unterschied im Verhalten der beiden Premierminister – demjenigen in Ägypten und demjenigen in Großbritannien – zwingt uns zu der Frage, warum die staatlichen Organe in Großbritannien ihren Bürgern mit Respekt begegnen, während diejenigen in Ägypten die Bevölkerung wie Kriminelle oder Tiere behandeln. Der Unterschied ist nicht ethisch, sondern politisch. Es gibt keinen Beweis dafür, dass Gordon Brown moralischer ist als Achmad Nasif, aber Brown ist ein gewählter Premierminister in einem demokratischen System, er weiß also, dass er ein Diener des Volkes, dem Ausgangspunkt aller Macht, ist. Er weiß außerdem, dass seine politische Karriere, sollte er das Vertrauen der Wähler verlieren, beendet wäre. Achmad Nasif hingegen wurde zunächst einmal nicht gewählt, sondern von Präsident Mubarak ernannt, was ihm also wichtig ist, ist nicht das Vertrauen des Volkes, sondern das Wohlwollen des Präsidenten. Auch Präsident Mubarak wurde von niemandem gewählt; er übernahm die Macht vor dreißig Jahren mittels Repression und gefälschter Wahlen, weswegen es ihm gleichgültig sein kann, ob die Ägypter ihm vertrauen, solange es ihm nur gelingt, sie mit Hilfe seiner Sicherheitsorgane an der Kandare zu halten. Wenn Gordon Brown Großbritannien durch Betrug und Notstandsgesetze regierte, hätte er sich nicht bei Gillian Duffy entschuldigt. Er hätte sie wahrscheinlich festnehmen und ins nächste Sicherheitsbüro bringen lassen, wo man sie geschlagen, an den Beinen aufgehängt und mit Elektroschock an den empfindlichsten Körperteilen gequält hätte. Anschließend wäre sie vielleicht von einem Sondergericht der Staatssicherheit wegen Unruhestiftung, Beleidigung eines Staatssymbols und Gefährdung des sozialen Friedens verurteilt worden.

Die Art, wie ein Herrscher an die Macht gekommen ist, bestimmt sein Verhalten als Machthaber. Diese in der entwickelten Welt wohlbekannte Tatsache, ist einigen Ägyptern noch unbekannt, die einen Herrscher nur nach seiner Politik beurteilen, sich dagegen nicht groß darum kümmern, wie er zu Amt und Würden gelangt ist. Einige Ägypter träumen noch immer vom gerechten Tyrannen, der zwar über allen Gesetzen steht, seine große Machtfülle jedoch dazu nutzt, Gerechtigkeit walten zu lassen. Die Vorstellung vom gerechten Tyrannen ist, ebenso wie diejenige vom edlen Dieb oder von der ehrbaren Hure, nichts als eine sinnlose Phantasterei. Wie kann ein Tyrann wohltätig sein, wenn doch die Tyrannei an sich schreiendes Unrecht ist? Doch diese Vorstellung hat sich während vieler Jahrhunderte der Despotie ins arabische Denken eingeschlichen, wobei man fairerweise anmerken muss, dass der echte Islam schon Jahrhunderte vor den Europäern ein großartiges demokratisches Modell hervorbrachte. Der Prophet Muhammad bestimmte keinen Nachfolger, weil er wollte, dass die Muslime in aller Freiheit ihren Regenten bestellen. So wurden drei der ersten vier Kalifen vom Volk gewählt und blieben dem Volk gegenüber verantwortlich, genau wie heutzutage in den besten demokratischen Systemen. Nachdem Abu

Bakr, der erste Herrscher im Islam, sein Amt übernommen hatte, erklärte er in einer Ansprache: »Mir wurde die Herrschaft über euch anvertraut, obwohl ich nicht der Beste unter euch bin. ... Gehorcht mir, solange ich Gott und seinem Gesandten gehorche. Wenn ich ihnen aber nicht mehr gehorche, so schuldet ihr mir keinen Gehorsam mehr.«

In dieser großartigen Ansprache wird, Jahrhunderte vor den modernen Verfassungen, das demokratische Verhältnis zwischen Herrschendem und Beherrschtem geklärt, doch die Demokratie verschwand im frühen Islam sehr bald, und danach folgten Jahrhunderte der Despotie, während derer die Rechtsgelehrten des Sultans die Religion in den Dienst der Herrscher stellten. Dadurch beraubten sie die Muslime ihrer politischen Rechte und legten den Grundstein für zwei schädliche und gefährliche Ideen. Erstens gehöre die Macht dem Gewinner, wodurch alle Usurpatoren legitimiert werden, solange sie die Macht halten können. Zweitens hätten die Muslime die Pflicht, dem Herrscher Gehorsam zu leisten, selbst wenn er gewalttätig und korrupt ist. Diese beiden Ideen haben im muslimischen Bewusstsein von Demokratie eine Kluft geschaffen, sie haben die Muslime unterwürfiger und der Despotie gegenüber nachgiebiger gemacht als andere Menschen. Ägypten ist ganz tief gesunken, und die meisten Ägypter haben begonnen, nach einem Wandel zu rufen, der Gerechtigkeit, Würde und Freiheit bringt. Wir müssen verstehen, dass eine Veränderung nicht durch eine Person herbeigeführt wird, wie edel ihre Absichten und wie makellos ihre Moral auch sein mögen. Eine Veränderung wird es nur durch ein gerechtes neues System geben, das die Ägypter als vollwertige Bürger mit uneingeschränkten Rechten behandelt, nicht als Untertanen oder Sklaven, deren Lebenszweck es ist, den Herrscher zufriedenzustellen. Erst wenn die Ägypter in der Lage sind,

aus freien Stücken denjenigen zu wählen, der sie regiert und im
Parlament vertritt, erst wenn alle Ägypter vor dem Gesetz gleich
sind – erst dann wird die Zukunft beginnen und der Präsident in
Ägypten wird genauso besorgt sein um die Würde jedes einzelnen
Bürgers wie das letzte Woche in Großbritannien der Fall war.

Demokratie ist die Lösung.

3. Mai 2010

Eine Geschichte für Jung und Alt

Unter dem großen Baum am Ufer hielt der alte Elefant immer Hof. Doch diesmal konnte er nicht auf eigenen Beinen stehen, weshalb er sich hinkniete und den Rüssel neben sich auf den Boden legte. Er sah völlig erschöpft aus und schien nur mit großer Mühe die Augen offen halten und die Vorgänge in seiner Umgebung beobachten zu können. Neben ihm standen seine Assistenten: der Esel, das Schwein, der Wolf und der Fuchs, die sich, offenbar nervös, zu unterhalten begannen. »Meine Brüder, unser großer Wald macht eine anstrengende und schwierige Zeit durch. Einerseits leidet unser Herr, der alte Elefant, noch immer an den Nachwirkungen seiner jüngst überstandenen Krankheit, andererseits sind, so habe ich erfahren, alle Tiere im Wald, angeführt von der Giraffe, in einem Protestmarsch hierher unterwegs.«

»Warum muss die Giraffe immer Schwierigkeiten machen?«, iahte der Esel.

»Ich schlage vor, die Giraffe umzubringen, damit wir sie los sind«, grunzte das Schwein, dessen Körper einen üblen Gestank absonderte.

»Also wirklich«, warf der Fuchs mit einem verächtlichen Blick auf den Esel und das Schwein ein, »ich habe noch nie jemanden so Törichtes gesehen wie euch beide. Das Problem ist nicht die

Giraffe. Alle Tiere sind unzufrieden, und man muss mit ihnen verhandeln, um einen Kompromiss zu erreichen.«

»Bedaure, Kollege Fuchs, wir werden mit niemandem verhandeln«, heulte der Wolf. »Der König des Dschungels, der alte Elefant, lebt noch (Gott schenke ihm ein langes Leben), und sein Sohn Daghfal, der junge Elefant, wird ihm auf dem Thron folgen.«

Der Fuchs grinste. »Seien wir doch ehrlich«, sagte er, »Daghfal ist nicht geeignet für die Herrschaft. Er spielt dauernd und zeigt keinerlei Verantwortungsbewusstsein. Sieh doch, was er gerade tut.«

Sie blickten alle hinüber zum jungen Elefanten, der sich vergnügt im Gras wälzte, mit seinen riesigen Ohren schlug und Wasser in seinen Rüssel saugte, um es sich dann über den Körper zu spritzen. Er schien sich bestens zu amüsieren, völlig unbeeindruckt von den schwierigen Zeiten, die der Dschungel durchmachte.

Der Fuchs ließ nicht locker. »Ich bitte euch lediglich, euch ruhig zu verhalten«, sagte er, »damit ich mich mit den verärgerten Tieren verständigen kann.«

»Seit wann müssen wir eigentlich diese vermaledeiten Kreaturen in Betracht ziehen«, schnaubte jetzt der Wolf. »Schließlich entscheiden wir, und sie haben zu gehorchen.«

Der Fuchs lächelte nachsichtig und bemerkte: »Es wäre weise, zur Kenntnis zu nehmen, dass sich die Lage im Dschungel verändert hat. Die Tiere heutzutage sind nicht wie die von gestern. Einfach streng zu sein, genügt nicht mehr.«

»Im Gegenteil, wir müssen strenger sein als früher. Wir haben alles in der Hand. Wir verfügen über eine gut ausgebildete Armee von Hunden, die jedes Tier in die Schranken weisen, das es wagt, den Kopf gegen uns zu heben.«

Der Fuchs wollte gerade etwas erwidern, als man plötzlich den Lärm der ganzen Tierschar im Dschungel vernahm. Ein Sammelsurium aller Gattungen – Kaninchen, Hühner, Kühe, Büffel, Schafe, Katzen und Affen, ja sogar Zirkusaffen – hatte sich zu dem Marsch zusammengefunden. Sie kamen aus dem gesamten Wald, die elegante Giraffe stand an der Spitze. Sie kam bis nahe an die Stelle, wo der alte Elefant lag.

»Wer seid ihr und was wollt ihr?«, heulte der Wolf plötzlich.

»Wir sind die Bewohner dieses Dschungels«, erwiderte die Giraffe, »und wollen dem König einige Beschwerden vorlegen.«

»Jetzt ist keine Zeit für Beschwerden. Der König ist müde und außerdem beschäftigt. Verzieht euch.«

Die Giraffe schüttelte den Kopf auf ihrem langen Hals. »Wir werden nicht weggehen, ohne dem König unsere Beschwerden vorgelegt zu haben.«

»Wie kannst du diesen Ton wagen?«

Nun schaltete sich der Fuchs ein. »Ist ja gut, beruhige dich, Giraffe. Worum geht es denn?«

»Dieser Dschungel gehört uns allen«, hob die Giraffe an, »aber wir haben nichts davon. Ihr herrscht über den Dschungel in eurem Interesse und kümmert euch nicht um die anderen Tiere. Der ganze Gewinn geht an den Esel, das Schwein, den Wolf und den Fuchs. Die anderen Tiere arbeiten anständig und ehrlich, verdienen aber nicht einmal genug, um ihre Jungen zu füttern.«

Der Wolf setzte zu einer Erwiderung an, aber die Giraffe war in Fahrt gekommen. »Die Lage ist in jeder Hinsicht unerträglich geworden. Euch schmerzt die Wampe vom vielen Fressen, während wir verhungern. Wir werden das nicht länger hinnehmen.«

Die aufmüpfigen Tiere applaudierten stürmisch der Giraffe, ihrem Leittier. Der Wolf reckte den Kopf und jaulte: »Haut ab! Ich will all das gar nicht hören. Los, verzieht euch!«

»Wir werden nicht gehen!«, erklärte die Giraffe laut und unmissverständlich, worauf der Wolf laut aufheulte. Auf dieses Zeichen hin erschienen Dutzende gut ausgebildeter Hunde und begannen drohend zu knurren. Früher hatte allein der Anblick dieser Hunde genügt, um die Dschungelbewohner in Angst und Schrecken zu versetzen. Doch diesmal rührten sie sich nicht von der Stelle.

»Sie fürchten sich nicht vor den Wachhunden«, rief der Esel erstaunt. »Mein Gott! Was ist mit dem Dschungel geschehen?«

»Höre, Wolf«, erklärte die Giraffe, »du und deine Kollegen müssen begreifen lernen, dass wir uns nicht mehr vor euch fürchten. Wir fürchten uns vor nichts mehr, nicht einmal mehr vor dem Tod. Entweder gebt ihr uns unsere Rechte oder wir werden sie uns erkämpfen.«

Die Wachhunde formierten sich und näherten sich im Halbkreis, bereit, anzugreifen. Sie öffneten ihre Mäuler, bleckten die scharfen Zähne und knurrten feindselig. Sie boten einen furchterregenden Anblick, aber die Giraffe rührte sich nicht.

»Ihr seid in einer seltsamen Lage, ihr Wachhunde«, erklärte die Giraffe. »Ihr kämpft für den Elefanten und seine Assistenten gegen uns, obwohl ihr doch eigentlich auf unsere Seite gehört, nicht auf ihre. Genau wie wir seid auch ihr Opfer von Ungerechtigkeit und Armut. Wir haben alle dieselben Rechte verloren. Warum helft ihr dem despotischen Elefanten gegen uns? Er nutzt euch aus, und wenn er euch nicht mehr braucht, wirft er euch weg.«

Einige der Hunde schienen zu zögern. Die Giraffe ging zum Angriff über, die Schar der Tiere folgte ihr. Die Hunde wurden handgemein gegen sie. Es floss viel Blut, und es gab zahlreiche Tote auf beiden Seiten. Seltsamerweise wurden aber viele Hunde von den Worten der Giraffe berührt und beteiligten sich nicht, weshalb die Tiere siegreich aus dem Kampf gegen die noch verbliebenen Hunde hervorgingen. Als der Fuchs die aufziehende Niederlage witterte, machte er sich spurlos aus dem Staub. Der Wolf kauerte sich nieder, sprang die Giraffe an und grub ihr die Klauen in die Brust. Doch trotz des heftigen Schmerzes und des großen Blutverlusts erhob sich die Giraffe wieder, was sie große Mühe kostete, und trat dann dem Wolf heftig gegen den Kopf und zertrümmerte ihm den Schädel. Der Esel und das Schwein waren zu töricht, etwas zu unternehmen, weshalb sie von den Tieren überrannt und erledigt wurden. Schließlich standen die Tiere dem alten Elefanten und seinem Sohn Daghfal alleine gegenüber.

Die Giraffe pflanzte sich vor ihnen auf und begann: »Höre, alter Elefant, mit dem heutigen Tag ist deine Herrschaft zu Ende. Ich erinnere mich noch, welch große Hoffnungen die Tiere zu Beginn deiner Regentschaft auf dich gesetzt hatten, aber du hast dich mit den übelsten und dreckigsten Tieren umgeben, und jetzt siehst du das Ergebnis.«

»Ich habe immer das getan, was ich für das Beste hielt«, erwiderte der alte Elefant müde. »Wenn ich Fehler gemacht habe, verzeiht mir.«

»Wir werden dich mit Respekt behandeln, weil du einst ein guter Elefant warst. Wir werden dich mit deinem Sohn Daghfal, dem jungen Elefanten, in Frieden wegziehen lassen. Geh, und komm nie wieder zu diesem Wald zurück. Wir haben genug unter deiner korrupten und repressiven Herrschaft gelitten.«

Der alte Elefant nickte, hob langsam und mit Mühe seinen Rüssel; dabei sah er beinahe dankbar aus.

Da wandte sich die Giraffe an die anderen Tiere und rief: »Die Herrschaft der Tyrannei ist vorbei, für immer!«

Und die Tiere klatschten und bejubelten mit Freuden ihre wiedergewonnene Freiheit.

Demokratie ist die Lösung.

25. Mai 2010

Ein unerwartetes Abendessen mit einer wichtigen Persönlichkeit

Ein Freund lud mich zum Abendessen in einem bekannten Restaurant auf einem Nilboot ein. Kaum hatten wir an dem für uns reservierten Tisch Platz genommen, als auch schon der Kellner heraneilte und sich nach unseren Aperitifwünschen erkundigte. Mein Freund bestellte einen Limonensaft, ich ein kaltes alkoholfreies Bier. Nachdem wir eine Weile geplaudert hatten, erschien auf dem Gesicht meines Freundes ein überraschter Ausdruck. Er beugte sich vor und flüsterte: »Du glaubst es nicht! Kennst du den da?«

»Wen?«

»Dort, es ist Gamal Mubarak.«

Ich drehte mich langsam um und sah ihn. Als mein Freund bemerkte, wie fasziniert ich von dem Zufall war, schlug er vor, die Plätze zu tauschen, dann könne ich ihn besser sehen.

Der Vorschlag war verlockend. Ich setzte mich an seinen Platz und sah nun Gamal Mubarak, den Sohn des Präsidenten, und seine Frau Chadiga. Er trug ein dunkelblaues Jackett, darunter ein weißes Hemd ohne Krawatte, seine Frau ein elegantes blaues Kleid. Ich war erstaunt, keine Leibwächter um ihn herum zu sehen. Ich konnte nicht feststellen, was seine Frau aß, doch Gamal Mubarak verzehrte mit Genuss eine Pizza Napoletana. Ich betrachtete sie mehrere Minuten lang, und dann geschah etwas Unerwartetes. Gamal Mubarak schaute zu mir herüber, lächelte, grüßte mich mit einem

Kopfnicken und machte mir dann ein Zeichen, mich zu ihm zu setzen. Ich entschuldigte mich bei meinem Freund und ging auf besagten Tisch zu, doch plötzlich trat mir ein bulliger, grimmig blickender Mann in den Weg. Unter seiner Jacke konnte ich eine große Pistole in einem Halfter sehen. Doch als Gamal Mubarak etwas zu ihm sagte, das ich nicht verstehen konnte, gab er mir den Weg frei.

»Schön, Sie zu treffen«, sagte Gamal Mubarak mit einem Lächeln.

»Ganz meinerseits.«

»Chadiga und ich gehören übrigens zu Ihrer Leserschaft.«

»Das freut mich.«

Als der Kellner kam, bestellte ich ein halbes Hühnchen vom Spieß, Fritten und ein weiteres alkoholfreies Bier. Ich erkundigte mich bei Gamal Mubarak nach der Gesundheit seines Vaters.

»Nun ja, soso«, erwiderte er ruhig.

Danach plauderten wir übers Essen und waren uns einig in unserer Bewunderung für die Talente des libanesischen Restaurantbesitzers. Ich kämpfte mit einem Drang, mich zu äußern, und schließlich konnte ich mich nicht zurückhalten.

»Herr Mubarak«, begann ich, »ich bin Ihnen dankbar für Ihre großzügige Gastfreundschaft, aber es gibt da noch etwas, was ich gern loswürde, was aber die angenehme Atmosphäre trüben könnte.«

»Sprechen Sie sich aus«, sagte er.

»In Ägypten sieht es gar nicht gut aus. Wir sind wirklich ganz unten angekommen«, fuhr ich fort.

Er sah mich interessiert an und bestätigte es: »Es stimmt, wir haben große Probleme, aber das ist der Preis, den wir für die Entwicklung bezahlen müssen.«

»Aber wo ist die Entwicklung?«

»In den vergangenen paar Jahren hat die Regierung nie dagewesene Wachstumsraten verbuchen können.«

»Bei allem Respekt, aber wo ist die Entwicklung, von der Sie reden, wenn die Hälfte der Ägypter unter der Armutsgrenze lebt? Haben Sie noch nie etwas von den jungen Männern gehört, die sich umbringen, weil sie bettelarm und arbeitslos sind?«

»In der Nationaldemokratischen Partei verfügen wir über detaillierte Studien zu all diesen Problemen«, sagte er.

»Herr Mubarak, das meiste, was die Leute Ihrer Umgebung im Politausschuss Ihnen erzählen, ist unwahr. Sie sind Opportunisten und bauen Sie aus persönlichem Interesse als Nachfolger Ihres Vaters auf.«

»Was meinen Sie mit ›Nachfolger‹?«

»Ich meine, dass Sie das Präsidentenamt von Präsident Mubarak erben werden.«

»Habe ich denn nicht das Recht, mich an der Politik zu beteiligen, wie jeder andere Bürger? Wenn ich mich zur Wahl um das Präsidentenamt stellen und diese Wahl gewinnen würde, wäre das denn ›erben‹?«, fragte er.

»Sie wissen doch genau, dass Wahlen in Ägypten eine reine Formalität sind und gefälscht werden. Wären Sie denn stolz, wenn Sie das Präsidentenamt durch Repression und Betrug erhielten?«

»Nirgends in der Welt sind Wahlen ohne Unregelmäßigkeiten, und ich glaube, Sie übertreiben diese Frage der Repression«, meinte Herr Mubarak.

»Herr Mubarak, leben Sie eigentlich im selben Land wie wir? Es gibt einen Unterschied zwischen Unregelmäßigkeiten und organisierter Wahlfälschung, wie wir sie in Ägypten erleben. Was die Repression angeht, so müssen Sie nur einen Blick ins Internet werfen, um die traurigen Geschichten von Verhaftungen, Folter und Gewalt zu sehen, denen Ägypter ausgesetzt sind. Haben Sie von Chaled Said gehört, der in Alexandria von der Polizei getötet wurde?«, fragte ich.

»Ich war sehr deprimiert wegen des jungen Mannes«, schaltete sich Chadiga ein.

»Ich habe in einer Erklärung verlangt, dass die Sache vor Gericht kommt«, versicherte Herr Mubarak.

»Was nützt das? Was wir brauchen, ist die Aufhebung der Notstandsgesetze, unter denen Tausende von Ägyptern gefoltert werden.«

Gamal Mubarak legte Messer und Gabel neben seinen Teller und trank einen Schluck von dem Orangensaft vor ihm. Dann plötzlich brach es aus ihm heraus: »Es ist einfach, so zu reden, es ist schwieriger, etwas zu tun. Sie schreiben Geschichten und Artikel, das ist Ihre Aufgabe, ich arbeite seit Jahren zwölf Stunden täglich, um dieses Land zu reformieren.«

Die Veränderung seines Tons ärgerte mich, aber ich war entschlossen, die Sache durchzustehen.

»Erstens ist Schreiben gar nicht so einfach«, entgegnete ich. »Zweitens, selbst wenn Sie hart gearbeitet haben, ist das Entscheidende das Resultat Ihrer Bemühungen. Sagen Sie mir, Herr Mubarak, in welcher Funktion sind Sie tätig?«

»Ich bin Vorsitzender des Politausschusses der Nationaldemokratischen Partei«, erwiderte er.

»Hätten Sie dieses Amt auch bekommen, wenn Sie nicht der Sohn des Präsidenten wären?«

Nun betrachtete er mich offensichtlich verstimmt, und zum ersten Mal hatte ich den Eindruck, dass er bedauerte, mich an seinen Tisch eingeladen zu haben. Chadiga lächelte und schaute ihren Mann an, als wollte sie ihn beruhigen, doch er sagte, etwas laut: »Natürlich haben Sie das Recht zu denken, wir im Politkomitee hätten nichts erreicht, aber es gibt Gott sei Dank viele Menschen innerhalb und außerhalb Ägyptens, die unsere Arbeit zu schätzen wissen.«

»Wo ist denn diese Wertschätzung, von der Sie sprechen? Die Herausgeber der Regierungszeitungen preisen Sie, weil sie von Ihrer Gunst abhängig sind. Die armen Leute, die Ihnen auf Ihren Touren zujubeln, werden von der Partei und von den Sicherheitskräften aufgeboten. Aber in der internationalen Presse findet sich ernsthafte Kritik an der Idee der Erbfolge. Haben Sie gelesen, was Joseph Mayton letztes Jahr im *Guardian* schrieb?«

»Ja, habe ich.«

»Was hat er denn geschrieben?«, wollte Chadiga wissen.

»Joseph Mayton schrieb, dass ich alle Probleme Ägyptens verkörpere«, erklärte Gamal Mubarak, an seine Frau gewandt. »Okay, das ist seine Ansicht, aber es gibt nicht wenige andere Meinungen. Viele internationale Zeitungen schreiben durchaus fair über mich.«

»Ich bedaure, das sagen zu müssen, aber die Zeitungen, die Sie am freundlichsten behandeln, sind israelische. Haben Sie sich über den Grund dafür noch keine Gedanken gemacht? Es lohnt sich, auf den langen Beitrag in *Maariv* einige Gedanken zu verschwenden«, sagte ich.

»Was meinen Sie damit?«

»Glauben Sie denn, Israel meint es gut mit Ägypten?«

»Natürlich nicht«, warf Chadiga ein.

»Und wenn wir nun annehmen«, sagte Gamal Mubarak nach kurzem Nachdenken, »dass Israels Absichten immer schlecht sind, was wollen Sie dann damit sagen?«

»Die Tatsache, dass Israel Sie als Präsidenten sehen will, zeigt doch die israelische Sorge, Ägypten könnte eine Demokratie werden. Die Israelis verstehen genau, dass Ägypten das Potential hat, eine große

Nation zu sein, und dass es, sollte es demokratisch werden, in der Welt aufstiege und die gesamte arabische Welt mit hinaufnähme. Deshalb setzt man sich dort für die Idee der Erbfolge ein, damit Ägyptens Zustand so jämmerlich wie möglich bleibt.«

Gamal Mubarak seufzte und wollte aufstehen. »Es war jedenfalls schön, Sie zu treffen«, sagte er.

»Bevor Sie gehen, habe ich noch eine weitere Frage«, sagte ich.

»Aber bitte rasch.«

»Lieben Sie Ägypten, Herr Mubarak?«

»Selbstverständlich.«

»Ägypten zu lieben, heißt, das Interesse Ägyptens über das eigene zu stellen. Ich möchte gern, dass Sie mir hier und jetzt versprechen, dass Sie die Idee der Erbfolge aufgeben und gemeinsam mit allen Ägyptern auf eine demokratische Reform hinarbeiten.«

Gamal Mubarak sah mich an, seine Lippen bewegten sich, aber seine Stimme war plötzlich abgebrochen. Ein hartnäckiger Klingelton und ein grelles Licht füllten den Raum. Ich öffnete mühsam die Augen und … sah meine Frau mit einem Glas Honig in der Hand wie immer, wenn sie mich am Morgen aufweckt. »Guten Morgen«, sagte sie lächelnd.

»Guten Morgen.«

»Wer ist bloß dieser Gamal, über den du im Schlaf geredet hast?«

»Gamal Mubarak. Weißt du, wir haben eine Vereinbarung zur Unterstützung der Demokratie getroffen.«

»Gamal Mubarak will die Demokratie unterstützen, einfach so?«, fragte sie. »Na gut, Mund auf!«

Ich öffnete den Mund und nahm einen kräftigen Löffel voll Honig zu mir.

Demokratie ist die Lösung.

20. Juli 2010

Gedanken über den Gesundheitszustand
des Präsidenten

In den 1980er Jahren studierte ich in den Vereinigten Staaten, um
einen Master in Zahnmedizin zu erwerben. Gleichzeitig arbeitete
ich als Assistenzarzt im Krankenhaus der University of Illinois in
Chicago. Unsere Patienten dort waren arme Amerikaner, die meisten von ihnen Schwarze. Über jeden Patienten wurde eine genaue
Patientenkarte geführt mit Krankheitsgeschichte, Einzelheiten zu
seinem oder ihrem Gesundheitszustand und den Testergebnissen.
Als Allererstes lernten wir, dass die Angaben auf dieser Patientenkarte vertraulich sind und niemand sie ohne Einwilligung des Patienten
oder der Patientin einsehen darf. Mit anderen Worten, die medizinischen Informationen über eine Person werden in den Vereinigten
Staaten als persönliche Daten betrachtet, die das Gesetz schützt.
Nun hatte in dieser Zeit Ronald Reagan, damals US-Präsident, ein
Gesundheitsproblem und wurde in ein Krankenhaus eingeliefert.
Man musste ihm Polypen aus dem Darm entfernen. Vom ersten Tag
an gab es offizielle Verlautbarungen über alle Einzelheiten seines
Leidens, über den chirurgischen Eingriff und dessen mögliche Folgen. Es gab sogar Fernsehstationen, die Ärzte einluden und sie über
die Wirkung gewisser Medikamente auf die Konzentrationsfähigkeit
und den psychischen Zustand des Präsidenten befragten. Und zu
meiner Überraschung erklärten die Ärzte ganz offen, diese Medikamente würden es dem Präsidenten während dreier Monate ver-

unmöglichen, Entscheidungen zu treffen; danach werde er aber wieder voll arbeitsfähig sein.

Ich muss zugeben, ich sah hier einen deutlichen Kontrast: Während die medizinischen Daten armer, einfacher US-Bürger von niemandem ohne Bewilligung eingesehen werden dürfen, hat die amerikanische Bevölkerung bei einer Erkrankung des Präsidenten das Recht, alles über seinen Zustand und die von ihm eingenommenen Medikamente zu erfahren. Hier zeigt sich ein Prinzip des demokratischen Systems. Da der Normalbürger keine öffentliche Stellung bekleidet, ist seine Gesundheit seine Sache, und sein Privatleben ist durch das Gesetz geschützt. Der Präsident dagegen hat ein öffentliches Amt inne, in das er von den Bürgern gewählt wurde, um für eine bestimmte Zeit eine gewisse Funktion zu erfüllen, und unter gewissen Umständen kann er sein Amt verlieren, sobald ihm das Vertrauen entzogen wird. In einem demokratischen System ist der Präsident der Diener des Volkes in des Wortes voller Bedeutung: Sobald er sein Amt antritt, verliert er sein Privatleben, und alles, was er tut, wird der Welt bekanntgemacht. Die Öffentlichkeit hat das Recht, auch die kleinsten Kleinigkeiten aus seinem Leben zu erfahren, von der Herkunft und dem Umfang seines Vermögens über seine Affären bis zu seinem Gesundheitszustand und den Krankheiten, an denen er leidet, denn die Beschlüsse, die der Präsident fasst, haben einen Einfluss auf das Leben von Millionen von Menschen, und wenn er eine schlechte Entscheidung trifft oder psychisch gestört ist, könnte das zu einer Katastrophe führen, für die alle Bürger den Preis bezahlen müssten.

All das fiel mir wieder ein, als ich das augenblickliche Spektakel um den Gesundheitszustand Präsident Mubaraks verfolgte. Nachdem mehrere ausländische Zeitungen von gesundheitlichen Problemen Präsident Mubaraks berichtet hatten, war dieser mehrfach öffentlich zu sehen, und die Regierung lancierte eine Gegenkampagne, in der solche Probleme geleugnet werden und sein körperliches Befinden als ausgezeichnet hingestellt wird. Es wurde sogar behauptet, dass die Beamten, die mit dem Zweiundachtzigjährigen arbeiten, ihm nur mit Mühe und keuchend folgen können, so außergewöhnlich fit und dynamisch sei er. Doch als die Berichte in westlichen Zeitungen nicht verstummten, sondern sogar lauter wurden, beauftragte man die Chefredakteure der Regierungszeitungen, in einer umfangreichen Pressekampagne die strahlende Gesundheit des Präsidenten zu verkünden und gleichzeitig diese Darstellungen im Westen zu verurteilen und sie als eindeutigen Beweis für eine umfassende zionistisch-imperialistische Verschwörung hinzustellen, die nichts anderes zum Ziel habe, als das Vertrauen der Ägypter in die Gesundheit ihres Präsidenten zu erschüttern. Natürlich wünschen wir dem Präsidenten (wie jedem sonst) Gesundheit und ein langes Leben, und doch stellt sich hier eine Frage: Warum bedient sich die Regierung, statt all dieser Kampagnen und Verschwörungsanwürfe gegen die internationale Presse, nicht einfach objektiver, überzeugender Methoden bei der Darstellung von Präsident Mubaraks Gesundheitszustand?

Der Unterschied zwischen dem, was sich abspielte, als der amerikanische Präsident krank war, und dem, was man aus der Krankheit des ägyptischen Präsidenten machte, ist genau der Unterschied zwischen einem demokratischen System und einer despotischen Herrschaft. In einem demokratischen System gilt der Präsident als normaler Mensch, der wie alle anderen Menschen krank werden kann, ohne dadurch hinfällig zu erscheinen oder sein Ansehen zu verlieren. In despotischen Regimes dagegen gilt das Staatsoberhaupt nicht als normaler Mensch, sondern als der inspirierte und einzigartige Führer, versehen mit Weisheit und Mut überirdischen Ausmaßes, ja, als eine Legende, wie sie in der Geschichte der Nation selten aufscheint. Krankheit, mit all dem Schmerz, dem Leiden und der menschlichen Schwäche, an die sie erinnert, ist unvereinbar mit dem Bild eines solchen Präsidenten, der über den normalen Menschen steht. In einem demokratischen System kann die Krankheit des Präsidenten Sorgen für die Zukunft des Präsidenten wecken, nicht für diejenige des Landes. Wenn sich in einem demokratischen System der Präsident zurückzieht, ist es den Bürgern erlaubt, schlicht und einfach einen Nachfolger zu wählen. Doch in einem despotischen Regime bildet die Krankheit des Präsidenten, da die Zukunft des Landes und seiner Bürger allein in seiner Hand liegt, eine echte Gefahr für den Zusammenhalt und das Wohlbefinden des Landes. Wenn ein autokratischer Präsident durch Krankheit amtsunfähig wird, beginnt für das ganze Land eine Reise ins Unbekannte, von der niemand weiß, wie lange sie dauern und wo sie enden wird.

Ein weiterer wichtiger Unterschied besteht darin, dass der demokratische Präsident nie vergisst, dass er seine Stellung dem Volk verdankt, das ihn in freien Wahlen gekürt hat, und dass diese Menschen, die ihn ins Amt gehievt haben, ein Recht besitzen, über seinen Gesundheitszustand ins Bild gesetzt zu werden, damit sie wissen, ob er seine Pflichten angemessen erfüllen kann. Doch da in Ägypten der Präsident durch Referenden oder durch Wahlen, die reine Formsache sind, an die Macht kommt und an dieser mit Gewalt festhält, hat er nicht das Gefühl, seine Macht dem Volk zu verdanken. Im Gegenteil, die sykophantischen Schreiberlinge und Magistraten behaupten sogar häufig, der Präsident habe den Ägyptern eine große Gunst erwiesen, weil er ihnen sein bequemes Leben geopfert habe, weswegen sie ihr Bestes geben müssten, sich ihres großartigen Präsidenten würdig zu erweisen.

In diesen wirren Verhältnissen haben die Ägypter nicht das Recht, mehr über ihren Präsidenten zu erfahren, als er zu enthüllen geruht, und nur auf die Weise, die Seine Exzellenz als für das Volk angemessen betrachtet. Wenn der Präsident behauptet, es gehe ihm gut, sollten wir Gott danken und still sein, ohne nachzufragen. Staatsbeamte sehen in hartnäckigem Fragen nach dem Gesundheitszustand des Präsidenten ein vorlautes Verhalten, ein Zeichen von Unverschämtheit und schlechter Kinderstube, vielleicht sogar Anzeichen von Landesverrat und Verbindungen zu ausländischen und feindlichen Geldgebern. Unter ähnlichen Voraussetzungen verfasste vor zwei Jahren der Journalist Ibrahim Issa einige Artikel, in denen er Fragen über die Gerüchte stellte, wonach der Präsident krank sei. Diese Artikel wurden als kriminelle Handlung gegen das Land betrachtet. Ibrahim Issa wurde der Prozess gemacht, man verurteilte ihn zu einer Gefängnisstrafe, und nur ein Gnadenakt seitens des Präsidenten rettete ihn vor diesem Schicksal. Die Botschaft aber war eindeutig: Jedermann hüte sich, mehr als zulässig über die Krankheit des Präsidenten zu sagen, denn dieser könnte verärgert darüber sein, und dann droht ein finsteres Schicksal. Dann kann nur noch ein Gnadenakt des Präsidenten vor dem Zorn des Präsidenten retten, denn in Ägypten steht des Präsidenten Wille über dem Gesetz oder, besser gesagt, *ist* das Gesetz.

Die Art, wie das Regime mit den internationalen Presseberichten über den Gesundheitszustand des Präsidenten umgeht, zeigt die eigentliche Krise im Regierungsverständnis Ägyptens. Das Regime hat einmal mehr bewiesen, dass es die Ägypter nicht als Bürger, sondern als Untertanen betrachtet, die nicht das Recht haben, ihre Herrscher frei zu wählen, und die deshalb auch nicht das Recht haben zu erfahren, ob Präsident Mubarak krank ist, ob er im Amt zu bleiben beabsichtigt oder nicht, oder sogar, was geschehen wird, wenn er aus irgendeinem Grund aus dem Amt ausscheidet. In den Augen des despotischen Regimes verdient es das ägyptische Volk nicht zu wählen, zu fragen oder zu erfahren. Dieses verquere Konzept entstammt weniger der Natur des Herrschers als derjenigen des Systems. Die Art, wie er sein Amt erhielt, drängt dem Herrscher eine gewisse Vision und ein gewisses Verhalten auf, so lange er im Amt ist. Erst wenn die Ägypter ihr natürliches Recht zurückgewinnen, ihre Herrscher zu wählen, wird aus der einzigartigen Legende, die der Herrscher zurzeit ist, eine einfache Person im Dienste der Öffentlichkeit. Dann werden die Ägypter auch das Recht auf klare und detaillierte Auskünfte über seinen Gesundheitszustand haben. Dann wird Ägypten sich erheben und seine Zukunft beginnen.

Demokratie ist die Lösung.

3. August 2010

Warum gehen Ägypter nicht an die Urne?

Als sich die Ägypter 1919 gegen die britische Besetzung erhoben und ihr nationaler Führer Saad Saghlul sich nach Paris begab, um bei der Friedenskonferenz nach dem Ersten Weltkrieg die ägyptischen Forderungen vorzutragen, reagierte die britische Regierung mit einer durchsichtigen Maßnahme: Sie entsandte eine Kommission unter dem Kolonialminister Lord Milner, um sich ein Bild vor Ort zu machen. Doch die Ägypter durchschauten das Spiel und begriffen, dass jeglicher Kontakt mit der Milner-Kommission die Glaubwürdigkeit Saad Saghluls als ein vom ägyptischen Volk betrauter Führer beeinträchtigen würde. Als die Kommission in Kairo eintraf, sah sie sich einem totalen Boykott gegenüber. Kein einziger ägyptischer Politiker ließ sich auf eine Zusammenarbeit mit der Kommission ein, und der damalige Premierminister, Muhammad Said Pascha, trat zurück, um nicht zu Kontakten mit Lord Milner verpflichtet zu sein. Dieser soll sich eines Tages in den Straßen von Kairo verirrt haben, und als sein Fahrer einen Passanten um Auskunft bat, habe dieser geantwortet: »Sag deinem Engländer da, er soll Saad Saghlul Pascha in Paris fragen!« Dieser nationale Konsens machte es der Milner-Kommission unmöglich, ihre Aufgabe zu erfüllen, und die britische Regierung sah sich gezwungen, dem Willen der Ägypter zu entsprechen und direkt mit Saad Saghlul zu verhandeln.

Dieses ausgeprägte politische Bewusstsein findet sich in der ägyptischen Geschichte auf Schritt und Tritt. Intellektuelle und Politiker analysieren alles auf der Grundlage von Theorien und vorgefassten Vorstellungen, sie reden viel und führen Debatten, in denen sie immer unterschiedlicher Meinung sind; die einfachen Leute dagegen haben, auch wenn sie über weniger Bildung verfügen, häufig einen gesunden politischen Instinkt, der ihnen gewiefte Einsichten in alle Vorgänge vermittelt, und beziehen mit bemerkenswerter Leichtigkeit die richtige Position. Vierzig Jahre nach Gamal Abdel Nassers Tod erörtern wir noch immer seine Fehler und seine Leistungen, während die einfachen Ägypter ihre Ansicht bereits bei seinem Tod kundtaten und in Millionen zu seinem Begräbnis strömten. Diese einfachen Leute, die bei Abdel Nassers Tod wie Kinder schluchzten, kannten seine Fehler genau und wussten, dass er für die schreckliche Niederlage Ägyptens und der arabischen Welt verantwortlich war, doch sie begriffen auch, dass er ein großer Führer war, der wie selten einer seinen Prinzipien treu blieb, der sein Bestes gab und sein Leben seinem Land widmete. Wenn wir Intellektuelle uns nicht entscheiden können, sollten wir immer auf das Volk hören. Die einfachen Ägypter sind beileibe nicht die Plebs und der Pöbel, die nicht wissen, was gut für sie ist – wie die ägyptischen Staatsbediensteten behaupten. Sie verfügen im Gegenteil im Allgemeinen über einen unfehlbaren Kompass, mittels dessen sie die richtige politische Position bestimmen. Viele Intellektuelle mögen vom patriotischen Weg abkommen und zum Aushängeschild und Sprachrohr des despotischen Systems werden, dabei sollten wir aber nicht vergessen, dass der ›Sündenfall‹ bei Intellektuellen damit beginnt, dass sie das Volk verachten. Wir können unser Land nur verstehen, wenn wir die Leute verstehen, und die Leute können wir nur verstehen, wenn wir ihre Fähigkeiten und Denkweisen respektieren, ihren Ansichten und Erfahrungen Gehör schenken und sie nicht als Kreaturen mit mangelhafter Intelligenz und Kompetenz behandeln, sondern als Menschen mit einer Lebenserfahrung, von denen wir etwas lernen können.

In ein paar Wochen werden die Parlamentswahlen stattfinden, und das Regime hat es abgelehnt, einen fairen Ablauf zu garantieren. Es hat sich geweigert, die Notstandsgesetze aufzuheben und aus den Wählerlisten die Namen verstorbener Personen zu tilgen (die immer für die Regierungspartei stimmen), und es hat es abgelehnt, eine juristische Kontrolle oder auch nur eine internationale Beobachtung zuzulassen. Alles weist darauf hin, dass die kommenden Wahlen gefälscht sein werden wie alle vorangegangenen. Unter solchen Umständen beschließen die Ägypter, die Wahlen zu boykottieren, und trotz der verzweifelten Bemühungen des Regimes nehmen nie mehr als zehn Prozent an Wahlen teil. Die Frage stellt sich, warum die Ägypter nicht an die Urne gehen. Wenn sie Wahlen boykottieren, ist das nicht ein Zeichen von Passivität, wie die Regierungspropaganda behauptet. Es handelt sich um eine bewusste, vernünftige und wirkungsvolle Entscheidung. Wenn Wahlen gefälscht werden und es unmöglich ist, den Betrug zu verhindern, ist der Boykott die richtige Entscheidung, weil dann das Regime unmöglich behaupten kann, es repräsentiere die Bevölkerung, die es beherrscht. Deshalb drängt dieses Regime auch die Ägypter so lautstark, sich an den kommenden Wahlen zu beteiligen. Das Drehbuch ist geschrieben und produziert, alle Rollen sind verteilt. Alles, was man noch braucht, sind ein paar Statisten, dann kann die Vorstellung beginnen. Die Ägypter sind überhaupt nicht passiv, nur hat sie die Erfahrung von Jahrhunderten weise gemacht.

Der Beweis dafür ist, dass die Ägypter sich mit großem Interesse an jedweder glaubwürdigen Wahl beteiligen. Letztes Jahr bin ich zu

Wahlen in meinem Sportverein gegangen und fand dort Scharen von Mitgliedern, die ihren freien Tag dazu verwendeten, Schlange zu stehen und die neuen Vorstandsmitglieder zu küren. Da kam mir der Gedanke, die Wartenden zu fragen, ob sie sich auch an Parlaments- oder Präsidentschaftswahlen beteiligten. Die meisten Befragten betrachteten mich mitleidig und erklärten, sich nicht um politische Wahlen zu kümmern, da diese ja gefälscht würden, und einige sagten, sie seien noch nicht einmal in die Wählerlisten eingetragen. Die Wahrheit ist hier so klar wie die Sonne Ägyptens: Ein despotisches und repressives System, das nichts gebracht hat und das seit dreißig Jahren die Macht durch Gewalt und Betrug monopolisiert und Ägypten in wirklich allen Bereichen ins Bodenlose stürzen ließ, fordert die Menschen auf, sich an gefälschten Wahlen zu beteiligen, um sich eine verlogene und oberflächliche Legitimität zu verschaffen. Darum ist der Boykott der kommenden Wahlen die richtige Antwort. Einfache Ägypter werden sie boykottieren, weil sie keine politische Funktion wollen: Sie träumen nicht davon, Parlamentsabgeordneter zu werden, sie besitzen keine Investitionen, die zu verlieren sie fürchten müssten, und sie haben keine freundschaftlichen Beziehungen zu den Sicherheitsorganen.

Vor einigen Wochen konnte man in der Presse von Debatten in den politischen Parteien darüber lesen, ob man die Wahlen boykottieren oder sich daran beteiligen solle. Die Frage ist hier, ob es eine einzige Garantie dafür gibt, dass echte Wahlen stattfinden. Hat sich das Regime in irgendeiner Weise verpflichtet, die Wahlen nicht zu fälschen, und wenn ja, hat sich das Regime je an seine eigenen Verpflichtungen gehalten? Warum sollte sich irgendeine Partei an Wahlen beteiligen, wenn sie schon im Voraus weiß, dass sie gefälscht sein werden? Man behauptet, sich an den Wahlen beteiligen zu wollen, um die Regierung zu beschämen. Aber ist denn die

Regierung nicht schon oft genug beschämt worden? Und abgesehen davon, was für Parteien sind das, und was haben sie in den vergangenen Jahrzehnten für die Millionen von Menschen getan? Was haben die Parteien unternommen, um Folter, Repression und Korruption zu verhindern? Die Antwort heißt nil, nichts. Die meisten dieser Parteien sind nichts anderes als Marionetten, deren Fäden das Regime zieht. Einige der Parteiführer arbeiten mit den Sicherheitsorganen zusammen, und einige sind so sehr Liebkind des Regimes (das sie angeblich bekämpfen), dass sie ins Oberhaus des Parlaments ernannt werden. Ihre Stellung ist also wertlos, wenn sie sich an gefälschten Wahlen beteiligen, um in einem Parlament, das jegliche Legitimität verloren hat, ein oder zwei Sitze zu gewinnen.

Es wäre zutiefst bedauerlich, wenn die Muslimbruderschaft in die Falle träte und an den gefälschten Wahlen teilnähme. Offenbar schaffen es die Muslimbrüder nicht, aus ihren Fehlern zu lernen. Wer die Geschichte der Bruderschaft liest, muss erstaunt sein über die tiefe Kluft zwischen ihrer patriotischen Haltung gegenüber fremder Besatzung und ihrer Einstellung zum Despotismus. Die Muslimbruderschaft hat eine ehrenwerte und wichtige Rolle im Palästinakrieg von 1948 gespielt, sie hat den ägyptischen Widerstand gegen die Briten in den Städten am Suezkanal angeführt und ein leuchtendes Beispiel für Opferwillen und Mut geliefert. Doch bedauerlicherweise hat sie in ihrer Haltung zu inneren Angelegenheiten die eigenen Interessen über diejenigen des Volks gestellt und sich immer auf die Seite des Despotismus geschlagen. Die Bruderschaft hat König Faruk und Premierminister Ismail Sidki unterstützt, den Schlächter des Volkes. Sie hat zu Gamal Abdel Nasser gehalten, als er das parlamentarische Leben abgewürgt hat. Sie hat Präsident Anwar Sadat unterstützt und über seine repressiven Maßnahmen hinweggesehen. Und im Hinblick auf die mögliche Weitergabe der Macht durch Präsident Hosni Mubarak an seinen Sohn Gamal gibt es vonseiten der Muslimbrüder vage und zweideutige Äußerungen, die man unterschiedlich interpretieren kann. Wenn sich die Muslimbruderschaft an den kommenden Wahlen beteiligt, wird sie diesem rechtlosen Regime eine verzweifelt benötigte Schein-legitimität verschaffen und damit die Rolle armseliger Statisten in einem Theater übernehmen, für das alle Ägypter den Preis zahlen müssen.

Diejenigen, die sich für eine Teilnahme bei den Wahlen einset-zen, können in drei Kategorien unterteilt werden: Entweder sind es einfache Gemüter, die nicht verstehen, was um sie herum vor sich geht, oder Personen, die um jeden Preis eine Funktion suchen, oder Strohmänner, die ihre Instruktionen vom Regime erhalten und ausführen müssen. Die kommenden Wahlen zu boykottieren ist die richtige Haltung, die die Ägypter eingenommen haben, und jeder, der sich an der Wahl beteiligt, wird gegen den Willen des Volkes handeln. Wenn es in Ägypten echte Wahlen gibt, werden wir uns daran beteiligen, doch im Augenblick lassen wir die Regierung ihr törichtes und langweiliges Theater alleine aufführen, ohne Statis-ten.

Demokratie ist die Lösung.

9. September 2010

Die Menschen
und soziale Gerechtigkeit

Unser Rat an den Metzger

Unsere Familie besaß in der Mawardistraße im Stadtteil Sajjida Sainab eine Wohnung, wohin ich mich in meiner Studentenzeit zum Zweck von Prüfungsvorbereitungen oft zurückzog. Dort wurde mir ein außergewöhnliches Panorama des ägyptischen Arbeiterlebens vor Augen geführt.

Gegenüber, im zweiten Stock eines ziemlich heruntergekommenen Hauses, wohnte ein Metzger namens Galal, ein stämmiger, leicht erregbarer Mann, der dem Alkohol zugetan war und sich jede Nacht an dessen billigster und schädlichster Variante gütlich tat. Betrunken verwandelte er sich in einen wütenden Stier, und wenn er gegen Morgen nach Hause kam, weckten die Hilfeschreie seiner Frau, die er erbarmungslos verprügelte, die ganze Straße. Einige der Bewohner, ich gehörte dazu, hatten Mitleid mit der armen Kreatur und versammelten sich auf dem Gehsteig gegenüber. Von dort konnten wir in die Wohnung sehen und riefen Ermahnungen hinüber wie »Verfallen Sie nicht teuflischer Versuchung, Herr Galal!« oder »Jetzt vertragt euch doch, Leute!«.

Angeführt wurden diese Vermittlungsversuche von Onkel Awad, dem Getreidehändler, einem hageren Mann von über siebzig, der über beträchtliche Weisheit und ein gerüttelt Maß an Mut verfügte. Eines Nachts stritt Herr Galal wie üblich mit seiner Frau, doch diesmal eskalierte der Streit und wir sahen, wie er ein großes Messer holte, das drohend blitzte. Die Hilfeschreie seiner Frau zerrissen die Stille der Nacht: »Helft mir, rettet mich, Leute, er bringt mich um!« Als Herr Galal brüllte: »Ich mach dich fertig! Sprich dein letztes Gebet!«, rannte Onkel Awad, und wir alle hinterher, die Treppe hinauf und wir begannen, an die Wohnungstür zu hämmern, und zwar so heftig und unerbittlich, dass Herr Galal schließlich die Tür öffnen musste. Wir drängten in die Wohnung, zogen die Frau beiseite und bildeten einen schützenden Kreis um sie; auch das Messer brachten wir in unsere Gewalt. Dann machten wir uns daran, den Mann zu beruhigen, und verließen die Wohnung erst, nachdem das Paar sich versöhnt hatte.

Am folgenden Tag kam der Metzger zu Onkel Awad und beschwerte sich. »Hältst du es eigentlich für richtig, dich in eine eheliche Angelegenheit einzumischen?«, wollte er wissen.

»Natürlich, wenn der Mann die Frau umbringen will«, antwortete Awad ohne zu zögern.

»Selbst wenn ich sie umbringe, sie ist und bleibt meine Frau, mit der ich machen kann, was ich will.«

»Natürlich nicht. Was berechtigt dich, sie umzubringen und zu behaupten, du könntest mit ihr machen, was du willst?«

»Ich erlaube niemand, sich bei mir einzumischen.«

Onkel Awad fixierte den Metzger lang und scharf und sagte dann in aller Ruhe: »Wenn du nicht willst, dass sich jemand bei dir einmischt, solltest du etwas mehr Selbstachtung zeigen.«

Dieser Vorfall fiel mir wieder ein, als ich die Geschichte mit Aiman Nur verfolgte, dem Politiker, der bei den Präsidentschaftswahlen von 2005 Präsident Mubarak herausforderte. Ich kenne Aiman Nur nicht persönlich und in vielen Punkten bin ich nicht seiner Meinung, aber ich verteidige seine Rechte als Bürger. Die Regierung hat ihm zwar die Gründung seiner Ghad-Partei erlaubt, doch in dem Augenblick, da diese Partei begann, sich politisch zu betätigen und Verfassungsänderungen und Präsidentschaftswahlen mit mehr als einem Kandidaten verlangte, stellte sie sich gegen sie. Aiman Nurs parlamentarische Immunität wurde innerhalb von zehn Minuten aufgehoben. Er wurde festgenommen, geschlagen und gedemütigt. Seiner Frau drohte man, sollte sie ihn verteidigen, sie unter irgendwelchen erfundenen Anschuldigungen der Unsittlichkeit vor Gericht zu bringen. Und die Regierungspresse entdeckte plötzlich, dass Aiman Nur die mieseste und unmoralischste Figur in Ägypten und der gesamten arabischen Welt sei. Die sykophantischen Schreiberlinge behaupteten, sogar seine Doktorarbeit sei eine wertlose Fälschung. Was stand hinter diesem Richtungswechsel? Die Regierung behauptete, Aiman Nur habe mit seinem Antrag auf Parteigründung gefälschte Unterschriften vorgelegt – ein Vorwurf, der nicht einmal ein Kleinkind überzeugen würde. Der Leiter einer politischen Partei ist kein Gerichtsfachmann, der mit bloßem Auge erkennen kann, ob die Stempel auf einem Dokument echt oder gefälscht sind. Außerdem braucht eine Partei, so will es das Gesetz, fünfzig Unterschriften für einen Antrag auf offizielle Anerkennung, Aiman Nur hatte aber schon fünftausend, weswegen er gar keine gefälschten brauchte. Offensichtlich haben die Sicherheitsorgane ein paar gefälschte Unterschriften eingefügt, um sie im Bedarfsfall gegen ihn verwenden zu können. Sein Fall ist also ein politischer, ist erstunken und erlogen, und kann nie und nimmer als legitim betrachtet werden. Natürlich war dieser Fall für die westliche Presse ein Beispiel dafür, wie das ägyptische Regime mit politischer Opposition umspringt, und dagegen wiederum erhoben die ägyptischen Stellen ein Riesenlamento und verbaten sich jegliche ausländische Einmischung. Hier scheinen mir ein paar Bemerkungen am Platz:

Erstens: Jeder ägyptische Patriot ist gegen ausländische Einmischung in nationale Angelegenheiten, egal aus welchen Gründen. Doch erstaunlicherweise kritisiert das ägyptische Regime Einmischungen dieser Art nur, wenn es sich um die Unterdrückung von Ägyptern handelt. In allen anderen Bereichen begrüßt, ja sucht man fremde Einmischung. In der Wirtschafts- und Außenpolitik führt das ägyptische Regime gewissenhaft US-amerikanische Anweisungen aus. Hohe Beamte haben nicht nur einmal, angesichts wachsender Opferzahlen im Irak, ihre Sympathie für die amerikanische Armee zum Ausdruck gebracht und öffentlich Vorschläge zur Reduzierung der Todesopfer gemacht. Die ägyptische Regierung hat sich bereiterklärt, irakische Polizisten auszubilden, natürlich für Einsätze gegen die irakische Opposition. Wo blieb der Nationalstolz in diesem Fall? Ägypten hat ohne Widerrede jede noch so dreiste amerikanische Forderung erfüllt, von der Freilassung des israelischen Spions Asam Asam über die Entsendung eines ägyptischen Botschafters nach Israel, bis hin zur Unterzeichnung des QIZ-Handelsabkommen mit Israel und den Vereinigten Staaten. Ägyptische Staatsstellen haben also keine Vorbehalte gegenüber ausländischer Einmischung in ihre Angelegenheiten; ja, sie suchen sie sogar, und sie brüsten sich besonderer Beziehungen zu den Vereinigten Staaten, und wenn jemand findet, Ägypten solle sich national unabhängig zeigen, wird er des unflexiblen Denkens bezichtigt und als »Relikt der totalitären Ära« bezeichnet. Sobald es aber wegen Repression, Verhaftungen, Folter und anderer gegen Ägypter verübter Verbrechen zu ausländischer Einmischung kommt, halten ägyptische Stellen diese sofort für inakzeptabel und schwafeln von nationaler Würde.

Zweitens. Die Vereinigten Staaten sind nun aber diejenige Nation, die am wenigsten qualifiziert erscheint, von Demokratie und Menschenrechten zu reden. Die Verbrechen der US-Armee in Guantánamo Bay und Abu Ghraib sind noch frisch im Gedächtnis, und seit dem Zweiten Weltkrieg haben verschiedene US-Regierungen zum Schutz amerikanischer Interessen immer wieder die übelsten und despotischsten arabischen Regimes unterstützt. Noch unappetitlicher sieht die amerikanische Akte in Lateinamerika aus. In Chile beispielsweise lancierte, wie auch US-Regierungsstellen zugeben, die CIA im Jahre 1973 eine Verschwörung gegen die demokratisch gewählte Regierung mit dem Ziel, Präsident Salvador Allende zu ermorden und die Macht an Marionetten der Amerikaner zu übergeben. Diese inzwischen wohlbekannte Geschichte zwingt uns, den Vereinigten Staaten zu misstrauen, wenn sie von Demokratie sprechen. Doch sollten wir, in aller Fairness, nicht vergessen, dass der Westen nicht nur aus den Vereinigten Staaten und den Großmächten besteht. Es gibt Hunderte von NGOs, deren freiwillige Mitarbeiter das Ideal der Menschenrechte verteidigen und deren Verletzungen überall anprangern, selbst in westlichen Ländern. Diese Organisationen genießen Ansehen, verfügen über eine Stimme und besitzen Einfluss auf die dortige politische Meinung, und zwar mehr als die Regierungen. Außerdem darf, aus grundsätzlichen und rechtlichen Erwägungen, die Festnahme und Folterung unschuldiger Personen nicht als innenpolitische Angelegenheit eines Landes betrachtet werden. Es handelt sich um Verbrechen gegen die Menschheit, und diese zu verurteilen hat jedermann das Recht. Wenn das ägyptische Regime in al-Arisch auf dem Sinai dreitausend Personen monatelang ohne Prozess festhält, sie foltert, sie mit Elektroschock quält und Frauen vor den Augen ihrer Männer und Kinder vergewaltigen lässt, so sind dies schändliche Verbrechen, die man nicht als innere ägyptische Angelegenheit betrachten kann, denn Unschuldige zu foltern und ihre Menschenwürde zu verletzen, ist niemals eine nur nationale Angelegenheit.

Letztens: Ich hoffe, dass die ägyptischen Beamten einsehen, dass dieser Zustand unerträglich und deshalb zu beenden ist. Präsident Mubarak, der inzwischen ein Vierteljahrhundert im Amt ist, bereitet gerade ein weiteres Referendum vor, das er wie üblich mit 99 % der Stimmen durchzubringen gedenkt und mittels dessen er für immer im Amt zu bleiben und dieses einmal an seinen Sohn Gamal weiterzureichen beabsichtigt, dem seinerseits dann einmal sein Sohn folgen kann. Wir leiden dermaßen unter Armut, Arbeitslosigkeit, schreiender sozialer Ungerechtigkeit, Repression, Wahlfälschung und Folterung von Unschuldigen, dass für Millionen von Ägyptern das Leben unerträglich geworden ist.

Doch sind in letzter Zeit bedeutende Zeichen der Veränderung aufgetreten, und ich hoffe, die staatlichen Stellen verstehen diese, bevor es zu spät ist. Ich hoffe, sie fragen sich zum Beispiel, wie ein bekannter Autor wie Muhammad al-Sajjid Said dazu kam, das Staatsoberhaupt mit der Wahrheit über den lamentablen Zustand des Landes zu konfrontieren. Oder wie die Kifaja-Bewegung entstand und innerhalb weniger Monate Tausende patriotisch denkender Intellektueller anzog. Oder was Universitätsprofessoren und angesehene Bürger veranlasste, auf die Straße zu gehen und sich der Gefahr auszusetzen, von der Einsatzpolizei verprügelt zu werden, und das nur, um laut und deutlich der Mubarak-Herrschaft »Genug!« entgegenzuschreien. Oder warum sich Tausende von Studenten der Kairo-Universität versammeln und die Öffnung des Tors erzwingen, damit sie sich dem jüngsten Protestzug der Kifaja-Bewegung anschließen können. All das sind sichere und unmissverständliche Zeichen dafür, dass ein Wechsel nötig und er der Preis ist, den das Regime, ob es will oder nicht, bald wird bezahlen müssen. Die Ägypter sehnen sich nach Freiheit, Gerechtigkeit und einem Leben in Würde. Darum geht es! Denen, die glauben, ein Recht zu haben,

die Ägypter zu behandeln wie der Metzger Galal seine Frau, ent-
gegnen wir die Worte des weisen Getreidehändlers Awad: »Wenn du
nicht willst, dass sich jemand bei dir einmischt, solltest du etwas
mehr Selbstachtung zeigen.«

Worte zum Nachdenken:

Am 24. Januar folterte Major Muhammad Farid, der Chef
der Untersuchungsbehörde des Aschtul-al-Suk-Polizeipostens in der
Ost-Provinz Muhammad Salem, um ihn zum Geständnis eines
Diebstahls zu zwingen. Dabei brach er ihm das Rückgrat, was zu
einer Totallähmung seiner Beine und zu Inkontinenz seiner Ver-
dauungsorgane führte, ihn also schwerstinvalid machte. (Ägyptische
Vereinigung gegen Folter)

Im Staatssicherheitshauptquartier in al-Arisch roch es nach ver-
brannter Haut, weil Hunderte Inhaftierter mit Elektroschock gefoltert wurden. (*al-Ahali*-Zeitung)

Die Menschenrechte in Ägypten haben in jüngster Zeit eine
bemerkenswerte Entwicklung erlebt. (Feststellung des ägyptischen
Außenministeriums)

Wir versichern Ihnen, dass Aiman Nur nie und nimmer geschlagen wurde. Die Verletzung unter seinem linken Auge stammt vom
Zusammenprall seines Gesichts mit dem Finger eines der Polizisten,
die ihn festnahmen. (Feststellung im Parlament)

Man stelle sich vor, Gott bewahre, dass eine weniger weise Persönlichkeit als Präsident Mubarak über Ägypten herrschte. ... Das
wäre eine Katastrophe. (Mustafa al-Fiki)

Die Bürger sind im Voraus darüber zu informieren, dass das Wasser abgestellt wird. (Präsident Hosni Mubarak)

27. Februar 2005

Die Partei des Großen Zusammenbruchs

Das Schweigen der offiziellen Medien, die Verlautbarungen des Innenministeriums oder die Artikel der Schreiberlinge der Regierung: Nichts kann über die Schwere der Vorkommnisse hinwegtäuschen, die sich in Downtown Kairo während des Großen Fests abgespielt haben. Über tausend junge Männer rotteten sich zwischen Adli- und Talaat-Harb-Straße zusammen und belästigten für vier volle Stunden völlig wahllos Frauen. Jedem weiblichen Wesen, das unglücklicherweise dort während jener Zeit vorbeikam, egal ob Mädchen oder Frau, jung oder alt, mit oder ohne Hidschab oder Nikab,* allein, mit Freunden oder gar mit Ehemann, wurde das gleiche Schicksal zuteil. Hunderte aufgegeilter junger Männer bildeten einen dichten Ring um sie, und Dutzende von Händen streckten sich aus, um ihr die Kleider vom Leib zu reißen und sie an den Brüsten und zwischen den Beinen zu betatschen. Nur einige wenige Personen taten sich zusammen, um das eine oder andere Mädchen zu retten, das mit zerrissenen Kleidern halbnackt auf der Straße lag.

Die Attackierten waren weder Prostituierte noch Straftäterinnen, einfach ganz normale Ägypterinnen wie Ihre oder meine Frau, Ihre oder meine Tochter, deren einziges Verbrechen darin bestand, zu glauben, dass wir in einem anständigen Land leben und deshalb

---

* Nikab: Ganzkörperbekleidung, bei der auch das Gesicht (mit Ausnahme der Augen) bedeckt wird.

während des Großen Fests ein wenig spazieren gingen. Dieses abscheuliche Verbrechen fand vor Dutzenden von Zeugen statt. Viele fotografierten die Vorgänge und stellten die Bilder ins Netz. Als ich einige davon sah, schämte ich mich für mein Land. Ich werde nie das Mädchen im Hidschab vergessen, das auf dem Bild mit vollständig zerfetzten Kleidern praktisch nackt dastand (nur ihre Kopfbedeckung hatten diese Unmenschen herunterzureißen vergessen), betatscht von Dutzenden von Händen. Ich werde nie den fassungslosen, gepeinigten Ausdruck auf ihrem Gesicht vergessen, während ihr auf offener Straße Gewalt angetan wurde. Sie versuchte, so gut es ging, sich zu wehren, doch am Schluss brach sie zusammen.

Was sich hier abspielte, ist nicht einfach ein Verbrechen, sondern eine moralische und gesellschaftliche Katastrophe, die es zu analysieren gilt, wenn wir verstehen wollen, was in Ägypten los ist.

Erstens: Die beteiligten jungen Männer stammen aus armseligsten Wohngebieten, aus den untersten Schichten der ägyptischen Gesellschaft. Eigentlich hatten sie vor, ins Kino zu gehen, als sie aber feststellen mussten, dass es keine Karten mehr gab, begannen sie zu randalieren und zerschlugen zunächst die Fassade des Metro-Kinos. Als sie dann bemerkten, dass nirgendwo ein Polizist war, und ihnen ihre große Zahl das Gefühl von Stärke und Unangreifbarkeit gab, ließen sie ihren atavistischen Regungen freien Lauf und machten sich über jede Frau her, die ihren Weg kreuzte. Wenn sie von einer genug hatten, schrie einer von ihnen: »Da ist noch eine!«, und alle anderen riefen im Echo: »Noch eine! Noch eine!«, woraufhin sich alle dem nächsten Opfer zuwandten. Diese hysterische Art einer Massenattacke ist lediglich ein Vorgeschmack auf das völlige Chaos, das jederzeit und überall ausbrechen kann. Es gab Berichte im Internet, wonach sich die Vorgänge von Downtown Kairo auch in den Städten Sagasig und Mansura im Delta wiederholten. Ohne Zweifel würden die jungen Männer, die sich zur Befriedigung ihrer Sexgelüste an diesem Massenangriff beteiligten, auch die erstbeste Gelegenheit benutzen, zu plündern und Brände zu legen.

Zweitens: Der sexuelle Wahnsinn, der diese jungen Burschen erfasst hatte, ist nicht einfach Ausdruck sexueller Frustration. In sexuelle Begierde ist oft ein Gefühl von Verzweiflung, Frustration, Ungerechtigkeit, Bedeutungslosigkeit und Sinnlosigkeit eingebettet – unter armen Ägyptern weitverbreitete Gefühle. Diese jungen Männer sind die Kinder elender, zerbrochener Menschen, die an Nierenversagen sterben oder sich am Abwasser vergiften, das sie trinken müssen; Menschen, die wegen Jussuf Walis Pestiziden an Krebs erkranken; Menschen, die in den Zügen nach Oberägypten verbrennen oder in Todesfähren untergehen. Leben oder sterben, für sie kein Unterschied. Diese haltlosen jungen Männer sind Kinder der Arbeitslosigkeit, der Machtlosigkeit, der Überbevölkerung. Sie leben zusammengepfercht in winzigen Räumen in Gebäuden ohne Wasser, Strom oder öffentliche Dienstleistungen. Sie haben jegliche Hoffnung aufgegeben: die Hoffnung auf Arbeit, auf Heirat oder auch nur auf Emigration. Sie leben ohne Würde, und jedweder Polizist kann sie festnehmen, schlagen und quälen. Auffallend ist, dass diese jungen Männer bei ihren Opfern dieselben Methoden angewendet haben, die die Polizei und die Staatssicherheit bei den Frauen von Festgenommenen und Verdächtigen anwenden, um sie zu Aussage zu zwingen. Dieses wahnsinnige, hysterische Verhalten enthält ohne Zweifel eine kräftige Dosis an Rache gegen eine hässliche und feindselige Wirklichkeit, die nicht einmal die minimalsten Bedingungen für ein anständiges Leben bietet. Indem diese jungen Männer ihren kollektiven sexuellen Angriff vornehmen, wollen sie sich vielleicht an denen rächen, die für ihr miserables, entwürdigendes Leben verantwortlich sind.

Drittens: Wenn eine solche sexuelle Massenattacke sich im Westen ereignete, wären viele bereit, die dekadente und moralisch verkommene westliche Gesellschaft dafür verantwortlich zu machen. Wenn sie sich in Ägypten ereignet, bedeutet das, dass die allgegenwärtige Religiosität oberflächlich und substanzlos ist. Jahrhundertelang hatte Ägypten sein eigenes Verständnis des Islams; ein tolerantes, offenes Verständnis im Einklang mit ägyptischer Kultiviertheit. Den Ägyptern ist es, auf durchaus ungewöhnliche Weise, immer gelungen, sich ihre weltoffene Form des Islams zu erhalten: Ägyptische Frauen haben als erste in der arabischen Welt Schulbildung erhalten, sind Arbeiten außerhalb des Hauses nachgegangen und in der Gesellschaft als Menschen mit gleichen Rechten wie die Männer respektiert worden – dies zumindest bis Ende der 1970er Jahre, als die ägyptische Gesellschaft eine umfassende Invasion wahhabitischen* Gedankenguts aus Saudi-Arabien erlebte. Einer der Gründe für diese Invasion war Präsident Anwar Sadats Entscheidung, sich der Religion im Kampf gegen die linke Opposition zu bedienen; und auch das Mubarak-Regime unterstützt weiterhin den Wahhabismus, weil dieser die Menschen zu politischer Unterwürfigkeit erzieht. Ein weiterer Grund für diese Invasion war die mehrfache Erhöhung des Ölpreises seit dem Oktoberkrieg von 1973. Diese verschaffte Saudi-Arabien mehr Einfluss als je zuvor und ermöglichte es, Ägypten und der arabischen Welt sein Islamverständnis aufzudrängen. Als Korruption und Despotismus Ägypten immer weiter verarmen ließen, gingen die Ägypter scharenweise am Golf arbeiten und kehrten Jahre später mit Geld und wahhabitischem Gedan-

---

* Wahhabismus / Wahhabiten: Anhänger des sunnitischen Religionsgelehrten Muhammad Ibn Abdalwahhab (gest. 1792), dessen striktes und konservatives Religionsverständnis die offizielle Islamlehre in Saudi-Arabien ist, die, unterstützt von saudischen Ölgeldern, in vielen Teilen der Welt Verbreitung findet.

kengut nach Hause zurück. Ganze Segmente der ägyptischen Gesellschaft übernahmen hier zuvor unbekannte saudische Gebräuche und Verhaltensweisen: den Ganzkörperschleier, genannt Nikab,
Bärte, weiße Gewänder, die Schließung der Läden zu den Gebetszeiten, das Ablegen der Schuhe beim Betreten eines Hauses und so
weiter.

Die wahhabitische Ideologie sieht in der Frau nur ein Instrument
der Lust, eine Quelle der Verführung und ein Mittel zur Produktion von Kindern. Das Hauptanliegen der Wahhabiten ist es, den
weiblichen Körper zu verhüllen und die Frauen gesellschaftlich
möglichst zu isolieren, um so ihre schädliche Wirkung abzuwehren.
Diese abwertende Sicht auf die Frauen beraubt diese ihrer Eigenschaften als Menschen und betrachtet sie ausschließlich als Weibchen. Sie geht davon aus, dass die Frau keinen eigenen Willen und
ein so schwaches Ehrbewusstsein besitzt, dass ein unbeaufsichtigtes
Zusammensein mit ihr unvermeidlich zur Sünde führt. In den
Augen der Wahhabiten ist eine Frau nicht voll zurechnungsfähig:
sie darf weder Auto fahren noch ohne männliche Begleitung zum
Schutz vor Entführung oder Vergewaltigung allein spazieren gehen.
Obwohl diese Vorstellungen angeblich die Tugend fördern, führen
sie am Ende doch nur zu einer Betrachtung der Frau als sexuelle
Beute, die weder nein sagen noch sich selbst verteidigen kann. Der
Mann muss die Frau vor anderen Männern schützen, doch wenn er
Zugriff auf die Frau eines anderen bekommt und keine Strafe
befürchten muss, wird er nicht zögern. Man muss sich dazu nur vor
Augen führen, dass die Entführung und Vergewaltigung von Frauen
und Kindern in Saudi-Arabien ein erschreckendes Phänomen und
eine echte Gefahr geworden ist. Das zeigt uns, wie Ägypten, das bis
Ende der 1970er Jahre offen und gemäßigt war und in Verhalten
und gesellschaftlichen Beziehungen eine echte Religiosität zeigte,

sich inzwischen, griesgrämig geworden und verbissen an religiösen Äußerlichkeiten festhaltend, weit vom Geist des Islams entfernt hat. Es ist nicht mehr als ein Firnis, den man sich wie eine Krankheit bei den engstirnigen, rückständigen und scheinheiligen beduinischen Gesellschaften geholt hat.

Diese Tragödie zeigt auch, dass das Innenministerium es nicht mehr als seine Pflicht ansieht, die Bevölkerung zu schützen. Die Polizeikräfte, die Ägypter durchsuchen und sie stundenlang auf den Straßen aufhalten, nur weil der Präsident oder einer seiner Minister in einem Autokorso vorbeifährt; die Sicherheitsorgane, die Personen quälen, prügeln, attackieren und wegschleifen, nur weil sie für die Demokratie und eine unabhängige Gerichtsbarkeit demonstrieren, diesem riesigen Repressionsapparat ist es nicht in den Sinn gekommen, ein paar Kräfte zu entsenden, um während des Großen Festes die Sicherheit in Downtown Kairo zu garantieren. Schlimmer noch, einige Polizisten und ein junger Offizier sind auf der Aufnahme des Vorfalls zu sehen, völlig gleichgültig dem Treiben der sexuellen Attacke gegenüber, die sich vor ihren Augen abspielt. Ein einziger Polizist reagierte, wie sein Instinkt es ihm vorschreiben sollte, ein einziger Polizist fühlte sich von seiner Ehre gedrängt, von sich aus seinen Gürtel herauszuziehen und damit auf die wildgewordenen Horden einzudreschen. Doch dieser Mut war wirkungslos angesichts der großen Zahl der Angreifer und ihrer Entschlossenheit, sich über das nächste Opfer herzumachen. So waren dann auch die Kommentare, die das Innenministerium im Fernsehprogramm *10 PM* und in den Regierungszeitungen zu der Katastrophe abgab, widersprüchlich und ziemlich albern. Sie leugneten die Vorfälle mit der Behauptung, auf dem Kasr-al-Nil-Polizeiposten seien keine Fälle sexueller Gewalt gemeldet worden. Als ob es die Aufgabe von Polizisten wäre, auf der Polizeistation herumzusitzen und auf Meldungen zu warten! Wir würden gern den Innenminister, Habib al-Adli, fragen, was wohl geschehen wäre, wenn diese aufgegeilten jungen Männer, denen die Polizisten vier Stunden lang erlaubten, ägyptische Frauen zu malträtieren, Slogans gegen Präsident Hosni Mubarak gegröilt hätten. Wäre da nicht unverzüglich eine ganze Armee von Einsatzpolizisten losgeschickt worden, um sie mundtot zu machen? Ist es also wichtiger, Präsident Mubarak vor feindseligen Slogans zu schützen als ägyptische Frauen vor einem Angriff auf ihre Ehre?

Die Vorfälle in Downtown Kairo zeigen, dass der große Zusammenbruch begonnen hat. Ägypten zerfällt, während sich Präsident Mubarak, der das Land seit einem Vierteljahrhundert regiert und es völlig heruntergewirtschaftet hat, für nichts mehr interessiert als dafür, das Land an seinen Sohn weiterzureichen. Es ist unser aller Pflicht, tätig zu werden, um das Land vor der trüben Zukunft zu retten, die am Horizont lauert. Und der einzige Weg, Ägypten wirklich zu retten, ist die Einrichtung wahrer Demokratie, die den Ägyptern ihr Menschsein, ihre Rechte und ihre Würde zurückgibt, ja auch ihr kultiviertes Verhalten.

5. November 2006

Warum belästigen Ägypter Frauen?

Die herkömmliche Antwort auf diese Frage lautet, dass Frauen, falls Opfer sexueller Belästigung, diese selbst zu verantworten haben, weil sie kurze, knappe Kleider tragen, wodurch junge Männer erregt und dazu veranlasst werden, Frauen zu belästigen. Diese Erklärung enthält einen Trugschluss und eine verquere Logik. Sie impliziert nämlich, dass der Vorwurf immer auf den Frauen lastet, selbst wenn sie Opfer von Fehlverhalten und Verbrechen werden, und dass junge Männer Tiere sind, unfähig, ihre Instinkte zu kontrollieren, weshalb sie sich beim Anblick einer Frau in engen Kleidern auf diese stürzen und sie vergewaltigen. Nun hat sich dieses Argument, das unfairerweise dem Opfer die Schuld zuweist, jüngst selbst erledigt und als völlig unhaltbar erwiesen. Untersuchungen haben nämlich ergeben, dass über 75 % der Frauen, die sich in Ägypten sexueller Belästigung ausgesetzt sehen, den Hidschab tragen. Und im Internet zugängliche Videoaufnahmen von einem Fall sexueller Massenbelästigung vor zwei Jahren in Downtown Kairo zeigen, wie die Männer eine Frau im *isdal* angreifen, eine Frau also, deren Körper völlig verhüllt ist. Außerdem war es bis in die 1970er Jahre hinein in der ägyptischen Gesellschaft durchaus akzeptabel, dass eine Frau einen Badeanzug trug, der Teile ihres Körpers den Blicken der Männer darbot, und an Stränden und in Schwimmbädern gab es Mädchen und Frauen, die im Badeanzug ins Wasser gingen, ohne dass sie jemand belästigt hätte. Schließlich erlaubte die damalige Mode, der Minirock zum Beispiel, die Beine der Frau zu sehen, und nicht wenige Frauen in Ägypten trugen bei der Arbeit, an der Uni und in den öffentlichen Verkehrsmitteln Kleider dieser Art. Damals erregten kurze Röcke das Missfallen Konservativer, aber sie ermutigten niemanden, Frauen zu belästigen.

Es ist also sicher, dass sexuelle Belästigung eine eingeschleppte Krankheit ist, die als Phänomen vor dreißig Jahren noch nicht existierte, und dass kurze, knappe Kleider nicht der eigentliche Anlass für dieses Verhalten sind. Das Phänomen der sexuellen Belästigung, das sich in letzter Zeit in Ägypten ausgebreitet hat, besitzt viele soziale und ökonomische Dimensionen. Da ist die sexuelle Repression, das hohe Heiratsalter, die Arbeitslosigkeit, die Armut, das Wohnungsproblem, die Frustration, die Bedeutungslosigkeit des Lebens und ein Gefühl von Ungerechtigkeit. Meiner Meinung nach sind all das wichtige, aber eben nur sekundäre Faktoren, während, in meiner Sicht, der eigentliche Grund in einer Veränderung unseres Blickes auf die Frauen liegt. Durch die gesamte menschliche Geschichte hindurch gab es immer zwei Arten, die Frauen zu sehen. Es gibt die kultivierte Art, in der Frau ein menschliches Wesen zu sehen, das zufällig als Frau geboren wurde, in gleicher Weise wie ein Mann ein menschliches Wesen ist, das zufällig als Mann zur Welt kam. Diese Betrachtungsweise anerkennt an der Frau alle menschlichen Eigenschaften und Fähigkeiten, nicht nur ihre Weiblichkeit, was einem respektvollen menschlichen Umgang viel Raum lässt. Auf dieser Grundlage verkehren Männer mit Kolleginnen, Studentinnen oder Dozentinnen als Menschen, nicht nur als Frauen, mit denen sie schlafen wollen. Die unkultivierte Betrachtungsweise ist diejenige von der Frau als vom Mann begehrten Körper, die Sicht, dass Frauen ganz und gar weibliche Wesen sind, Instrumente der Lust, Quellen der Versuchung und Maschinen zur Produktion von Kindern, wodurch jegliches Tun einer Frau, das nicht mit diesen ›weiblichen Funktionen‹ in Verbindung steht, sekundär und marginal erscheint. Nun unternahm die ägyptische Gesellschaft schon früh, nämlich im 19. Jahrhundert, große Schritte zur Modernisierung, und als Folge davon eigneten sich die Ägypter bald einmal eine kultivierte, respektvolle Haltung der Frau als menschlichem Wesen gegenüber an. Ägypterinnen waren Pionierinnen in der arabischen Welt. Sie erhielten als Erste eine Schulbildung, gingen als Erste arbeiten, fuhren als Erste Auto und lenkten als Erste Flugzeuge, saßen als Erste im Parlament und bekleideten als Erste Ministerposten.

Die kultivierte Betrachtungsweise der Frau als menschlichem Wesen war in Ägypten bis Anfang der 1980er Jahre vorherrschend. Dann wurde das Land von einer mächtigen Welle wahhabitischen Gedankenguts überspült, das eine völlig andere Sichtweise der Frau propagierte. In den Augen der Fundamentalisten ist die Frau nichts anderes als ein Körper, und ihr Hauptanliegen ist es, diesen Körper zu bedecken. Vor einigen Tagen rief ein bekannter saudischer Scheich muslimische Frauen dazu auf, den Nikab zu tragen und nur ein Auge frei zu lassen, um sich so vor verstohlenen Blicken zu schützen und den Anstand zu wahren. Diese Sicht auf die Frau macht aus dieser unvermeidlich eine sexuelle Beute, jederzeit einem Angriff ausgesetzt. Sie macht aus Frauen praktisch moralisch willenlose Geschöpfe, die sich nur in Begleitung männlicher Verwandter bewegen können, damit sie vor anderen und vor sich selbst geschützt werden. Frauen lediglich als Körper zu betrachten, verleitet potentielle Belästiger dazu, sie anzugreifen, sobald sie das straflos tun können.

Die unkultivierte Weise, Frauen zu sehen, die sich zurzeit in Ägypten ausbreitet, wurde bedauerlicherweise von nomadischen

Gesellschaften aus der Wüste übernommen, Gesellschaften, die in jedem Bereich menschlichen Tuns weit hinter Ägypten zurückstehen. Und statt dass wir diesen Gesellschaften helfen, sich zu entwickeln, lassen wir uns von ihren rückständigen Vorstellungen anstecken. Die jungen Männer, die an einem allgemeinen Feiertag herumziehen und Frauen belästigen, tun nichts anderes als das in die Tat umzusetzen, was sie über Frauen gelernt haben, denn wenn eine Frau nur ein Körper ist, wenn sie nur Lust und Vergnügen darstellt, wenn sie eine Quelle der Versuchung ist, warum sollte man sie dann nicht belästigen, wenn man keine Bestrafung zu befürchten braucht. Die ägyptische Zeitung *al-Masri al-jaum* hat einige der Belästiger interviewt, die alle die Überzeugung äußerten, dass eine Frau, die an einem allgemeinen Feiertag spazieren geht, von jungen Männern belästigt werden wolle. Diese Logik steht völlig im Einklang mit der rückwärtsgewandten Fundamentalistensicht, dass Frauen die Versuchung im Blut haben, selbst wenn sie das Gegenteil behaupten, dass die Männer ihre Frauen mit großer Wachsamkeit hüten müssen, und dass jede Frau, die allein hinaus ins Menschengewühl geht, schon eine gefallene Frau ist, die nichts anderes will, als von jungen Männern belästigt zu werden. Wir haben unsere kultivierte Sicht auf die Frau durch eine unkultivierte ersetzt, die in pseudoreligiöser Verkleidung daherkommt, und nun haben wir begonnen, einen hohen Preis für diese rückständigen Ideen zu bezahlen.

Bevor wir junge Männer zwingen können, keine Frauen zu belästigen, müssen wir ihnen erst beibringen, wie man Frauen respektiert. Wir müssen aufhören, darüber zu debattieren, was Frauen anziehen müssen, was sie ablegen dürfen, ob sie ihre Ohren bedecken sollten oder Haarlocken herabhängen lassen können. Wir müssen uns von dieser rückständigen Sichtweise befreien, die völlig vom weiblichen

Körper besessen ist, selbst wenn sie sich mit ihrem Aufruf zur Verhüllung der Frau fromm gibt. Wir müssen unser kultiviertes Denken wiederherstellen und uns daran erinnern, dass Frauen als Mütter, Schwestern und Töchter in ihren Fähigkeiten, Rechten und Pflichten den Männern völlig gleichwertig sind. Wir müssen diesen jungen Männern Beispiele von beruflichem Erfolg und intellektueller Brillanz bei Frauen aufzeigen. Sie müssen von Ärztinnen, Ingenieurinnen und Richterinnen erfahren. Dann wird ihnen klarwerden, dass Frauen Eigenschaften haben, die viel wichtiger sind als ihre Körper, und dann, erst dann, werden sie aufhören, Frauen auf der Straße zu belästigen.

22. Oktober 2008

Wie können wir der Verführung
durch das Weib Herr werden?

Geschätzter Leser,

stellen Sie sich vor, dass Sie eines Tages zur Arbeit kommen und dort alle Ihre Kollegen mit Masken antreffen, sie also ihre Stimmen hören, nicht aber ihre Gesichter sehen können. Was wäre das für ein Gefühl? Natürlich wäre es Ihnen unwohl und Sie würden, bei längerem Andauern dieser Situation, nervös. Wir wollen eben die Gesichter unserer Gesprächspartner sehen. Menschliche Kommunikation ist erst vollständig, wenn die Mienen zu sehen sind. Das ist ein natürliches Phänomen seit der Schöpfung – eine Tatsache, die nur diejenigen nicht begreifen wollen, die von Frauen verlangen, ihr Gesicht zu verhüllen.

Im Anschluss an die Aufstände gegen die britische Besatzung im Jahre 1919 zog sich Hoda Schaarawi, die große feministische Vorkämpferin, bei einer öffentlichen Veranstaltung die türkische Burka vom Gesicht, als Zeichen dafür, dass die Befreiung des Landes untrennbar mit der Befreiung der Frauen verbunden ist. Ägyptische Frauen waren Vorkämpferinnen für die Frauen in der arabischen Welt: die Ersten, die Schulbildung erhielten und in allen Bereichen arbeiteten; die Ersten, die Auto fuhren und Flugzeuge lenkten; die Ersten in Parlament und Regierung. Doch seit dem Ende der 1970er Jahre gerieten die Ägypter immer mehr unter den Einfluss fundamentalistischer Ideen, und gefördert durch Erdölgelder brei-

tete sich wahhabitisches Gedankengut aus, teils durch die Satellitenfernsehkanäle der Fundamentalisten, teils durch die Millionen
armer Ägypter, die nach Jahren der Arbeit in Saudi-Arabien voll-
gestopft mit fundamentalistischen Vorstellungen nach Hause zu-
rückkehrten. Und seit damals ist in Ägypten der Nikab, der Schleier,
der Gesicht und Körper vollständig verhüllt, wieder anzutreffen.
Dieser Vorgang verlangte an sich eine objektive Debatte, die jedoch
schwer zu führen ist, da es sich bei den Befürwortern des Nikab
im Allgemeinen um fanatische Extremisten handelt, die ihre Gegner rasch und gern des Aufrufs zu Unzucht und sittlichem Verfall
bezichtigen. Diese Logik ist naiv und falsch, weil die Wahl, die
jemand trifft, nicht eine solche zwischen Nikab und Unzucht ist,
und weil es zwischen den beiden eine große Bandbreite wohl-
ausgewogener Verhaltensweisen gibt. Die Frage lautet eher, ob der
Nikab den Mann vor den Verlockungen des Weibes schützt und
die Tugend fördert. Um diese Frage zu beantworten, müssen wir
uns verschiedene Tatbestände vor Augen führen.

Erstens: Der Islam hat von den Frauen nie verlangt, sich das
Gesicht zu verhüllen. Wenn wir nämlich nicht Teile des weiblichen
Gesichts sähen, warum sollte uns Gott auffordern, unseren Blick
abzuwenden? In der frühislamischen Gesellschaft beteiligten sich
die Frauen am öffentlichen Leben, sie lernten, sie arbeiteten, sie
betrieben Handel und pflegten in Kriegszeiten die Verwundeten, ja,
mitunter beteiligten sie sich sogar am Kampf. Aus Respekt vor den
Frauen gab ihnen der Islam die gleichen Rechte wie den Männern.
Die Unterdrückung der Frauen setzte erst ein, als es mit den
Muslimen bergab ging. Vor einigen Monaten veröffentlichten die
anerkanntesten Gelehrten der Ashar-Universität ein Buch unter
dem Titel *an-Niqâb 'âda wa-laisa 'ibâda* (Der Nikab ist eine Sitte,
kein gottesdienstliches Erfordernis), das vom Religionsministerium

vertrieben wird. Darin zeigen die Autoren mit Belegen aus der Scharia, dass der Nikab nicht die geringste Beziehung zum Islam hat. Ich glaube nicht, dass jemand die Kenntnisse islamischer Prinzipien bei diesen Gelehrten anzweifeln könnte.

Zweitens: Da also das Tragen des Nikabs keine göttliche Verordnung ist, dürfen wir Fragen über seine Vor- und Nachteile stellen. Alle antiken Gesellschaften haben von den Frauen verlangt, sich das Gesicht zu verhüllen, da sie die Frauen für eine Quelle der Verführung hielten und dachten, die Sünde könne nur verhindert werden, indem man die Frauen ausschließe und abtrenne. Diese Argumentation gründet auf der Annahme, dass Männer allein durch den Anblick einer schönen Frau in Versuchung geraten, was wiederum die Fähigkeit des Mannes leugnet, seine Instinkte unter Kontrolle zu halten. Außerdem, wenn eine Frau ihr Gesicht verhüllen muss, um Männer nicht zu erregen, was sollte dann ein gut aussehender Mann tun? Erregt denn sein Gesicht nicht auch Frauen? Müssen wir also auch von gut aussehenden Männern verlangen, sich das Gesicht zu verhüllen, so dass schließlich Männer und Frauen den Nikab tragen? Wir finden ja auch, dass die Augen einer Frau, wenn sie schön sind, eine machtvolle Quelle der Verlockung sein können. Was also sollten wir tun, um Erregung zu verhindern? Ein bekannter saudischer Religionsgelehrter, Scheich Muhammad al-Hadban, hat sich dankenswerterweise dieses Problems angenommen und vorgeschlagen, Frauen sollten einen Nikab tragen, der nur ein Auge frei lässt, damit sie unmöglich durch ihre Blicke Männer erregen können. Es ist mir schleierhaft, wie diese armen Frauen, die die Welt durch ein einziges Loch und mit nur einem einzigen Auge betrachten, ihr Leben bewältigen sollen.

Drittens: Der Nikab verunmöglicht es Frauen, als menschliche Wesen mit gleichen Rechten und Pflichten wie die Männer zu leben. Wie soll eine Frau, versteckt hinter dem Nikab, egal ob für ein oder für zwei Augen, als Chirurgin, als Richterin, als Ingenieurin oder Fernsehansagerin arbeiten? Die meisten saudischen Gelehrten wenden sich strikt dagegen, dass Frauen Auto fahren, und geben dafür drei Gründe an: Frauen hinter dem Steuer müssten schamloserweise den Nikab abnehmen; sie hätten damit außerdem die Möglichkeit, sich zu begeben, wohin sie wollten, was sie aufmüpfig gegen Ehemann und Familie machen könnte; und (so Scheich Muhammad Ibn Salich al-Uthaimin): »Frauen sind von Natur aus weniger entscheidungsfreudig, schwachsichtiger und unfähiger als Männer, weshalb sie sich in Gefahrensituationen nicht zurechtfinden.« Das ist im Prinzip die Sicht der Nikab-Befürworter, eine Sicht voller Verachtung für Frauen und ihre Begabungen. Natürlich können diese Herren nicht erklären, warum Frauen in Bildung und Arbeit weltweit besser abschneiden als Männer.

Fünftens: Der ernsteste Einwand gegen den Nikab ist jedoch, dass er die Frauen entmenschlicht. Im Verlauf der Geschichte gab es immer zwei Haltungen der Frau gegenüber: die kultivierte, die Frauen als kompetente und qualifizierte menschliche Wesen betrachtet, und die unkultivierte, der die Frau nur als weibliches Wesen gilt, das heißt, reduziert auf die Rolle als Quelle sexuellen Vergnügens, als Produktionsstätte für Nachwuchs und als Bedienstete im ehelichen Heim. Diese drei Funktionen sind mehr an den Körper als an den Geist gebunden, wodurch der weibliche Körper eine überragende Bedeutung erhält, während Intellekt, Bildung, Arbeit, ja auch Gedanken und Gefühle, wenn überhaupt berücksichtigt, sekundär bleiben.

Sechstens: Die Befürworter des Nikabs glauben, dass die Begegnung von Männern und Frauen zwangsläufig zu Versuchung und Sünde führt, und sehen als einzig mögliche Maßnahme die vollständige Trennung der beiden Geschlechter und die Verhüllung des weiblichen Gesichts. Wenn dieses Argument stimmte, müsste die saudische Gesellschaft völlig sündenfrei sein, da dort die Trennung vollständig ist und alle Frauen gezwungen werden, den Nikab zu tragen. Außerdem gibt es in Saudi-Arabien eine weitverzweigte Organisation mit dem Namen ›Tugendförderung‹, die Tag und Nacht im Einsatz ist, um das Verhalten der Menschen zu überwachen und auch die geringfügigsten Übertretungen sofort zu ahnden. Aber ist Saudi-Arabien deshalb ein Land der Tugend? Untersuchungen und Statistiken weisen auf das Gegenteil. Eine solche, unternommen von Dr. Wafaa Machmud der König-Saud-Universität, stellt fest, dass ein Viertel aller saudischer Kinder zwischen sechs und elf Jahren schon Opfer sexueller Übergriffe war. Eine andere Studie, diese von Dr. Ali al-Sahrani, einem Fachmann für psychiatrische Krankheiten am saudischen Gesundheitsministerium, bestätigt diese Angaben.

Dr. Chalid al-Halibi, seines Zeichens Direktor des Familienplanungszentrums in der saudischen Provinz Ahsa, führte eine Untersuchung durch, bei der er herausfand, dass 82 Prozent der Jugendlichen in Oberschulen schon Opfer verschiedener Formen sexueller Perversionen waren; dass allein während eines Jahres (2007) 850 saudische Mädchen aus ihrem Elternhaus wegen Übergriffen, meist sexueller Natur, weggelaufen sind; dass 9 Prozent der Kinder Opfer sexueller Gewalt seitens ihres Vormunds waren; dass eines von vier Mädchen in den Golfstaaten schon sexueller Belästigung ausgesetzt war; und dass 47 Prozent aller befragten Kinder schon per Handy obszöne Aufforderungen erhalten haben.

Die Revolution im Kommunikationswesen hat in Saudi-Arabien zu einer schweren gesellschaftlichen Krise geführt. Junge Männer, sozial und sexuell unterdrückt, haben begonnen, ihre Handy-Kameras zu unmoralischen Zwecken zu verwenden. 2005 wurden in

Saudi-Arabien mit einem Handy aufgenommene Bilder von vier Männern verbreitet, die eine mit dem Nikab bekleidete Frau in Rijad auf offener Straße zu vergewaltigen versuchten. Die Frage stellt sich, warum ein junger Mann eine Frau zu vergewaltigen versucht, von der er weder Körper noch Gesicht sehen kann. Die Antwort kann nur heißen, dass sie für ihn kein menschliches Wesen ist, sondern nur ein Körper, ein Sexualobjekt, und wenn er sich an ihr vergnügen kann, ohne Bestrafung befürchten zu müssen, wird er keinen Augenblick zögern, es zu tun. Der langen Rede kurzer Sinn: In der saudischen Gesellschaft ist es im Hinblick auf sexuelle Abweichungen und Angriffe keineswegs besser, vielleicht sogar schlechter bestellt als in anderen Gesellschaften.

Wenn also der Nikab keine Tugend schafft, was soll man tun? Wie können wir der Verführung durch das Weib Herr werden? Fakt ist, dass Tugend nicht durch Verbote, Ausschließung und Repression entsteht, sondern durch Erziehung, Vorbild und Willenskraft. Nur wenn wir den Frauen als menschlichen Wesen moralischen Willen, Würde und Selbstständigkeit zuerkennen, nur wenn wir ihre Rechte, wie im Islam vorgesehen, anerkennen, nur wenn wir den Frauen vertrauen und sie respektieren und ihnen die umfassende Möglichkeit geben, zu lernen und zu arbeiten, wird Tugend entstehen.

Demokratie ist die Lösung.

21. Juli 2009

Der Nikab und die falsche Religiosität

Letzte Woche schrieb ich, wie neunzig Jahre, nachdem die ägyptischen Frauen den Nikab ablegten, dieser in Ägypten wieder Fuß fasst. Gestützt auf die Ansichten einer Gruppe von Gelehrten der Ashar-Universität und deren Buch *an-Niqâb ʿâda wa-laisa ʿibâda* (Der Nikab ist eine Sitte, kein gottesdienstliches Erfordernis), das vom Religionsministerium vertrieben wird, stellte ich fest, der Islam verlange von Frauen überhaupt nicht, ihr Gesicht zu verhüllen. Viele andere ägyptische Rechtsgelehrte haben diese Ansicht vorgebracht, besonders Scheich Muhammad Abduh (1849 – 1905) und Scheich Muhammad al-Ghasali (1917 – 1996), der bedeutende und mutige Gelehrte, der mit großer Energie gegen das focht, was er »das Gesetz der Beduinen« nannte, das zum Ziel habe, die Frauen hinter den Nikab zu verbannen. Ich versuchte, die negativen Auswirkungen des Nikabs auf die Frauen und die Gesellschaft aufzuzeigen, und führte als Beispiel die saudische Gesellschaft an, in der alle Frauen gezwungen werden, dieses Kleidungsstück zu tragen. Ich zitierte auch saudische Statistiken, wonach die saudische Gesellschaft im Hinblick auf sexuelle Belästigung und Gewalt keineswegs besser, vielleicht sogar schlechter dasteht als andere Gesellschaften, dass also die Verbannung der Frau hinter den Nikab die Sünde nicht verhindert.

Nach dem Erscheinen des Artikels öffnete ich die Website der

Zeitung *al-Schuruk* und fand zu meiner Überraschung eine Flut von Zuschriften, die den Nikab befürworteten. Bedauerlicherweise enthielt keines dieser Schreiben auch nur ein einziges Argument, das die Debatte beflügelt hätte. Alle versuchten einzig und allein, mich persönlich auf die übelste und ordinärste Weise zu beschimpfen und zu beleidigen. Niemand machte sich die Mühe, sich mit meinen Ansichten oder denjenigen der zitierten Rechtsgelehrten auseinanderzusetzen. Doch gleichzeitig eilte mir auch eine große Gruppe von Lesern zu Hilfe, denen ich hiermit ganz herzlich danken möchte. Auf ihr Vertrauen und ihre Zustimmung bin ich stolz. Die Beleidigungen haben mich auch nicht allzu sehr getroffen, da ich als Arzt weiß, dass bei einer für die Gesundung des Patienten unverzichtbaren Abszessöffnung mit dem Skalpell zwangsläufig übelriechender Eiter hervorquillt. Es geht hier um ein Phänomen, das durchaus unsere Aufmerksamkeit verdient, weil diejenigen, die sich gegenseitig überboten, mich zu beleidigen, angeblich religiös sind – ja, sie halten sich für religiös engagierter als alle anderen. Und das bietet eine hervorragende Gelegenheit, ihr Denken näher zu betrachten.

Erstens konnte ich feststellen, dass diese Personen zutiefst davon überzeugt sind, dass der Islam nur *eine* Form, *eine* Meinung und *eine* Weltsicht kennt. Alles, was ihrer Ansicht widerspricht, hat nichts mit dem Islam zu tun, und jeder, der sich ihrer Ansicht widersetzt, ist entweder ignorant, verkommen oder arbeitet im Interesse fremder Mächte auf eine Verschwörung gegen den Islam. Darum betrachten sie es nicht als ihre Aufgabe, mit ihren Widersachern zu diskutieren, sondern sie tun sie ab, beleidigen sie und machen sie, wenn möglich, fertig, weil sie sie nicht einfach für Menschen mit anderen Ansichten halten, sondern für Feinde oder Verschwörer. In Wahrheit ist nichts weiter vom echten Islam entfernt als diese extremistische und einseitige Haltung. Der Islam ist nämlich die einzige Religion, die von ihren Gläubigen verlangt, an andere Religionen zu glauben. Muslime haben sieben Jahrhunderte lang die Menschheit mit ihrer Fähigkeit in Erstaunen versetzt, andere Kulturen zu akzeptieren und in die große islamische Zivilisation einzugliedern.

Zweitens erwarten sie dafür, dass sie die Frauen hinter den Nikab verbannen, Zustimmung oder jedenfalls keinen Einwand. Wenn man aber Einwände vorbringt, sieht man sich sofort dem Vorwurf ausgesetzt, sich für Nacktheit und Pornographie auszusprechen. Diese Leute halten nämlich den Nikab für die einzige Alternative zum Sittenverfall, und man darf sich fragen, was Personen dieser Art von Frauen halten und wie sie mit Frauen umgehen, die nicht einmal den Hidschab tragen, ja, wie sie Koptinnen betrachten und welches Islambild sie vermitteln, wenn sie in westlichen Ländern leben.

Drittens praktizieren sie eine Art Frömmigkeit, die nicht auf einer spirituellen Erfahrung aufbaut, sondern auf Vergleich und Abgrenzung. Nach ihrer Sicht führt der Weg zur religiösen Tugend nicht über Selbstdisziplin mittels guter Taten und über Unterdrückung von Begierden, sondern durch die Verkündigung ihrer religiösen Überlegenheit über andere. Sie beziehen aus ihrem Anderssein eine Kraft, die sie zu Arroganz und Anmaßung führt. Sie halten allein sich selbst für wahrhaft gläubig und sehen für alle anderen nur zwei Möglichkeiten: entweder diskussionslos ihre Vorstellungen zu übernehmen oder Ziel ihrer Verfluchungen und Beleidigungen zu werden. Sie leben in einer Wahnwelt, die ihnen mühsames Nachdenken über ihre eigentlichen Probleme erspart. Für sie besteht die Welt aus zwei Lagern: aus Muslimen, die bis ins Detail ihren Ansichten folgen, und aus den Feinden des Islams, einschließlich Säkularisten, Gottlosen und Verworfenen. Diese dualistische Sichtweise, naiv und extremistisch, wie sie ist, führt sie leicht zu Hass und Aggressivität, nicht zu Liebe, Toleranz und die Anerkennung von Unterschieden – Werte, die die wahre Religion vertritt.

Viertens bemerkte ich, dass ihre Zuschriften meist voller grammatischer und sprachlicher Fehler sind, woraus ich schließe, dass sie ihr religiöses Wissen mehr durch Zuhören als durch eigene Lektüre erworben haben, also wohl meist durch Satellitenfernsehkanäle, die sich durch Ölgelder finanzieren und fundamentalistische wahhabitische Lehren propagieren. Gestern schaute ich in einen dieser Kanäle, als ein berühmter Prediger gerade die folgende Geschichte erzählte: »Einmal war der Prophet Muhammad bei jemandem zum Essen eingeladen. Er aß alles, was man ihm vorsetzte, nur nicht die Zwiebeln. Als ihn sein Gastgeber nach dem Grund dafür fragte, erwiderte er, er esse nie rohe Zwiebeln, damit die Engel, wenn sie ihm Offenbarungen brächten, nicht von seinem Mundgeruch abgestoßen würden.« Das ist das Niveau der religiösen Bildung, mit der diese Kanäle die Gehirne einfacher Menschen vollstopfen. Eine weitere Kommentierung erübrigt sich wohl.

Fünftens habe ich festgestellt, dass die Religion für fromme Menschen dieser Art nur eine Angelegenheit formalen Rituals ist, die spezifische Prozeduren verlangt, weshalb sie auch keinen Widerspruch zwischen ihrer Frömmigkeit und der Beleidigung anderer erkennen können. Diese falsche Religiosität, die Glaube und Verhalten voneinander getrennt hält, breitet sich epidemisch in unserem Land aus. Inzwischen finden wir viele Menschen, die peinlich genau die Rituale der Religion befolgen, deren Verhalten in weltlichen Dingen jedoch den Anschein Lügen straft. In Ägypten werden wir leider immer gewissenhafter in religiösen Äußerlichkeiten und immer weniger religiös. Bevor sich die wahhabitischen

Ideen hier ausbreiteten, legte man weniger Wert auf den Schein der Religion und mehr auf die Religion an sich – man war gerechter, ehrlicher, toleranter.

Schließlich ist der bedenklichste Aspekt dieser falschen Religiosität die vollständige Trennung des Privaten vom Öffentlichen. Die Personen, die die Website der Zeitung *al-Schuruk* mit Beleidigungen bombardierten, bildeten sich wohl ein, auf diese Weise den Islam zu verteidigen. Doch sie leben in einem Ägypten, wo Millionen von Menschen bettelarm, arbeitslos, unwissend und krank sind, wo Menschen umkommen, während sie für Brot anstehen oder um etwas sauberes Wasser kämpfen. Indessen hindert die falsche Religiosität diese Personen, irgendein Phänomen dieser Art objektiv zu analysieren, weil ihrer Meinung nach Armut entweder die Strafe oder der Wille Gottes ist. Sie sind unfähig, darin die natürliche Konsequenz von Korruption und Despotismus zu sehen. Außerdem ist diese falsche Religiosität völlig unpolitisch, weil ihre Vertreter von den wahhabitischen Scheichen gelernt haben, dass es ihre Pflicht sei, einem muslimischen Herrscher zu gehorchen, auch wenn er ungerecht und korrupt ist. Das lässt sie die Despotie akzeptieren. Sie finden sich zu wütenden Demonstrationen gegen den Beschluss der französischen Regierung zusammen, den Hidschab in französischen Schulen zu verbieten, während in ihren eigenen Ländern die Wahlen regelmäßig gefälscht werden und Tausende junger Menschen, übrigens meist Islamisten, ihre besten Jahre ohne Prozess im Gefängnis verbringen. Ägypter werden misshandelt und aufs Grausamste gefoltert, ihre Frauen auf Polizeistationen und in den Kasernen der Staatssicherheit vor ihren Augen vergewaltigt. Doch das erregt keinen religiösen Zorn bei ihnen, da zu der Religion, die man ihnen beigebracht hat, nicht gehört, allgemeine menschliche Werte wie Freiheit, Gleichheit, Gerechtigkeit zu verteidigen. Sich in Ägypten der Ungerechtigkeit und der Despotie zu widersetzen, kann einen teuer zu stehen kommen. Man kann seine Freiheit, seine Würde, vielleicht sogar sein Leben verlieren. Dagegen ist die Beschimpfung anderer Menschen im Internet, versteckt hinter einem Pseudonym, eine einfache und billige Art des Kampfes.

All das hat mich wieder einmal gelehrt, dass es in Ägypten zwei Schlachten zu schlagen gilt: die Schlacht um die demokratische Reform, um die Weitergabe der Macht durch Präsident Mubarak (als wäre das Land eine Hühnerfarm) an seinen Sohn zu verhindern und das Recht der Ägypter auf Freiheit und Gerechtigkeit zu erkämpfen; und eine andere Schlacht, parallel dazu und nicht weniger wichtig, zur Verteidigung einer kultivierten, offenen Interpretation des Islams in Ägypten angesichts der Invasion reaktionärer und rückständiger wahhabitischer Ideen, die dabei sind, unser kulturelles Erbe zu tilgen und unser großes Land in ein Taliban-Emirat zu verwandeln.

Demokratie ist die Lösung.

28. Juli 2009

Fotogene Frömmigkeit

In den 1960er Jahren gab es in unserer Familie einen Ashar-Gelehrten namens Scheich Abdalsalam Sarhan, eine imponierende Gestalt,
deren asharitische Tracht und weithin hörbare Stimme einschüch-
ternd wirkten. Wir, damals Kinder, liebten ihn, weil seine Taschen
immer voller Kaugummis waren, die er an uns verteilte. Wenn
Leute in einer Rechtsfrage seine Meinung suchten, empfing er sie
zuvorkommend bei sich zu Hause und erklärte ihnen die Regeln
des Islams. Sich diese Dienste bezahlen zu lassen, wäre damals
undenkbar gewesen. Alles, worum er die Leute bat: ihn und seine
Familie in ihr Gebet einzuschließen. Von ihm, Gott habe ihn selig,
lernte ich, dass ein wahrhafter Mann der Religion als bedeutende
Persönlichkeit mindestens ebenso viel Respekt verdient wie ein Arzt
oder ein Richter. Ich lernte auch, dass die wahre Aufgabe der
Ulema[*] darin besteht, den Menschen die Vorschriften der Religion
näherzubringen. Doch Scheich Abdalsalams Zeit ist vorüber, Ägypten hat sich verändert und eine neue, in jeder Hinsicht andere
Predigergeneration ist herangewachsen. Da die Ägypter von Natur
aus fromme Menschen sind und sich aufgrund der in ihrer Welt
herrschenden Armut, Ungerechtigkeit und Demütigung in wach-
sendem Maße Gott zuwenden, da es Millionen von Analphabeten

---

[*] Ulema: islamische Religions- und Rechtsgelehrte.

gibt und der Zugang zu den ursprünglichen Quellen des Islams selbst Menschen mit Schulbildung Mühe bereitet, wurden diese neuen Prediger für Millionen von Ägyptern zur Hauptquelle religiöser Kenntnis, weshalb sie eine zentrale Rolle für die Bildung des öffentlichen Bewusstseins spielen. Aus diesem Grund und um dieses Phänomen zu verstehen, sollten wir sie ein wenig näher unter die Lupe nehmen.

Erstens: Die meisten dieser Prediger verfügen nicht über eine akademische Ausbildung in den religiösen Wissenschaften, weshalb ihr Erfolg nicht auf ihre profunden Kenntnisse der Religion zurückgeht, sondern eher auf ihre Überzeugungskraft und ihre persönliche Attraktivität. Deshalb legen sie so großen Wert darauf, gepflegt und elegant aufzutreten und sich einer einfachen, einem möglichst weiten Publikum zugänglichen Sprache zu bedienen. Innerhalb von gerade einmal zehn Jahren sind diese Prediger in jeder Hinsicht zu einem festen Bestandteil des Medienmarktes geworden, und das von ihnen verlangte Honorar richtet sich nach der Höhe der von ihrem jeweiligen Programm angelockten Werbung. Diese erhöht sich natürlich mit dem Anwachsen der Zuschauer, und damit werden die bestbezahlten Prediger diejenigen, deren Programme am meisten »einspielen«. Nur soviel dazu: Im vergangenen Jahr bewegte sich ihr Einkommen zwischen 150 000 und einer Million Pfund monatlich, und manche haben inzwischen neue Wege beschritten, um ihren Rat in Fragen des islamischen Gesetzes zu verkaufen. Einige haben islamische Hotlines eingerichtet, andere begleiten für hanebüchene Honorare reiche Personen auf der großen oder kleinen Pilgerfahrt (*hagg* oder *umra*) nach Mekka. *Forbes Magazine* veröffentlichte die Einkommen einiger dieser Prediger; sie sind enorm. Natürlich wünschen wir jedermann ein solides Auskommen, wir sollten uns aber gleichzeitig daran erinnern, dass der

Prophet Muhammad arm lebte und arm starb und dass seine Gefährten nie mit Predigen Geld verdienten, dass sie vielmehr das Geld im Dienste der Verbreitung der islamischen Botschaft einsetzten. Während der gesamten islamischen Geschichte ist man mit dem Aufruf, sich Gott zuzuwenden, nie reich geworden. Mir vorzustellen, wie Millionen armer Ägypter, die in Hütten und Grabstätten wohnen, sich um den Fernseher scharen, um jemanden über die Religion sprechen zu hören, und wie diese Menschen am Monatsende genauso elend sind wie eh und je, während die Konten der Prediger um eine Million Pfund angewachsen sind, finde ich unerträglich.

Zweitens: Viele der neuen Prediger legen es darauf an, bei ihren Präsentationen religiöse Gefühle in den Zuhörern wachzurufen. Das geht so weit, dass der Prediger zu schluchzen beginnt und sein Publikum zum Weinen bringt, aus Furcht vor Gott! Hier gibt es einen weiteren auffallenden Widerspruch. Jeder, der einmal im Fernsehen war, weiß, dass der Umgang mit den verschiedenen Kameras während der Aufnahme Vorbereitung und Erfahrung erfordert. Bei allem Respekt frage ich mich doch, wie es einem Prediger gelingt, seine tiefen religiösen Empfindungen, die ihn weinen lassen, und den Umgang mit den Kameras, die sich entsprechend den Anweisungen des Produzenten bewegen, unter einen Hut zu bringen.

Drittens: Die Ausführungen dieser Prediger befassen sich ausschließlich mit rituellen Handlungen und anderen Äußerlichkeiten: dem Hidschab, dem Gebet, dem Fasten, der großen und kleinen Pilgerfahrt. Dagegen habe ich natürlich nichts einzuwenden, aber sie reden nie von Freiheit, Gerechtigkeit, Gleichheit, denjenigen Prinzipien also, die zu verwirklichen der Islam einst angetreten ist. Die Vorstellung, die sie verbreiten, lautet: Moralische Tugenden sind das Allheilmittel für menschliches Leid, obwohl tatsächlich moralische Tugenden keineswegs Gerechtigkeit schaffen. Die Millionen in Elend und Entwürdigung vegetierender Ägypter sind in erster Linie Opfer eines korrupten und repressiven autoritären Systems. Das ist der Grund für ihre Misere, und ihr Leid kann ohne eine Veränderung ihrer Verhältnisse nicht beendet werden. »Wenn ebenso viele Personen das frühmorgendliche Gebet sprechen, wie zum Freitagsgebet gehen, wird Jerusalem befreit werden«, heißt es da, doch wir beobachten, dass die Zahl der Betenden in Ägypten zwar ständig zunimmt, sie aber gleichzeitig nicht aus ihrer elenden und miserablen Situation herauskommen, weil, wie der Koran sagt, Gott unsere Verhältnisse nicht verändert, wenn wir nicht selbst darauf hinarbeiten. Das Gebet allein reicht nicht.

Viertens: Diese Art des Religionsverständnisses, das dem herrschenden Regime die Verantwortlichkeit abnimmt und die Menschen mit der Ungerechtigkeit weiterleben, statt sich gegen sie erheben lässt, erklärt die Sympathie der Sicherheitsorgane für die neuen Prediger. In seinem wichtigen Buch *Zâhirat ad-du'ât al-ǧudud* (Das Phänomen der neuen Prediger) zeigt Professor Wael Lotfi, dass diese Prediger ausnahmslos mit den Sicherheitsorganen kooperieren, dass sie sich vor ihren Auftritten mit Sicherheitsbeamten darüber absprechen, was man, sei es in der Moschee oder im Fernsehen, sagen kann und was nicht. Wir erinnern uns alle daran, wie sich diese Prediger gegen die öffentlichen Solidaritätsbekundungen für die Palästinenser und die Iraker ausgesprochen haben. Wie sie die Menschen aufgerufen haben, zu beten und zu fasten, statt zu demonstrieren. Das war genau das, was sie mit den Sicherheitsorganen vereinbart hatten, und eine Verletzung solcher Vereinbarungen käme sie teuer zu stehen. Die Folgen könnten vom Predigtverbot bis zur Ausweisung aus Ägypten reichen, wie jüngst in einem Fall geschehen.

Fünftens: Muslimische Rechtsgelehrte sind sich nicht darüber einig, ob man für die Erstellung eines Rechtsgutachtens ein Honorar verlangen darf oder nicht. Manche halten es für legitim, wenn ein solches Honorar vom Staat kommt, andere nur, wenn es dem nötigen Unterhalt des Rechtsgelehrten und seiner Familie dient. Achmad ibn Hanbal (780 – 855), der berühmte Rechtsgelehrte, vertrat die Ansicht, wer eine Fatwa* ausstelle, sollte wohlhabend genug sein, kein Honorar zu benötigen. Dabei liegt die Idee zugrunde, dass der Religionsgelehrte wie ein Richter einen Disput entscheidet und deshalb unabhängig sein muss. Und viele Ägypter, ich eingeschlossen, finden es problematisch, dass die Ashar-Gelehrten vom Staat ernannt und bezahlt werden. Dadurch gefährden sie ihre Neutralität und bringen sich in Schwierigkeiten, wenn sie eine Entscheidung gegen den Willen des Staates treffen. Ähnlich, wenn auch mit anderen Vorzeichen, liegt der Fall bei den neuen Predigern, die fürstlich von den Satellitenfernsehkanälen bezahlt werden, die entweder dem Volk oder (meist saudischen) Institutionen gehören, was ganz sicher einen Einfluss auf ihre Neutralität hat, sobald es die Interessen der Eigentümer tangiert. Das wurde nur allzu sichtbar während des letzten israelischen Kriegs gegen den Libanon, als die meisten Araber und Muslime die Hisbollah unterstützten und ihren Triumph feierten, während die saudische Regierung sich gegen die Hisbollah und den Iran stellte. Das machte die Situation der neuen Prediger etwas schwierig. Während israelische Kampfflugzeuge international geächtete Bomben abwarfen, die die Haut libanesischer Kinder verbrannten, schwiegen die meisten neuen Prediger. Einer von ihnen wartete volle drei Wochen, bis er eine schlaffe Verlaut-

---

* Fatwa: Islamisches Rechtsgutachten, das von einer im islamischen Recht versierten Person ausgestellt wird.

barung herausgab, in der er die Muslime, wie üblich, zu beten aufrief. Dann beschrieb er die libanesischen Opfer als »Verstorbene«,
nicht als »Märtyrer«, ganz im Einklang mit der saudischen Haltung
den Schiiten gegenüber.

Die neuen Prediger spielen eine wichtige Rolle bei der Verzö-
gerung des Wandels, den wir für Ägypten erhoffen. Wenn wir uns
fragen, warum denn die Ägypter sich nicht gegen Ungerechtigkeiten erheben, die in anderen Ländern eine Revolution auslösen
würden, gilt es zu verstehen, dass allein die Existenz von Unrecht
oder das Bewusstsein dafür nicht ausreichen, eine Revolution aus-
zulösen. Eine Revolution wird durch das Bewusstsein der Gründe
des Unrechts ausgelöst, und das heißt, dass alles, was die Menschen
hindert, sich ihrer Rechte bewusst zu werden, der Despotie in die
Hand spielt.

Demokratie ist die Lösung.

2. August 2009

Was kann die Kopten schützen?

Jahrelang arbeitete ich in einer Praxis mit einem koptischen Zahnarzt zusammen. Wir wurden rasch Freunde. Er war ein angenehmer Mann, gewissenhaft bei der Arbeit und aufrichtig im Umgang mit anderen, aber wie so viele Ägypter lebte er völlig ohne Bezug zum öffentlichen Leben und hatte von den meisten politischen Vorgängen keine Ahnung. Für ihn waren die Grenzen der Welt seine Arbeit und seine Familie. Bei den letzten Wahlen fehlte er zu meiner Überraschung an seinem Arbeitsplatz, und als ich ihn fragte, was los gewesen sei, erklärte er mir, er sei zur Wahl gegangen, um für Präsident Mubarak zu stimmen. Das kam mir seltsam vor, und ich wollte wissen, warum er sich denn an einer Wahl beteilige, die wie üblich gezinkt sei. »Man hat uns«, erklärte er nach kurzem Zögern in seiner üblichen Offenheit, »in der Kirche nahegelegt, für den Präsidenten zu stimmen, und hat sogar Busse organisiert, die uns zum Wahllokal brachten.«

Diese Geschichte fiel mir wieder ein, als ich die Äußerungen von Papst Schenuda las, der innerhalb einer Woche Gamal Mubarak zweimal seine Unterstützung für die Präsidentschaft zusicherte und damit deutlich machte, dass die ägyptische Kirche der Idee, wonach der Präsidentensohn Gamal die Präsidentschaft von seinem Vater übernehmen sollte, wohlwollend gegenübersteht. Das ist ein in der Geschichte Ägyptens nie dagewesener Vorgang, der nach ein paar Bemerkungen verlangt.

Erstens: Papst Schenuda stellt eher eine spirituelle als eine politische Autorität dar. Er ist das geistige Oberhaupt der Kopten, nicht ihr politischer Führer. Er überschreitet also, bei allem Respekt, seine Befugnisse, wenn er sich politisch im Namen der Kopten äußert. Wenn wir auf die Einrichtung eines säkularen Staates in Ägypten hinarbeiten, in dem alle Bürger ohne Ansehen der Religion gleiche Rechte besitzen, so verlangt das eine Trennung der Religion von der Politik – genau das Gegenteil dessen, worauf Papst Schenuda hinwirkt. Er verwendet seine religiöse Funktion, um seinen eigenen politischen Standpunkt den Kopten aufzudrängen. Damit vereinnahmt er ihr Recht, politische Ansichten zum Ausdruck zu bringen, die mit den seinen nicht notwendigerweise übereinstimmen.

Zweitens: Niemand hat das gegenwärtige Regime in Ägypten gewählt, die Ägypter haben es nicht selbst und frei bestimmt. Dieses Regime hat sich mit Hilfe von Repression, Verhaftungen und gefälschten Wahlen an die Macht gebracht und hat durch seine untaugliche und korrupte Politik Millionen Ägypter ins Elend gestürzt. Ich habe keine Zweifel, dass Papst Schenuda, wie allen Ägyptern, diese Fakten bewusst sind, und ergreife diese Gelegenheit, Seine Heiligkeit zu fragen, ob es wirklich im Einklang mit den Lehren Christi steht, dass er sich, entgegen den Wünschen des Volkes und ihrem Recht, seine Herrscher frei zu wählen, auf die Seite eines korrupten und repressiven Systems stellt, dass er das Leid der Millionen von Opfern dieses Regimes übersieht, einschließlich derer, die wegen Schlamperei und unsaubere Geschäfte ums Leben kamen, und derer, die unter menschenunwürdigen Bedingungen dahinvegetieren. Ob es wirklich im Einklang mit den Lehren Christi steht, dass er sich für die Weitergabe des ganzen Landes vom Vater auf den Sohn ausspricht, als wären die Ägypter Vieh oder Geflügel. Seine Heiligkeit der Papst behauptet, er unterstütze das Erbfolgesystem

nicht, er sage lediglich voraus, dass Gamal Mubarak die Präsidentschaftswahl gewinnen werde. Doch da sei die Frage erlaubt, warum er denn, da er doch sicher um all die Wahlfälschungen weiß,
diese Tatsache in seinen Verlautbarungen unerwähnt lässt. Entspricht diese Art der Vertuschung den Lehren Christi?

Drittens: Papst Schenuda unterstütze, so wird gesagt, die Despotie und das Erbfolgesystem aus Sorge um die Kopten. Demokratie,
so fürchte er, werde wahrscheinlich die Muslimbruderschaft an die
Macht bringen. In Wahrheit hat das Regime ganz bewusst Rolle
und Einfluss der Muslimbrüder hochgespielt, um sie als Schreckgespenst gegenüber all denen einsetzen zu können, die nach Demokratie rufen. Wichtiger aber ist noch, dass die Despotie niemals
irgendjemanden vor religiösem Extremismus schützt, weil dieser
eben gerade ein Symptom der Despotie ist. Erinnern wir uns doch
daran, dass die Muslimbruderschaft selbst auf dem Höhepunkt
ihres Einflusses im Jahre 1950 bei den letzten freien und fairen
Wahlen vor der Revolution keinen einzigen Parlamentssitz erhielt.
Die Wafd-Partei errang damals wie üblich in einem Erdrutschsieg
die Mehrheit der Sitze. Die Wahlerfolge der Muslimbrüder während der letzten Jahre waren nicht das Ergebnis ihrer Popularität,
sondern die Folge von Wahlabstinenz. Wenn die Leute wirklich
wählen gingen, würden die Muslimbrüder nicht gewinnen, aber an
die Urne gehen die Menschen nur, wenn sie den Eindruck haben,
die Wahlen seien frei und fair. Ganz im Gegensatz zu den Befürch-
tungen von Papst Schenuda, werden freie Wahlen die Gefahr des
religiösen Extremismus beseitigen.

Viertens: Die Kopten in Ägypten werden verfolgt. Das ist eine
unbestreitbare Tatsache. Aber auch Muslime werden verfolgt. Alle
Klagen, die die Kopten vorbringen, sind richtig, aber wenn sie sich
umschauten, würden sie feststellen, dass diese Ungerechtigkeiten

auch Muslime treffen. Die meisten Ägypter leiden unter dem Fehlen von Gerechtigkeit, Gleichheit, von Perspektiven, menschenwürdiger Behandlung und ihrer Menschenrechte, da Ägypter nur etwas werden können, wenn sie das herrschende Regime unterstützen. Es gibt zwei Wege, das Los der Kopten zu verbessern: Entweder sie beteiligen sich als Ägypter an der nationalen Bewegung, die nach Gerechtigkeit für alle Ägypter strebt, oder sie hängen sich als Minderheit an das Regime, um Privilegien als religiöse Gruppe zu ergattern. Die zweite Option ist falsch und ausgesprochen gefährlich. Papst Schenudas Stellungnahme von jüngst sendet bedauerlicherweise dem Regime die Botschaft, dass die Kopten Despotie und die Vererbung der Präsidentschaft begrüßen, wenn das Regime dafür ihre Forderungen erfüllt. Das klingt, als wollte der Papst der Kopten Präsident Mubarak sagen: »Geben Sie uns Kopten die Privilegien, die wir verlangen, dann können Sie mit den anderen Ägyptern tun, was Sie wollen; diese gehen uns nichts an.«

Fünftens: Dieser bedauerliche Standpunkt, den Papst Schenuda vertritt, ist unvereinbar mit der Geschichte der Kirche, deren Repräsentant er ist. Die patriotische Geschichte der Kopten ist nämlich für jeden Ägypter eine wahre Quelle des Stolzes. Auf dem Stuhl, den zurzeit Papst Schenuda innehat, saß einst ein großer Mann namens Papst Cyril V., der mit ganzer Kraft die nationalistische Bewegung gegen die britische Besetzung unterstützte und selbst am Urabi-Aufstand von 1879 – 1892 und an der Revolution von 1919 teilnahm. Während Saad Saghlul im Exil war, boykottierten alle Ägypter die von der britischen Regierung entsandte Milner-Kommission, die die Forderungen der Revolution eindämmen sollte. Und in der Absicht, religiösen Zwist zu säen, ernannte die britische Verwaltung in Ägypten Jussuf Wahba Pascha, ein Kopte, an Stelle von Saad Saghlul zum Premierminister. Daraufhin sagte sich die damals patriotische Kirche nach einer einzigen Beratung vom neuen Premierminister los und erklärte, dieser repräsentiere nur sich selbst, die Kopten dagegen stünden, wie alle anderen Ägypter, auf Seiten der Revolution und ihres Führers. Es war dann sogar ein Student aus einer wohlhabenden koptischen Familie, Arjan Jussuf Saad, der eine Bombe auf die Autokolonne des Premierministers warf, um den Protest der Nation gegen diesen Verrat zum Ausdruck zu bringen. Der Verlag *Dar al-Schuruk* hat vor kurzem Arjan Jussufs Memoiren veröffentlicht, und ich hoffe, Papst Schenuda wird die Zeit finden, darin zu lesen, damit er so stolz auf den Patriotismus der Kopten sein kann wie wir alle.

Als Jussuf Wahba Pascha erfuhr, dass der Bombenwerfer ein Kopte war, fragte er ihn fassungslos, warum er, als kluger Junge, das getan habe. »Weil Sie sich gegen den Konsens des Volkes gestellt haben, Pascha«, antwortete der Gefragte ohne Zögern. Arjan Jussuf wurde über Nacht in ganz Ägypten zum nationalen Helden, und nachdem man ihn zur Befragung festgenommen hatte, nannten ihn alle Offiziere und Polizisten »den Helden«. Selbst der Generalstaatsanwalt, der Arjan unter dem Vorwurf, eine Bombe auf die Wagenkolonne des Premierministers geworfen zu haben, befragte, stand danach auf, schüttelte ihm die Hand, umarmte ihn und sagte: »Gott schütze dich, mein Junge, du bist ein echter ägyptischer Patriot.« Diesen ägyptischen Geist müssen wir jetzt neu beleben, damit wir erreichen, was wir ersehnen und was unser Ägypten verdient. Ich hoffe, Seine Heiligkeit, Papst Schenuda, wird begreifen, dass der Schutz der Kopten nicht zu garantieren ist, indem man sie als Gruppe von den übrigen Ägyptern trennt, und dies im Zusammenwirken mit dem despotischen Regime, das Menschen unterdrückt und misshandelt. Das wäre ein der patriotischen Geschichte der Kopten völlig fremdes Denken.

Was also kann die Kopten schützen? Dass sie sich zunächst als Ägypter betrachten und dann erst als Christen. Dass sie es als ihre Pflicht verstehen, sich dem Kampf für einen gerechten Staat anzuschließen, der alle Bürger, ohne Ansehen der Religionszugehörigkeit, gleich behandelt. Nur Gerechtigkeit kann die Kopten schützen. Sie können nicht für sich Gerechtigkeit in Anspruch nehmen und andere davon ausschließen, sie können keine Gerechtigkeit auf Kosten der Muslime erhalten. Gerechtigkeit muss für alle da sein, und es gibt sie nur auf dem Weg über die Demokratie, denn: Demokratie ist die Lösung.

9. August 2009

Ägypten auf der Ersatzbank

In den 1980er Jahren erwarb ich an der University of Illinois in den Vereinigten Staaten einen Master in Zahnmedizin. Als Voraussetzung dafür verlangte die Universität von den Studierenden, erst eine Anzahl von Kursen zu absolvieren und danach eine Arbeit zu schreiben. Nur in Ausnahmefällen war es hervorragenden Studierenden erlaubt, beides gleichzeitig zu tun. In der Geschichte der Histologieabteilung, an der ich studierte, hatten es nur zwei Studierende, zu verschiedenen Zeiten, geschafft, den Master innerhalb eines Jahres zu erwerben, eine Leistung, die alle Amerikaner sehr bewunderten. Beide waren, ebenso wie ihr Professor, Dr. Abdel Moneim Saki, Ägypter.

Nach meiner Rückkehr nach Ägypten arbeitete ich an verschiedenen Orten als Zahnarzt, unter anderem bei der Torah-Zement-Firma, wo ich nebenbei entdeckte, dass das Labor dieser Firma in der ägyptischen Geschichte eine wichtige Rolle spielte. Bei den Vorbereitungen zum Oktoberkrieg von 1973 entwickelten die dortigen Chemiker, Fachri al-Dal, Nabil Gabriel und andere, in Zusammenarbeit mit den ägyptischen Pioniertruppen eine besondere Art Zement. Nach mühsamer Forschung produzierten sie eine neue, extrastarke, besonders hohen Temperaturen gegenüber resistente Zementvariante, die von ägyptischen Froschmännern bei der Überquerung des Suezkanals verwendet wurde, um Schießöffnungen an

der Bar-Lev-Linie zu verschließen. Als die Israelis die Rohre bereit-
machten, um ihr Napalm abzufeuern, das das Wasser des Kanals in
ein Höllenfeuer verwandelt hätte, überraschte sie die Fähigkeit
dieses Zements, auch unter großem Druck brennendem Napalm
standzuhalten.

Später las ich eine andere Geschichte. Die Bar-Lev-Linie war eine
der gewaltigsten militärischen Verteidigungslinien in der Geschichte, und man hatte angenommen, nur eine Atombombe könnte sie
zerstören. Doch ein einfallsreicher ägyptischer Ingenieur namens
Bali Saki, Generalmajor bei den Pionieren, der sich intensiv mit
dem Baumaterial der Linie befasst und herausgefunden hatte, dass
die ganze Befestigung aus Erde bestand, kam auf eine einfache, aber
geniale Idee. Er entwickelte eine Wasserkanone, die einen hohen
Wasserdruck mit einer außergewöhnlichen Durchschlagskraft entwickelte. Bei der Überquerung des Kanals nun bedienten sich die
ägyptischen Soldaten dieses Wasserstrahls gegen die Bar-Lev-Linie,
die wie ein Stück Käse zusammenbrach.

Es gäbe vieles zu sagen über die Genialität der Ägypter. Ist Ihnen
das Ausmaß des ägyptischen Braindrains Richtung Europa, Amerika
und Australien bekannt? Um die 824 000 Ägypter mit Hochschul-
abschlüssen (das entspricht der Bevölkerung manches arabischen
Landes) sind ausgewandert, darunter dreitausend Wissenschaftler
aus wichtigen Bereichen wie der Atomtechnik, der Genforschung
und der künstlichen Intelligenz. Sie alle hätten nur zu gern die Gelegenheit gehabt, ihrem eigenen Land zu dienen. In den Golfstaaten
ist der ägyptische Genius am sichtbarsten. Diese Staaten, die mit
ihrem Erdöl täglich Millionen von Dollar einnehmen, haben reiche
neue Städte gebaut und gigantische Firmen gegründet. Ägypten hat
Persönlichkeiten hervorgebracht wie Ahmad Zewail, Magdi Jaakub,
Nagib Machfus, Abdel Wahhab, Umm Kulthum und Tausende

kreativer Menschen, weil die Kreativität eines Volkes nichts mit Reichtum zu tun hat, sondern mit einer über Generationen gewachsenen kulturellen Erfahrung. Diese kulturelle Kumulation findet sich in Ägypten mehr als sonst wo in der arabischen Welt, und die arabischen Ölländer verdanken für alle ihre Errungenschaften den Ägyptern sehr viel. Es waren Ägypter, die an Schulen und Universitäten unterrichtet haben, die dort Städte planten und ihren Bau beaufsichtigten, die Radio- und Fernsehstationen einrichteten und die Verfassungen und Gesetze entwarfen. Selbst die Nationalhymnen dieser Länder wurden sehr oft von Ägyptern geschrieben und vertont.

Da nun ägyptische Kreativität eine nicht zu leugnende Tatsache ist, stellt sich die Frage, warum das Land im Konzert der Staaten dieser Welt so weit zurückgefallen ist und warum die meisten Ägypter ein so elendes Leben führen. Die Antwort lässt sich in einem Wort zusammenfassen: Despotie. Ägyptisches Talent wird so lange vergeudet werden, ägyptisches Potential wird so lange brachliegen, wie das politische System despotisch und repressiv bleibt. Öffentliche Ämter gehen immer an die Gefolgsleute des Regimes, egal welche Kompetenz oder Ausbildung sie dafür mitbringen. Und wer ein Amt innehat, ist nicht so sehr an der Erfüllung seiner Aufgaben interessiert wie daran, welche Wirkung er auf den Herrscher hat, da dieser allein ihn entlassen kann. Selbst meist ohne Begabung, zeigen sie sich allen kompetenten Personen gegenüber feindselig, da sie sich persönlich und beruflich bedroht fühlen. Die Maschinerie des ägyptischen Regimes schließt routinemäßig kompetente und talentierte Personen aus und öffnet das Tor für Sykophanten und Jubler. Möglicherweise sind wir weltweit das einzige Land, in dem ein Minister, der im Bereich des Wohnungsbaus versagte, allein deshalb die Verantwortung über den Erdölsektor übernimmt, von dem er nichts versteht, weil der Präsident ihn mag. Möglicherweise sind wir auch das einzige Land, wo jemand zum Premierminister gemacht wird, der noch nie in seinem Leben an einer politischen Sitzung teilgenommen hat.

Das ägyptische Volk ist nie wirklich gefordert worden, oder doch nur sehr selten, wie im Abnützungskrieg, im Oktoberkrieg oder beim Bau des Hochdamms von Assuan. Bei diesen wenigen Malen haben die Ägypter die Herausforderung mit Auszeichnung gemeistert, doch danach gingen sie immer wieder zurück auf die Ersatzbank. Wir Ägypter sind wie talentierte Fußballspieler, die der Trainer aber nicht mag, nicht achtet, und denen er keine Chance geben will. Stattdessen schickt er eine Mannschaft von heruntergekommenen Verlierertypen aufs Feld, die nur Niederlagen einstecken. Nach den Fußballregeln aber darf ein Spieler, der die ganze Saison auf der Ersatzbank zugebracht hat, seinen Vertrag auflösen. Ganz Ägypten sitzt seit dreißig Jahren auf der Ersatzbank und schaut, ohne eingreifen zu können, bei Niederlage um Niederlage zu. Hat Ägypten damit nicht das Recht, ja, die Pflicht, den Vertrag aufzulösen?

Bei meinem letzten Besuch in New York traf ich wie üblich zahlreiche ägyptische Universitätsabsolventen, die als Kellner in Restaurants oder als Angestellte an Tankstellen arbeiten. Als ich eines Nachts die 42. Straße entlangging, stieß ich auf einen Karren, an dem Hot Dogs verkauft wurden. Weil der Verkäufer wie ein Ägypter aussah, sprach ich ihn an, und fand zu meiner Überraschung heraus, dass er einen Abschluss von der Medizinischen Fakultät an der Ain-Schams-Universität besaß. Er bot mir einen Pfefferminztee an, und ich setzte mich zu ihm auf die Straße. Als ein Kunde kam, stand er auf, um ihm einen Hot Dog zu machen, und da wurde mir klar, dass ich hier ein lebendes Beispiel dafür sah, was das ägyptische

Regime mit der Bevölkerung macht. Dieser junge Mann hatte hart und seriös gearbeitet, um an die Universität zu kommen, er hatte ein vollständiges Medizinstudium absolviert, und nun verkaufte er Hot Dogs an Passanten. Er setzte sich wieder zu mir, zündete eine Zigarette an und sagte, als hätte er meine Gedanken erraten: »Wissen Sie, manchmal habe ich das Gefühl, mein Leben sei verpfuscht. Ich fürchte, ich werde nie etwas anderes tun, als hier Hot Dogs zu verkaufen. Aber dann sage ich mir, dass ich hier zwar ein Hot-Dog-Verkäufer, aber auch ein respektierter Bürger bin, während ich in Ägypten vielleicht Arzt wäre, gleichzeitig aber keinerlei Rechte besäße und keinen Respekt genösse.« Sein Vater, so erzählte er, ein Angestellter im Ministerium für religiöse Angelegenheiten, habe keine Mühe gescheut, ihm und seiner Schwester eine Ausbildung zu ermöglichen. Doch nach dem Abschluss seines Studiums habe er die ›drei keine‹ entdeckt: keine Arbeit, keine Heirat, keine Zukunft. Dann habe er sich klargemacht, dass Arbeit am Golf demütigend und unsicher sei und dass die Fortsetzung der Studien seine Mittel überschritte. Er habe dem einzigen Mädchen, das er je liebte, mitgeteilt, sie solle ihn vergessen, er könne sie nicht heiraten, und auch auf ihn zu warten sei nutzlos.

Er hielt eine Weile inne, bevor er mich, im Versuch, heiter zu wirken, fragte, ob ich Mohamed Munir hören wolle. Er besitze alle seine Aufnahmen. Er nahm ein Kassettengerät von seinem Karren und ergänzte die triste Szene durch Munirs Stimme. Es war ziemlich kalt und das Heizgerät neben dem Karren völlig unzureichend. Wir zogen unsere Mäntel enger und pusteten, ohne große Wirkung, in unsere Hände. Kunden gab es keine mehr, die Straße war fast menschenleer, aber er musste, so die Anordnung des Eigentümers des Karrens, bis zum Morgen ausharren. Ich saß noch lange bei ihm, wir sprachen und lachten, und als ich mich verabschiedete, schloss er mich fest in seine Arme, wortlos. Wir mussten nichts sagen. Ich konnte völlig mit ihm mitfühlen. Ich ging ein paar Schritte, ohne mich umzusehen, doch dann rief er mir laut hinterher. Als ich mich umdrehte, lächelte er und sagte: »Hören Sie, grüßen Sie Ägypten von mir. Es fehlt mir sehr.«

Demokratie ist die Lösung.

25. August 2009

Sind die Ägypter wirklich religiös?

Jahrelang arbeitete ich als Zahnarzt in einer großen staatlichen Firma mit Tausenden von Arbeitern. Während ich eines Tages einen Patienten behandelte, öffnete sich die Tür der Krankenstation, und ein Mann trat ein, der sich als Dr. Machmud vorstellte. Er sei der Apotheker, erklärte er und forderte mich auf, mit anderen zusammen das Mittagsgebet zu verrichten. Ich lehnte ab und erklärte, ich müsste erst meine Arbeit zu Ende führen und würde dann beten. Es entspann sich eine Diskussion, die fast zum Streit wurde, da er darauf bestand, ich sollte den Patienten sein lassen und beten kommen, während ich darauf bestand, weiterzuarbeiten. Nach diesem Zwischenfall fand ich heraus, dass Dr. Machmuds Denken bei den Angestellten der Firma weit verbreitet war. Sie waren fromm bis zum Gehtnichtmehr. Die Frauen trugen allesamt ein Kopftuch, und spätestens eine halbe Stunde vor dem Mittagsgebet stellten alle die Arbeit ein und begannen, die rituelle Waschung zu vollziehen. Dann legten sie auf dem Flur Matten aus und bereiteten sich so auf das gemeinsame Gebet vor. Natürlich nahmen sie auch an der großen oder kleinen Pilgerfahrt teil, die die Firma alljährlich organisierte. Nicht dass ich etwas dagegen gehabt hätte. Frömmigkeit ist etwas Wunderbares. Doch ich fand rasch heraus, dass viele der Angestellten zwar streng ihre rituellen Pflichten befolgten, sich gleichzeitig aber schwere Vergehen zuschulden kommen ließen, indem sie zum Beispiel andere schlecht behandelten, logen und unaufrichtig waren oder Untergebene misshandelten. Manche ließen sich sogar bestechen oder vergriffen sich an öffentlichen Geldern. Ja, über diesen Dr. Machmud, der mich mit so viel Nachdruck zum Beten aufforderte, wurde später bekannt, dass er Abrechnungen frisiert und mit Medikamenten gehandelt hatte.

Was sich in dieser Firma abspielte, geschieht landauf, landab in Ägypten: Die Manifestationen der Frömmigkeit sind so verbreitet, dass eine Gallup-Untersuchung feststellte, die Ägypter seien das frömmste Volk auf Erden. Doch gleichzeitig ist Ägypten führend, was Korruption, Bestechung, sexuelle Belästigung, Betrug und Fälschung angeht. So muss man sich fragen, wie wir gleichzeitig die Frömmsten und die Kriminellsten sein können. Im Jahre 1664 verfasste der berühmte französische Theaterautor Molière sein Stück *Tartuffe*, das von einem völlig korrupten Mann dieses Namens handelt, der seine niedrigsten Sehnsüchte zu befriedigen sucht, während er sich als zutiefst gottesfürchtig ausgibt. Bei Erscheinen des Stücks wetterte die Katholische Kirche lautstark dagegen und verhinderte fünf Jahre lang dessen Aufführung. Doch trotz dieses Banns wurde *Tartuffe* so bekannt, dass man auf Französisch und Englisch einen scheinheiligen, frömmelnden Menschen Tartuffe nennt.

Man darf sich also fragen, ob Millionen von Ägyptern zu Tartuffes geworden sind. Doch ich glaube, das Problem liegt tiefer. Die Ägypter sind wirklich fromm, sie sind aufrichtig gläubig, aber viele von ihnen verhalten sich unmoralisch, und zwar ohne religiöse Gewissensbisse. Natürlich darf man nicht verallgemeinern. Denn einerseits gibt es viele Ägypter, die sich bei all ihrem Tun von ihrem Gewissen leiten lassen. Großartige Juristen, die für die Unabhängigkeit des Rechtswesens und die Würde und Freiheit der Ägypter kämpfen, eine Frau wie Noha al-Seini, die Wahlfälschungen der

Regierung anprangert, oder Jachja Hussein, der sich für den Schutz der öffentlichen Gelder im Omar-Effendi-Unternehmen einsetzt, und viele andere – sie alle sind fromm in des Wortes wahrer Bedeutung. Andererseits hatten die jungen Männer, die am Fest des Fastenbrechens auf offener Straße Frauen belästigten, den Ramadan hindurch gefastet und gebetet. Und die Polizisten, die unschuldige Menschen foltern, die Ärzte und Krankenpfleger, die in öffentlichen Spitälern arme Patienten quälen, die Angestellten, die im Interesse der Regierung Wahlergebnisse fälschen, und die Studenten, die zuhauf betrügen – sie sind zum größten Teil fromm und streng bei der Befolgung der rituellen Pflichten. Gesellschaften erkranken genau wie Menschen, und unsere Gesellschaft leidet an einem Bruch zwischen Glaube und Verhalten, zwischen Frömmigkeit und Ethik.

Diese Krankheit hat verschiedene Gründe, erstens das despotische Regime, das zwangsläufig zu Betrug, Lüge und Scheinheiligkeit führt, und zweitens das zurzeit in Ägypten vorherrschende Religionsverständnis, das mehr Wert auf das Ritual legt als auf das Verhalten, das also Religion nicht als Synonym für Moral ansieht, sondern sie auf ein paar Prozeduren beschränkt, deren Durchführung jemanden fromm mache. Es gibt Leute, die behaupten, dass die gottesdienstlichen Formalitäten in der Religion genauso wichtig seien wie die Moral. In Wirklichkeit sind jedoch alle Religionen angetreten, um menschliche Werte – Wahrheit, Gerechtigkeit und Freiheit – zu verteidigen, neben denen alles andere sekundär ist. Auch die islamische Tradition belegt, dass Ethik das wichtigste Element in der Religion ist, doch bedauerlicherweise begreifen wir das nicht oder wollen es nicht begreifen. Es gibt eine berühmte Geschichte über den Propheten Muhammad. Eines Tages soll er einem Asketen begegnet sein, der Tag und Nacht dem Gebet hingegeben war, und ihn gefragt haben, wer für ihn sorge. »Mein Bruder arbeitet und sorgt für mich«, antwortete der Mann, worauf der Prophet erklärte: »Dein Bruder leistet mehr Gottesdienst als du.« Was das heißt, muss kaum erklärt werden: Jemand, der mit seiner Hände Arbeit seine Familie versorgt, ist vor Gott tugendhafter als der Asket, der all seine Zeit im Gebet verbringt, ohne zu arbeiten.

Dieses eingeschränkte Verständnis der Religion ist einer der Hauptgründe für den Niedergang Ägyptens. Seit zwanzig Jahren hängen auf den Straßen und in den Moscheen Millionen von Postern, auf denen die Ägypterinnen aufgefordert werden, den Hidschab zu tragen. Man stelle sich vor, auf diesen Postern würde zusätzlich noch dazu aufgerufen, sich gegen die Ungerechtigkeit seitens der Regierung zu wenden, sich für die Rechte der Gefangenen einzusetzen oder sich gegen Wahlfälschungen zu wehren! In diesem Fall wäre in Ägypten längst die Demokratie eingerichtet und die Ägypter hätten dem despotischen System längst ihre Rechte abgerungen.

Tugend entsteht nur auf einem von zwei Wegen: durch wirkliche Frömmigkeit, die mit Moral identisch ist, oder allein durch Moral, auch wenn diese nicht auf Religion basiert. Vor einigen Jahren erkrankte meine Mutter an Krebs und wir wandten uns an einen der weltweit besten Krebsspezialisten, Dr. Garcia-Giralt vom Institut Curie in Paris. Dieser bedeutende Wissenschaftler kam zur Behandlung meiner Mutter mehrfach nach Ägypten, weigerte sich aber, ein Honorar anzunehmen, und als meine Mutter darauf bestand, erklärte er, sein Gewissen verbiete es ihm, für die Behandlung der Mutter eines Arztkollegen eine Bezahlung anzunehmen. Dieser Mann hält nicht viel von Religion, aber sein wohlwollendes, großzügiges Verhalten stellt ihn auf die höchste Stufe echter Frömmigkeit. Ich frage mich, wie viele unserer großartigen und frommen Doktoren auch nur einen Gedanken darauf verschwenden würden, auf die Bezahlung seitens eines Kollegen zu verzichten.

Ein anderes Beispiel, das in diesem Zusammenhang gehört, stammt aus dem Jahre 2007. Um das Image des libyschen Regimes auf der Welt aufzupolieren, richtete man unter dem Namen ›Internationaler Gaddafi-Literaturpreis‹ einen alljährlich zu vergebenden Preis mit einer Preissumme von 150 000 Dollar ein. Eine Gruppe arabischer Intellektueller war zusammengestellt worden, um einen Preisträger zu küren, und in jenem Jahr sollte der Preis an den 78-jährigen spanischen Schriftsteller Juan Goytisolo gehen. Dieser schrieb an die Jury, dankte für die erwiesene Ehre und erklärte dann zur allgemeinen Überraschung, er könne keinen Preis von einem Regime annehmen, das sich an die Macht geputscht und danach durch Inhaftierungen und Folter Tausende seiner Gegner misshandelt habe. Goytisolo wies einen Preis im Wert von 150 000 Dollar zurück, weil er ihn nicht mit seinem Gewissen vereinbaren konnte.

Wie viele Intellektuelle oder religiöse Menschen in Ägypten würden einen solchen Preis zurückweisen? Und wer ist nun näher bei Gott: dieser stolze spanische Autor, der bei seiner mutigen und sauberen Entscheidung sicher nicht einmal an die Religion gedacht hat, oder die zahlreichen frommen Ägypter, Muslime oder Christen, die mit despotischen Regimes zusammenarbeiten und dabei über all die Verbrechen dieser Regimes hinwegsehen? Echte Frömmigkeit muss mit Ethik Hand in Hand gehen, denn Moral ohne Frömmigkeit ist um einiges besser als Frömmigkeit ohne Moral, und:

Demokratie ist die Lösung.

31. August, 2009

Mademoiselle Laurences Gram

Laurence ist eine französische Physiotherapeutin, die zu ihrer großen Freude die Gelegenheit erhielt, in Ägypten zu arbeiten. Wie die meisten Franzosen war sie von der ägyptischen Kultur begeistert und träumte davon, den Nil, die Pyramiden und die Pharaonentempel zu sehen. Ich war ihr schon mehrfach in Kairo begegnet, doch als ich sie vor ein paar Tagen wiedersah, erklärte sie mir zu meiner Überraschung, sie habe beschlossen, Ägypten den Rücken zu kehren.

»Und warum?«, wollte ich wissen.

»Weil ich es nicht länger ertrage, als Frau so ausgestellt zu sein.«

»Was meinen Sie damit?«

»Wenn ich auf die Straße gehe, habe ich nie das Gefühl, ein Mensch mit Gehirn und Gefühlen zu sein. Ich habe immer den Eindruck, nur ein Körper, eine für alle ausgestellte Frau zu sein. Jeder Mann, der an mir vorbeigeht, betrachtet meinen Körper auf ganz widerwärtige Art und zieht mich förmlich mit seinen Blicken aus. Außerdem meide ich inzwischen Menschenansammlungen, weil ich erfahren musste: Gedränge heißt Belästigung. Es heißt, dass irgendeine Männerhand sich nach meiner Brust, meinen Schenkeln oder sonst einem Körperteil ausstrecken wird.«

»Passiert das denn immer?«

»Unumgänglich. Und wenn mich der Kerl wegen der Leute nicht

angrapschen kann, quatscht er mich in gebrochenem Englisch an und fragt, ob ich einen Freund oder einen Mann habe, um herauszufinden, ob er mit mir schlafen kann. Manche Männer rufen sogar von der anderen Straßenseite Anzüglichkeiten herüber oder sie pfeifen und winken. Nachdem mich einmal ein Dutzend Männer gleichzeitig angegafft haben, begann ich, in der Metro das Frauenabteil aufzusuchen.«

»Ja tragen Sie denn aufreizende Kleider?«

»Überhaupt nicht. Sie haben mich ja schon ein paarmal gesehen und wissen, wie ich mich anziehe. Ich respektiere die Kultur anderer und weiß, dass Ägypten ein eher konservatives Land ist. Sogar im Sommer, wenn ich ärmellose Kleider trage, lege ich mir immer einen Seidenschal über die Arme.«

»Und diese Art der Belästigung passiert Ihnen in Frankreich nicht?«

»Sehr selten. Nach anderthalb Jahren in Kairo kann ich kaum glauben, was sich hier abspielt. Manchmal habe ich den Eindruck, alle Ägypter litten an einem Sexwahn. Inzwischen habe ich Angst, auf die Straße zu gehen, und wenn ich nichts zu tun habe, bleibe ich ganze Tage zu Hause.«

»Und was werden Sie jetzt tun?«

»Glücklicherweise habe ich eine Arbeit in Griechenland gefunden, und ich brenne darauf, wegzugehen. In Griechenland wird mich wenigstens niemand betatschen oder begaffen oder mich bei der ersten Begegnung ins Bett einladen. Dort kann ich mich als Mensch fühlen, nicht als eine zum sexuellen Gebrauch ausgestellte Frau.«

Diese Unterhaltung mit Laurence hat mich sehr deprimiert. Wie war das möglich in Ägypten, einem Land, von dem man weiß, dass es Ausländer immer höflich und zuvorkommend behandelt hat? Ich sah mir einige Untersuchungen über sexuelle Belästigung in Ägypten an und fand darin beunruhigende Ergebnisse. Das Ägyptische Zentrum für Menschenrechtserziehung fand heraus, dass 98 Prozent der Ausländerinnen in Ägypten schon sexuell belästigt worden waren. Und seltsamerweise dehnt sich die Welle dieser Belästigung parallel zu der enormen Welle oberflächlicher Religiosität aus. Alle diese Bärte, Gallabijas, kreischenden Lautsprecher, salafistisch-wahhabitischen TV-Kanäle, Religionskurse und Manifestationen der Frömmigkeit haben der sexuellen Belästigung nicht Einhalt gebieten können. Warum belästigen Ägypter Frauen? Die herkömmliche Antwort lautet, dass Frauen selbst für die Belästigung verantwortlich sind, weil sie aufreizende Kleider tragen und so die Männer quasi dazu auffordern, sie zu belästigen. Das ist eine perverse und absurde Argumentation, weil sie erstens das Opfer zum Täter macht; weil sie zweitens die Männer zu einer Schar streunender Tiere erklärt, die ihre Instinkte nicht unter Kontrolle kriegen und sich, kaum dass sie ein Stück unbedeckten Frauenkörper sehen, darauf stürzen; weil drittens Ägypterinnen, obwohl sie inzwischen mehrheitlich den Hidschab tragen, nicht vor Belästigung sicher sind, wie die erwähnte Studie zeigt; weil viertens bis zum Ende der 1970er Jahre Ägypterinnen zwar sehr moderne Kleidung trugen, die Arme und Beine frei ließen, aber viel seltener sexueller Belästigung ausgesetzt waren als heute; und weil beispielsweise in Frankreich, wo Frauen im Allgemeinen weniger verhüllt sind, die Rate der sexuellen Belästigung nur etwa bei 20 Prozent liegt, wie die *New York Times* schreibt. Das heißt, dass im frommen Ägypten Frauen vier- bis fünfmal häufiger sexueller Belästigung ausgesetzt sind als im säkularen Frankreich. Tatsächlich ist es so, dass in Gesellschaften mit strikter Geschlechtertrennung wie Saudi-Arabien und Afghanistan sexuelle Belästigung weit häufiger ist als irgendwo sonst auf der Welt. Das Phänomen ist meiner Meinung nach viel komplexer als die Frage nach der weiblichen Bekleidung, und ich bin davon überzeugt, dass es für die grassierende sexuelle Belästigung in Ägypten verschiedene Gründe gibt.

Ein Grund ist die Arbeitslosigkeit. Die Millionen junger Männer, die nach ihrer Ausbildung keine Arbeit finden, sind frustriert und verzweifelt. Sie verlieren ihren Glauben an die Gerechtigkeit, weil sie sehen, dass in Ägypten Voraussetzungen nicht zu Resultaten führen. Harte Arbeit führt nicht notwendigerweise zum Erfolg, akademische Leistungen führen nicht notwendigerweise zu einer anständigen Stelle, und moralisches Engagement führt nicht notwendigerweise zu sozialem Aufstieg. Eher ist das Gegenteil der Fall: oft führt moralische Verkommenheit zu Reichtum. All das drängt junge Männer zwangsläufig zu gewalttätigem Verhalten, und Psychologen versichern uns, dass sexuelle Verbrechen nicht immer zur Befriedigung sexueller Lust begangen werden, sondern dass Männer oft zu sexueller Belästigung greifen, um sich an der Gesellschaft zu rächen, als Ventil für ihre Wut und ihre Frustration.

Ein weiterer Grund ist die Schwierigkeit, in Ägypten zu heiraten. Millionen von Ägyptern können es sich nicht leisten, und da die Traditionen und die religiösen Bestimmungen (bei Muslimen und bei Christen) außereheliche Beziehungen untersagen, sind die meisten jungen Ägypter frustriert und fangen an, Frauen zu belästigen.

Ein dritter Grund ist die Verbreitung pornographischer Videos, die über die neuen Kommunikationsmittel und das Internet leicht zugänglich sind. Der Schaden, der durch dergleichen Material angerichtet wird, beschränkt sich nicht auf die Reizung von Instinkten bei jungen Menschen, die schon unter vielfacher Beengung leiden. Material dieser Art normalisiert und entkriminalisiert auch die Vorstellung von Vergewaltigung und vernichtet den Aspekt persönlicher Rücksichtnahme bei sexuellen Beziehungen, wodurch sexuelle Belästigung einfach als vergnüglicher Akt, nicht als schlimmes Verbrechen gesehen wird.

Schließlich hat sich in Ägypten, dies der letzte Grund, die Einstellung den Frauen gegenüber verändert. Zu Beginn des letzten Jahrhunderts begannen die Frauen einen langen Kampf zur Befreiung aus dem Harem, für Gleichberechtigung im Bereich von Bildung und Arbeit und um eine angesehene Stellung in der Gesellschaft. Dann jedoch geriet die ägyptische Gesellschaft unter den Einfluss des bornierten wahhabitischen Islamverständnisses. Dieses sieht, obwohl sehr eifrig um die Bedeckung des weiblichen Körpers besorgt, in der Frau lediglich ein Instrument des Vergnügens, eine Quelle der Versuchung, eine Maschine zur Produktion von Kindern und eine Dienstmagd. Alles andere ist weniger wichtig. In ihrem Plädoyer für islamische Bekleidungsregeln haben einige Wahhabitenscheiche die Frau gar mit einer Süßigkeit verglichen, die man gut verpacken müsse, damit sich die Fliegen nicht darüber hermachen. Das mag gut gemeint sein, doch der Vergleich der Frau mit einer Süßigkeit ist entmenschlichend, da Süßigkeiten weder Gehirn noch Gefühl haben und ihr einziger Lebenszweck darin besteht, genossen zu werden. Wenn also jemand eine Süßigkeit will, sich jedoch keine leisten kann, dann aber die Gelegenheit erhält, straflos eine fremde Süßigkeit zu vernaschen, wird er nicht zögern, zuzugreifen. Das ist genau das, was Männer tun, wenn sie Frauen auf der Straße belästigen.

Die sexuelle Belästigung von Frauen wird erst aufhören, wenn wir das offene ägyptische Islamverständnis neu beleben, das in der Frau ein fähiges und kompetentes menschliches Wesen sieht, nicht nur einen Körper oder eine Süßigkeit. Die Belästigung wird aufhören, wenn Korruption, Despotismus und Ungerechtigkeit auf-

hören und ein neues, vom Volk gewolltes politisches System eingerichtet wird, das den Millionen junger Menschen das natürliche
Recht einräumt, zu leben, zu arbeiten, zu heiraten.

Demokratie ist die Lösung.

13. September 2009

Warum die Besessenheit religiöser Fanatiker von Frauenkörpern?

Die Schabab-Bewegung in Somalia kontrolliert große Teile des Südens und des Zentrums des Landes, und da die Führung dieser Bewegung der wahhabitischen Ideologie folgt, setzt sie ihre Vorstellungen gegenüber Somaliern mit Gewalt durch, zum Beispiel das Verbot von Film, Theater, Tanz bei Hochzeiten, Fußballspielen und allen Formen von Musik, sogar das Klingeln von Handys. Vor einigen Tagen trieb diese extremistische Tendenz eine seltsame Blüte: Man verhaftete eine Somalierin und peitschte sie öffentlich aus, da sie einen BH trug. Einen Büstenhalter zu tragen, so die Behauptung, sei unislamisch, da es sich dabei um eine Form von Täuschung und Betrug handle. Man kann sich durchaus fragen, was das Tragen eines BHs mit Religion zu tun hat, warum man ihn für eine Form von Täuschung und Betrug hält, und wie man es geschafft hat, die BH-Trägerin ausfindig zu machen, wo doch alle Somalierinnen sich in der Öffentlichkeit nur völlig verhüllt zeigen. Hatten sie eine Kontrolleurin angestellt, die die Brüste der Passantinnen inspizierte? Eine Somalierin namens Halima berichtete der Nachrichtenagentur Reuters das Folgende:

> Die Schabab-Leute haben uns gezwungen, ihre Art Schleier zu tragen und nun befehlen sie uns, mit den Brüsten zu wackeln … Zunächst haben sie die herkömmliche Schleierart verboten und einen festen Stoff

eingeführt, der hart auf der Brust liegt. Jetzt behaupten sie, Brüste sollten von Natur aus fest sein oder eben flach.

Nun ist dieses manische Interesse an der Verhüllung des weiblichen Körpers nicht auf die somalischen Extremisten beschränkt. Im Sudan überprüft die Polizei weibliche Bekleidung mit großer Aufmerksamkeit und verhaftet jede Frau, die Hosen trägt. Man zwingt sie, sich öffentlich für ihre Missetat zu entschuldigen und peitscht sie dann, als Warnung für andere Frauen, öffentlich aus. Vor einigen Wochen bestand die sudanesische Journalistin Lubna al-Husseini darauf, Hosen zu tragen, und lehnte es ab, sich öffentlich zu entschuldigen. Als sie sich auch noch weigerte, sich auspeitschen zu lassen, brachte man sie vor Gericht, wo die Farce ihren Höhepunkt erreichte: Der Richter lud drei Zeugen vor und wollte von ihnen wissen, ob sie bei der Hosenträgerin die Konturen ihrer Unterwäsche erkennen konnten. Als ein Zeuge zögerte, legte der Richter nach: »Haben Sie Lubnas Bauch gesehen, als sie Hosen trug?«, worauf der Zeuge feierlich erwiderte: »Bis zu einem gewissen Grad.« Lubna dagegen erklärte, sie habe eher unansehnliche Hosen getragen, und um in die skandalösen zu passen, die sie getragen haben solle, müsste sie, da sie etwas rundlich sei, erst einmal zwanzig Pfund abnehmen. Doch der Richter verurteilte sie wahlweise zu einer Geldstrafe von 500 Pfund oder einem Monat Gefängnis.

Auch in Ägypten zeigen die Extremisten ein außergewöhnliches Interesse am weiblichen Körper und seiner vollständigen Verhüllung. Sie plädieren nicht nur dafür, dass Frauen den Nikab tragen, sondern Handschuhe, wodurch, wie sie glauben, jedwede Erregung vermieden wird, wenn eine Frau einem Mann die Hand schüttelt. Wir sehen uns hier einem Phänomen gegenüber, das einige Überlegungen verdient: Warum sind Extremisten so besessen vom weiblichen Körper? Einige Überlegungen mögen bei der Beantwortung dieser Frage helfen:

Erstens sind in den Augen der Extremisten Frauen nur Körper und Instrumente für das legitime Vergnügen oder die Versuchung, außerdem Kinderproduktionsstätten. Diese Sicht beraubt die Frauen ihres Menschseins. Einer Somalierin wegen des Tragens eines BHs Täuschung und Betrug vorzuwerfen, ist gleichbedeutend mit der Beschuldigung, ein Händler habe die Mängel seiner Ware vertuscht und über deren Qualitäten falsche Angaben gemacht, um sie teurer verkaufen zu können. Die zugrundeliegende Vorstellung ist, dass eine Frau, die die Konturen ihrer Brust mittels eines BHs hervorhebt, einen falschen Eindruck über ihre Ware (ihren Körper) erweckt, was der Kunde (der Mann), der sie vielleicht wegen ihrer Brustform kauft (heiratet), die er erst später als Werk des BHs, nicht der Natur erkennt, als Täuschung und Betrug verstehen kann.

Fairerweise muss man sagen, dass die Sicht auf den weiblichen Körper als Ware nicht auf die extremistischen Ideologien beschränkt ist, sondern sich häufig auch in westlichen Gesellschaften findet. Die Verwendung nackter Frauenkörper zur Vermarktung von Produkten im Westen ist nichts als eine weitere Form der Vorstellung, dass Frauen Waren sind. Wer den Amsterdamer Rotlichtbezirk aufsucht, kann mit eigenen Augen sehen, wie elende Prostituierte splitternackt hinter der Glasscheibe sitzen, damit die Passanten ihre Reize in Augenschein nehmen können, bevor man sich auf den Preis einigt. Ist das etwa nicht ein moderner Sklavinnenmarkt, wo Frauenkörper an den Höchstbietenden verhökert werden?

Zweitens glauben Extremisten, Frauen seien die Quelle der Verführung und der Ausgangspunkt der Sünde. Diese Sicht, verbreitet

in allen primitiven Gesellschaften, ist ebenso unfair wie unmensch-
lich, da Männer und Frauen die Sünde gemeinsam begehen und die
Verantwortung dafür zu gleichen Teilen tragen. Ein gutaussehender
Mann kann eine Frau ebenso erregen und verlocken wie umge-
kehrt. Aber die Ideologie der Extremisten bevorzugt natürlich den
Mann, zeigt sich der Frau gegenüber feindselig und lädt ihr die
gesamte Verantwortung für alle Sünden auf.

Drittens ist die strenge Verhüllung weiblicher Körper eine simple
und mühelose Art religiösen Eifers. In Ägypten sehen wir Dutzende
wahhabitischer Scheiche, die leidenschaftliche, stürmische Plädoyers
für die Verhüllung des weiblichen Körpers halten, aber kein Wort
über Despotismus, Korruption, Betrug oder Folter verlieren, weil
sie genau wissen, dass sie mit einem ernsthaften Widerstand gegen
das despotische Regime (was eigentlich ihre erste Aufgabe sein
sollte) Verhaftung, Folter, ja die Zerstörung ihres Lebens riskierten.
Die Intensität, mit der sie sich um den weiblichen Körper kümmern, ermöglicht ihnen die Rolle des Predigers ohne eigentliches
Risiko. Durch die Geschichte der Menschheit hindurch war Härte
gegenüber der Frau immer ein Mittel, politischen Missbrauch und
wirkliche Verbrechen zu kaschieren. Somalia ist ein elendes Land,
in dem Hunger und Chaos grassieren, aber die Verantwortlichen
dort inspizieren BHs! Die sudanesische Regierung ist in Mord,
Folter und die Vergewaltigung Tausender in Darfur verwickelt, aber
das hält sie nicht davon ab, eine Frau vor Gericht zu bringen, die
Hosen tragen möchte! Es sind eher die Frauen als die Männer, die
im Allgemeinen den Preis für Despotie, Korruption und religiöse
Heuchelei bezahlen.

Viertens geht die extremistische Ideologie davon aus, dass Menschen im Grunde wilde Tiere sind, unfähig, ihre Instinkte zu
kontrollieren, dass sich ein Mann beim Anblick eines Stück Frauen-

körpers über diesen hermacht, um ihn zu begatten. Diese Annahme ist falsch, denn Menschen haben, im Gegensatz zu Tieren, die Fähigkeit, ihre Instinkte durch Willenskraft und Moral zu zügeln. Ein normaler, geistig gesunder Mensch wird durch seine Mutter, Schwester, Tochter oder sogar die Frau eines Freundes nicht sinnlich erregt, da sein Ehr- und Moralempfinden stärker ist als sein Begehren und es deshalb neutralisiert. Daher erreicht man Tugend nicht durch Verbote, Repression oder die Verfolgung von Frauen auf der Straße, sondern indem man die Kinder ordentlich erzieht und sie Moral und Anstand lehrt. In Gesellschaften, in denen die Trennung der Geschlechter erzwungen wird (zum Beispiel in Afghanistan und in Saudi-Arabien), ist der Anteil an Sexualstraftaten nicht niedriger als anderswo, vielleicht sogar höher.

Wir schätzen weibliches Schamgefühl und plädieren dafür, doch in erster Linie plädieren wir für eine menschenwürdige Haltung Frauen gegenüber, eine Haltung, die ihre Fähigkeiten, Wünsche und Gedanken respektiert. Wirklich betrüblich ist, dass der wahhabitische Extremismus, der sich mit Hilfe von Ölgeldern überall in der Welt ausbreitet und die Muslime in Verruf bringt, sich sehr weit entfernt hat von den wirklichen Lehren des Islams. Jeder, der einen unvoreingenommenen Blick auf die Geschichte des Islams wirft, wird von der besonderen Stellung der Frau darin beeindruckt sein. Von der Zeit des Propheten Anfang des siebten bis zum Fall Andalusiens Ende des fünfzehnten Jahrhunderts haben muslimische Frauen frei mit Männern verkehrt, haben Bildung genossen, gearbeitet und Handel betrieben, ja sie waren, ohne Einmischung von Vater und Ehemann, für ihre finanziellen Transaktionen verantwortlich. Sie hatten das Recht, sich den Mann, den sie liebten, zum Ehemann zu wählen, und ebenso das Recht, sich scheiden zu lassen. Der Westen gab den Frauen diese Rechte erst Jahrhunderte später.

Der religiöse Extremismus ist, dies zum Schluss, die andere Seite der politischen Despotie. Wir werden ersteren nicht los, ohne uns von letzterer befreit zu haben.

Demokratie ist die Lösung.

19. Oktober 2009

Nora und die Nationalmannschaft

Diese Woche wollte ich eigentlich über eine Ägypterin namens Nora Haschim Muhammad schreiben, doch kann man den großartigen Sieg unserer Fußballnationalmannschaft nicht einfach übergehen, und so entschloss ich mich, über beides gemeinsam zu schreiben.

Es gibt nichts Besonderes an Nora Haschim Muhammad. Sie ist wie Millionen ägyptischer Frauen: braunhäutig, einigermaßen attraktiv und arm. Sie ist mit einem einfachen Arbeiter namens Hani Sakarija Mustafa verheiratet, hat ihm zwei Buben geboren und führt einen täglichen Kampf, ihren Lebensunterhalt zu verdienen und die Kinder aufzuziehen. Eines Tages wurde Nora plötzlich krank.

Das Spiel unserer Nationalmannschaft gegen Algerien war eine Schicksalsschlacht, bei der die Ägypter sich von ihrer besten Seite zeigten, ihre Unstimmigkeiten vergaßen und vereint hinter der Nationalmannschaft standen. Als die algerischen Medien sich auf eine etwas ordinäre Verspottung unseres Teams einließen, reagierten ägyptische Kommentatoren mit einer Sturzflut beißender Verunglimpfungen, und als die algerische Sängerin Warda verkündete, sie unterstütze die algerische Mannschaft, verärgerte das viele Ägypter. Wie Warda das wagen könne, nachdem sie jahrzehntelang in Ägypten gewohnt habe, und zwar nicht schlecht, fragte man sich. Einige Blogger verlangten, Warda aus Ägypten auszuweisen, um sie so für ihre mangelnde Unterstützung unserer Nationalmannschaft zu bestrafen.

Zunächst dachte Nora, ihre Erschöpfung rühre von zu wenig Schlaf und zu viel Hausarbeit her, und sie sagte ihrem Mann nichts davon, um seinen Sorgen nicht eine weitere hinzuzufügen. Aber ihre Krankheit wurde schlimmer, und schließlich wurde sie bettlägerig. Nun drängte Hani, sie in die Praxis eines Privatarztes zu bringen, der sie, gegen ein Honorar, untersuchte und empfahl, sie solle sofort ins Krankenhaus gehen.

Präsident Mubarak besuchte in seiner Fußballbegeisterung eine Trainingsrunde der Nationalmannschaft und nahm sich Zeit, den Spielern Mut zuzusprechen. Der Präsident ist ja bekannt für sein Interesse am Sport. Man muss sich nur an den Fährenunfall erinnern, bei dem 1 400 Ägypter ertranken. Damals hat der Schmerz um die Opfer den Präsidenten nicht davon abgehalten, eine ebensolche Trainingsrunde aufzusuchen – vor einer anderen Schicksalsschlacht, dem Endspiel um den Afrika-Cup.

Es war zwei Uhr morgens, als Hani Sakarija und seine Frau Nora im Spital für Brustkrankheiten in Imbaba ankamen. Der diensttuende Arzt untersuchte sie rasch und konstatierte, ihr fehle nichts. Dann ging er. Hani wollte mit ihm noch über den Fall reden, wurde aber nicht zu ihm vorgelassen. Daraufhin ging er zurück zum Empfang und bat die Person dort, ihm und seiner Frau zu helfen. Wenn er wolle, dass seine Frau behandelt werde, müsse er erst einmal 2 000 Pfund hinblättern, war die lapidare Antwort.

Beim Spiel gegen Algerien zeigten unsere Spieler trotz des bewusst groben Spiels ihrer Gegner ein hohes Maß an Selbstbeherrschung. Auch die tiefe Frömmigkeit der Ägypter wurde vor und während der Begegnung sichtbar. Millionen von Ägyptern baten Gott um mindestens zwei Tore für die ägyptische Mannschaft, und der Sänger Ehab Taufik erschien im Fernsehen und forderte alle Zuschauer auf, für die Mann-

schaft zu beten. In Ägypten gebe es so viele rechtschaffene Menschen, deren Gebet werde sicher erhört.

Als Hani die Höhe des verlangten Betrags hörte, fragte er ruhig, aber erstaunt, ob denn das Krankenhaus in Imbaba kein staatliches mehr sei. Doch, das sei es, beschied man ihm, aber er müsse trotzdem 2 000 Pfund bezahlen. Hani erklärte, er sei ein armer Mann und habe nicht so viel Geld, erhielt darauf aber keine Antwort mehr. Der Mann am Empfang las in irgendwelchen Papieren, die vor ihm lagen. Nun begann Hani zu flehen, man möge seine Frau zur Behandlung zulassen.

Am Morgen des entscheidenden Tages verkündete der berühmte Sportkommentator Jasser Ajjub im Fernsehen, im Falle eines Sieges der ägyptischen Mannschaft über Algerien und damit der Qualifikation für die Weltmeisterschaft werde jeder Spieler vom Staat und von der Fußballvereinigung eine Belohnung in der Höhe von sechs Millionen Pfund erhalten. Und als die Sprecherin sich über diese Summe überrascht zeigte, versicherte ein anderer Kommentator, die Nationalmannschaft würde eigentlich noch mehr verdienen, denn in diesem Fall hätte sie den Ägyptern eine Riesenfreude bereitet.

Als Hani einsah, dass er den Mann am Empfang des Spitals für Brustkrankheiten in Imbaba nicht werde umstimmen können, nahm er seine fiebrige Frau, die inzwischen unsicher auf den Beinen stand, und begab sich mit ihr ins Omranija-Krankenhaus. Der Arzt, der dort die Frau untersuchte, äußerte den Verdacht auf Schweinegrippe, fügte aber hinzu, er könne ihr nicht helfen, da sein Krankenhaus nicht für die entsprechende Behandlung ausgerüstet sei. Er riet Hani, ins Umm-al-Masrijin-Krankenhaus zu gehen. Dort sei man dafür eingerichtet.

Präsident Mubarak ist nicht der einzige Sportbegeisterte. Seine Söhne Gamal und Alaa teilen seine Leidenschaft, und natürlich suchten auch sie das Stadion auf, um die Nationalmannschaft zu unterstützen. In ihrem Gefolge befanden sich die meisten Minister und hohen Ministerialbeamten, einschließlich des Gesundheitsministers, der direkt neben Gamal Mubarak Platz nahm. Wir konnten alle erkennen, wie erleichtert sie waren, als Amr Saki das erste Tor für Ägypten schoss.

Hani dankte dem Arzt, nahm seine Frau und gemeinsam eilten sie zum Umm-al-Masrijin-Krankenhaus, wo Hani die Verantwortlichen bat, seine Frau, die inzwischen Blut spuckte, zu retten. Doch die Ärzte dort versicherten ihm, der Zustand seiner Frau sei normal und verlange keinen Krankenhausaufenthalt. Im Omranija-Krankenhaus sei man auf solche Fälle spezialisiert, an dieses solle er sich wenden.

Nach dem ersten Tor gelang unseren Spielern, trotz großem Einsatz, volle neunzig Minuten lang kein weiteres Tor, und die Gesichter der Ministerialbürokraten in der Loge wurden immer länger. Alaa Mubarak konnte sich nicht mehr beherrschen und hob vorwurfsvoll die Hand, nachdem unsere Mannschaft mehrere Torchancen ungenutzt gelassen hatte.

Hani ging zurück zum Omranija-Krankenhaus. Seine Frau musste er praktisch tragen. Und zum ersten Mal wurde er vor dem dortigen Arzt etwas lauter. Warum er ihn ins Umm-al-Masrijin-Krankenhaus geschickt habe, wollte er wissen, wo seine Frau doch hier behandelt werden müsste. Der Arzt erklärte, seine Diagnose sei völlig korrekt, aber die Leute am Umm-al-Masrijin-Krankenhaus drückten sich darum, Patienten aufzunehmen. Er forderte Hani auf, eine Bescheinigung des Umm-al-Masrijin-Krankenhauses zu bringen, wonach der Zustand seiner Frau normal und nicht besorgniserregend sei. Hani entschuldigte sich bei dem Arzt für seine heftigen Worte, ging mit seiner Frau zurück ins Umm-al-Masrijin-Krankenhaus und bat um die verlangte Bescheinigung. Diesmal behandelte

man ihn zuvorkommend und versicherte, man werde die erforder-
lichen Untersuchungen bei seiner Frau durchführen. Dazu solle er
um acht Uhr am Morgen wiederkommen, da die zuständige Person
nicht da sei. Später stellte sich heraus, dass sie doch da war, sich aber
völlig überarbeitet fühlte und deshalb ihre Kollegen gebeten hatte,
Nora irgendwie abzuwimmeln.

*Kurz vor dem Ende des Spiels, man war schon in der Verlängerung,
schoss Emad Moteab das zweite Tor für Ägypten, und das ganze Land
jubelte. Dr. Hatem al-Gabali, der Gesundheitsminister, vergaß die
Würde seiner Stellung und die Tatsache, dass er live im Fernsehen kam.
Er sprang von seinem Platz auf und umarmte Gamal Mubarak, um
ihm zu dem großartigen Sieg zu gratulieren.*

Hani brachte seine Frau zurück zum Omranija-Krankenhaus, wo
er sie am Morgen abholen und ins Umm-al-Masrijin-Krankenhaus
begleiten wollte. Noras Zustand hatte sich so verschlechtert, dass sie
künstlich beatmet werden musste, und sie tat ihren letzten Atemzug, bevor man die für die Diagnose nötigen Untersuchungen an
ihr vorgenommen hatte. Nora Haschim starb im Alter von noch
nicht fünfundzwanzig Jahren. Sie ließ einen Ehemann und zwei kleine Buben zurück.

Vielleicht sind wir ja das einzige Land, wo Menschen so sterben,
aber Nora Haschim Muhammads Tragödie sollte nicht unsere Freude über den Sieg gegen Algerien trüben. Gott erhörte unser Gebet
und ließ uns zwei saubere Tore schießen. Die Algerier kosteten den
bitteren Geschmack der Niederlage, und, so Gott will, werden wir
sie auch bei der nächsten Begegnung besiegen. Glückwünsche für
Ägypten zur Teilnahme an der Weltmeisterschaft, und Gott erbarme
sich der Seele von Frau Nora Haschim Muhammad.

Demokratie ist die Lösung.

15. November 2009

Die Verteidigung der ägyptischen Fahne

Am 14. November 1935 wogten durch ganz Ägypten Proteste gegen die britische Besatzung. An der Kairo-Universität begann ein riesiger Demonstrationszug. Tausende von Studierenden skandierten Slogans für Unabhängigkeit und Demokratie. Man trug einen Kommilitonen von der Landwirtschaftlichen Fakultät, Muhammad Abdalmagid Mursi, auf den Schultern, und dieser schwenkte eine ägyptische Fahne. Als die britischen Truppen das Feuer auf ihn eröffneten und ihn töteten, drohte die Fahne zu Boden zu fallen. Doch ein anderer Student, Muhammad Abdalhakam al-Garahi, von der Geisteswissenschaftlichen Fakultät, rannte los, um sie aufzufangen, und obwohl ein englischer Offizier drohte, ihn bei einem weiteren Schritt zu erschießen, packte Abdalhakam die Fahne und schwenkte sie im Weitergehen. Der Offizier feuerte und traf ihn in die Brust. Man brachte ihn ins Krankenhaus, wo er verschied. Daraufhin strömte ganz Ägypten herbei, um Abschied zu nehmen von jenem Märtyrer, der lieber starb, als die ägyptische Fahne zu Boden fallen zu sehen.

Am ersten Tag des Oktoberkriegs im Jahre 1973 gaben Dutzende ägyptischer Soldaten ihr Leben, damit ein Ägypter, Muhammad Effendi, die ägyptische Fahne zum ersten Mal seit der Eroberung des Sinai dort einpflanzen konnte. Die Fahne ist also nicht einfach ein Stück Stoff, sondern ein Symbol der Nation, ein Zeichen von

Ehre und Würde. Das fiel mir ein, als ich sah, wie algerische Gangster im Sudan auf der Fahne meines Landes herumtrampelten und einige es offenbar besonders amüsant fanden, sie vor Autos zu werfen, darüber hinwegzufahren, sie zu zerreißen und zu verbrennen. Die brutalen Angriffe auf Ägypter in Khartum machten einiges deutlich:

Erstens: Es ist zwar inzwischen fast üblich, dass bei Fußballspielen Fans der beiden Seiten handgreiflich werden, doch was in Khartum geschah, geht weit darüber hinaus. Flugzeuge der algerischen Luftwaffe hatten algerische Gangster zu Tausenden mit einem besonderen Auftrag nach Khartum eingeflogen: Ägypter anzugreifen und zu beleidigen. Alle Aussagen der Opfer deuten darauf hin, dass hinter den Angriffen die Absicht stand, die Ägypter zu demütigen. Wie anders könnte man es verstehen, dass Algerier vor Ägypterinnen ihre Hosen runterließen und skandierten: »Ägypten wird gefickt. Ägypten wird gefickt?« Was sonst wollten sie erreichen, wenn sie Ägypter, die sie mit Messern und Dolchen attackiert hatten, zwangen, sich auf den Boden zu legen? Wozu sonst trugen sie Transparente, auf denen stand: »Ägypten ist die Mutter aller Huren?« Hat dieses widerliche Verhalten irgendetwas mit Fußball zu tun? Ausgeschlossen, dass dieser Pöbel das große algerische Volk repräsentiert, das 1973 im Oktoberkrieg an unserer Seite gekämpft hat und dessen Helden gemeinsam mit den unsrigen ihr Blut vergossen haben. Warum also waren sie so erpicht darauf, die Ägypter zu demütigen, nachdem Algerien das Spiel schon gewonnen hatte? Ich würde es ja noch verstehen, wenn es sich um eine fremde Besatzungsarmee gehandelt hätte, aber es ist höchst bedauerlicherweise das Werk von Arabern. Würde irgendein Algerier es zulassen, dass seine Mutter oder seine Schwester auf solch skandalöse Weise terrorisiert würden? Der Anblick ägyptischer Opfer, die im Fernsehen aufgrund der Entwürdigung und der Demütigung weinten, kann erst dann aus dem ägyptischen Gedächtnis getilgt werden, wenn die für dieses kriminelle Tun Verantwortlichen zur Rechenschaft gezogen wurden.

Zweitens: Ägypten ist das bevölkerungsreichste arabische Land und die größte Talentschmiede in der arabischen Welt. Es waren Ägypter, die den intellektuellen Neubeginn in vielen arabischen Ländern einleiteten. Zahlreiche Universitäten wurden von ägyptischen Professoren gegründet, und ägyptische Journalisten riefen viele Zeitungen ins Leben. Kunst-, Film- und Theaterhochschulen wurden von ägyptischen Kulturschaffenden eingerichtet. Ägyptische Architekten bauten Städte und Häuser, ägyptische Ärzte Spitäler, und selbst die Gesetzesbücher und die Verfassungen sind meist das Werk ägyptischer Rechtsgelehrter. Die algerische Nationalhymne hat der ägyptische Komponist Muhammad Fausi geschaffen. Der besondere Status der Ägypter hat das Verhältnis zwischen ihnen und anderen arabischen Völkern sehr vielfältig gestaltet, im Allgemeinen geprägt von Liebe und Bewunderung, mitunter auch von Empfindlichkeit und Spannung. Als der arabische Nationalismus Nasser'scher Prägung noch im Aufstieg begriffen war, unterstützte Ägypten die algerische Revolution mit Geld und Waffen und setzte sich auf internationalen Foren für sie ein. Ägypten entsandte auch seine Armee, um der jemenitischen Revolution beizustehen, und kämpfte bei der Verteidigung von Palästina und Syrien mit. Damals waren die Gefühle der Araber Ägypten gegenüber geprägt von reiner Sympathie. Doch in dem Augenblick, da Ägypten seine panarabische Rolle aufgab und mit Israel den Camp-David-Vertrag unterzeichnete, kamen alle antiägyptischen Ressentiments an die Oberfläche.

Aus Platzgründen kann ich hier nicht auf die Dutzende von

Versuchen eingehen, die von verschiedenen arabischen Seiten unternommen wurden, um die Ägypter zu demütigen und ihre Rolle und ihren Einfluss abzuwerten. Das reicht von der Quasiversklavung von Ägyptern am Golf, kaschiert als ›Bürgschaft‹, die Misshandlung und Entrechtung erlaubt, über gewisse große Firmen, die gezielt begabte Ägypter ausschließen oder marginalisieren, bis hin zur jährlichen Durchführung kultureller Wettbewerbe und Festivals, auf denen unter Aufwendung von Millionen von Dollar gezeigt und bewiesen werden soll, dass Ägypten im Bereich von Kultur und Kunst nicht länger führend ist. All das sind natürlich ebenso verzweifelte wie verfehlte und vergebliche Bemühungen, weil erstens die kleinkarierten Leute, die dahinterstehen, trotz der augenblicklichen Probleme Ägyptens die Bedeutung des Landes nicht schmälern können, und weil zweitens die Ägypter als arabisches Volk diese Identität nicht leugnen und sich, egal wie es um sie steht, nicht von ihren arabischen Brüdern absetzen können.

Drittens: Die Zusammenarbeit des ägyptischen Regimes mit Israel – bei der Lieferung von Gas und Zement und der Beteiligung an der Blockade des Gazastreifens durch die Schließung des Grenzübergangs bei Rafach – ist eine falsche, schändliche und für alle diejenigen Ägypter inakzeptable Politik, die täglich ihre Solidarität mit ihren Brüdern im Irak, in Palästina und im Libanon demonstrieren. Viele Ägypter haben ihre patriotische Haltung schon teuer bezahlt. Jüngstes Beispiel ist der bekannte Journalist Magdi Achmad Hussein, der zum Ausdruck seiner Solidarität mit den eingeschlossenen Palästinensern nach Gaza reisen wollte, unterwegs aber von der ägyptischen Regierung festgenommen und von einem Militärgericht zu zwei Jahren Gefängnis verurteilt wurde. Die Haltung des ägyptischen Regimes Israel gegenüber steht überhaupt nicht im Einklang mit derjenigen des ägyptischen Volkes und kann keineswegs als Vorwand dienen, Ägypter zu attackieren und zu beschimpfen.

Viertens: Bei dem Angriff auf Ägypter in Khartum handelte es sich um eine Art Staatsterrorismus, in den das algerische Regime involviert war und den die Gleichgültigkeit und die Korruption des ägyptischen Regimes begünstigte, das sich als unfähig erwies, ägyptische Staatsbürger zu schützen. Nach den verbrecherischen Vorfällen hat das ägyptische Regime eine ganze Woche lang nicht klar und deutlich Position bezogen. Wer von Präsident Mubarak erwartet, dass er die verlorene Würde der Ägypter wiederherstellt, wird lange warten müssen. Was hat er denn zugunsten von Hunderten von Ägyptern unternommen, die in Saudi-Arabien festgehalten werden? Was hat er zugunsten der ägyptischen Ärzte dort unternommen, die zur Auspeitschung verurteilt wurden? Was hat er zugunsten der Ägypter unternommen, die in Kuwait gefoltert wurden? Was hat er zugunsten der an der Grenze von Israel getöteten ägyptischen Soldaten unternommen oder zugunsten der Familien jener Ägypter, die Israel, wie es selbst zugab, im Krieg ermordete? Die Antwort lautet immer: nichts. Ägypter kommen zu Hause oder im Ausland ums Leben. Warum haben die ägyptischen Behörden den algerischen Spieler Lakhdar Belloumi entkommen lassen, nachdem er in Kairo ein Gewaltverbrechen verübt und dabei einen unschuldigen ägyptischen Arzt schwer verletzt hat? Aus welchem anständigen demokratischen Land hätte Belloumi nach einem solchen Verbrechen fliehen dürfen? Und wäre die Serie algerischer Angriffe auf Ägypter weitergegangen, wenn man Belloumi festgenommen und vor Gericht gebracht hätte?

Die Rechte der Bürger werden nur in einem demokratischen System durchgesetzt. Despotische Regimes kennen nur die Sorge, sich mit jedem Mittel und um jeden Preis an der Macht zu halten.

Einem Herrscher, der die Macht usurpiert hat, der sein Volk unterdrückt und dessen Willen bei Wahlen verfälscht, glaubt niemand, wenn er von der Würde der Bürger spricht. Diese verbrecherische und abstoßende Art, Ägypter zu beleidigen und zu demütigen, darf nicht fraglos und straflos bleiben. Wenn das ägyptische Regime unfähig ist, die Kriminellen zur Rechenschaft zu ziehen, ist es unsere Pflicht als Ägypter, mit allen verfügbaren Mitteln Druck auf das algerische Regime auszuüben, bis es sich beim ägyptischen Volk entschuldigt und alle beteiligten Algerier verhaftet und vor Gericht bringt. Wir dürfen nicht mit gleicher Münze heimzahlen, und wir sollten das große algerische Volk nicht mit dem despotischen algerischen Regime gleichsetzen, das für dieses Verbrechen die Verantwortung trägt. Doch müssen alle verstehen, dass von nun an Angriffe auf Ägypter nicht mehr leicht und folgenlos sein werden. Damit ist jetzt Schluss. Darauf zu drängen, dass alle diejenigen, die uns entwürdigt haben, bestraft werden, steht nicht im Widerspruch zu unserem panarabischen Engagement, da, wie die Franzosen sagen, klare Abrechnungen die Freundschaft erhalten, und brüderliche Beziehungen zwischen dem algerischen und dem ägyptischen Volk kann es nur auf der Grundlage der Respektierung der Rechte aller Ägypter und aller Algerier geben.

Demokratie ist die Lösung.

22. November 2009

Die Kunst, Mensch zu sein

Geschätzter Leser,

stellen Sie sich vor, Sie kämen aus dem Westen – aus Schweden, Frankreich oder den Vereinigten Staaten. Wären Sie dann an Weihnachten oder Silvester lieber zu Hause oder würden Sie lieber auf einem Gehweg in Kairo liegen? Die erste Option ist selbstverständlich die natürliche. Jeder Mensch möchte Feiertage anständig und gemütlich mit seiner Familie verbringen. Aber es ist die zweite Option, die 1400 friedliche Aktivisten aus zweiundvierzig Ländern der Welt wählten. Sie kamen nach Ägypten, um ihre volle Solidarität mit den Palästinensern zum Ausdruck zu bringen, die im Gazastreifen eingeschlossen sind, und sie brachten so viel Nahrung und Medikamente mit, wie sie tragen konnten. Zunächst erteilten ihnen die ägyptischen Behörden eine Einreisebewilligung, doch als sie in Kairo angekommen waren, beschloss man plötzlich, sie nicht nach Gaza reisen zu lassen. Als die Aktivisten protestierten, versuchte es die Regierung mit Zuckerbrot und bot ihnen touristische Gratisrundreisen an. Doch als die Aktivisten das Angebot ablehnten und darauf bestanden, die Nahrungsmittel und die Medikamente den Palästinensern zukommen zu lassen, kam die Peitsche: Die ägyptische Polizei attackierte sie, schleifte sie beiseite und verprügelte sie brutal. Diese unschönen Vorgänge sind in mehrerer Hinsicht signifikant.

Erstens, weil es sich bei diesen ausländischen Aktivisten um Intellektuelle, Schriftsteller, Künstler und Personen gutbürgerlicher Herkunft handelt. Sie alle führen bei sich zu Hause ein behagliches, anständiges Leben, einige sind schon vorgerückten Alters und schätzen eigentlich ein geruhsames Leben. Doch sie alle besitzen ein ausgeprägtes mitmenschliches Bewusstsein, das sie nicht abseits stehen ließ, sondern sie drängte, etwas gegen die gezielte Aushungerung von anderthalb Millionen Palästinensern zu unternehmen. Die undurchdringliche israelische Blockade dauert nun schon über zwei Jahre: Eingerichtet wurde sie kurz nach einem Massaker, bei dem Israel international verbotene Waffen einsetzte und 1400 Menschen umbrachte, größtenteils Zivilisten. Diese tapferen Menschen, die aus ihren Ländern anreisten, um die Rechte unseres Volkes in Palästina zu verteidigen, sind nur ein kleiner Teil derjenigen Personen im Westen, die Frieden und Gerechtigkeit lieben. Es sind diejenigen, die gegen Rassismus kämpfen, gegen die Brutalität des Kapitalismus, gegen die Politik der Globalisierung und gegen die Zerstörung der Umwelt durch große Firmen. Sie haben zu Millionen gegen den US-Angriff auf den Irak protestiert. Und obwohl sie bisher noch keinen Einfluss auf die Entscheidungsträger in ihren Regierungen hatten, bilden sie eine täglich stärker und populärer werdende breitgefächerte Bewegung.

Zweitens, weil uns diese Aktivisten lehren, dass unsere Hauptaufgabe im Einsatz für die Unterdrückten überall in der Welt besteht, und dass unser Gefühl, Teil der Menschheit zu sein, höher zu bewerten ist als jedes andere Zugehörigkeitsgefühl. Die Frage ist doch, ob wir uns primär als Muslime, Christen oder Araber fühlen oder ob wir uns in erster Linie als Menschen betrachten. Die richtige Antwort auf diese Frage ist nicht widersprüchlich, da alle Religionen die Verteidigung der grundlegenden menschlichen

Werte – Gerechtigkeit, Wahrheit und Freiheit – zum Ziel haben, doch in dem Augenblick, in dem wir uns aufgrund von Religion oder Rasse für überlegen halten, rutschen wir rasch in Hass und Chauvinismus ab. In derselben Woche, da diese Ausländer Hilfe für die Kinder in Gaza brachten, gab es vonseiten ägyptischer Extremisten mehrere bedauerliche Verlautbarungen, in denen ägyptische Muslime gewarnt wurden, nicht mit ihren christlichen Mitbürgern gemeinsam Weihnachten zu feiern. Dies zeigt zwei unvereinbare Weltsichten, eine tolerante, die sich unterschiedslos für die Rechte der gesamten Menschheit einsetzt, und eine extremistische, die andersartige Menschen hasst und verachtet und ihnen ihre Rechte vorenthalten will. Die meisten dieser ausländischen Aktivisten waren Christen, auch ein paar Juden waren darunter, die aber aufs schärfste die kriminelle Politik Israels verurteilen. Zu diesen gehörte auch Heidi Epstein, eine 85-jährige Frau im Rollstuhl, eine Überlebende des Holocausts. Obwohl hochbetagt und gebrechlich, wollte sie Nahrungsmittel und Geschenke den Kindern in Gaza persönlich überreichen. Vielleicht sollte uns dieses Beispiel menschlicher Solidarität zum Nachdenken bewegen, bevor wir uns der extremistischen Vorstellung anschließen, dass alle Christen und Juden ausnahmslos Feinde des Islams und der Muslime sind.

Drittens, weil der brutale Angriff einiger ägyptischer Polizisten auf die Aktivisten dutzendfach gefilmt wurde und nun auf der ganzen Welt im Internet betrachtet werden kann. Ich selbst habe ein Video gesehen, auf dem ein ägyptischer Polizist eine Europäerin an den Haaren über den Boden schleift, sie danach schlägt und mit Fäusten und Füßen traktiert. Auf diese Art beweist das ägyptische Regime, dass es vor keinem Verbrechen im Dienste Israels zurückschrecken wird, damit nur Israel seinerseits Druck auf die amerikanische Regierung ausübt, Präsident Mubaraks Sohn Gamal als

Nachfolger seines Vaters zu akzeptieren. Die ägyptischen Medien verbreiten nach wie vor Lügen, um die verbrecherische Errichtung einer Stahlwand entlang der Grenze nach Gaza zu rechtfertigen; dieser Wand, die die letzte Möglichkeit der Palästinenser, an Nahrungsmittel und Medikamente zu gelangen, unterbinden soll. Jeden Tag erklären uns die Sykophanten der herrschenden Nationaldemokratischen Partei, diese Wand sei wichtig, da die Tunnels dazu dienten, Drogen und russische Prostituierte(!) zu schmuggeln. Doch diese exzentrische Behauptung überzeugt niemanden mehr. Das Ansehen des ägyptischen Regimes in der arabischen Welt und darüber hinaus steht auf einem Tiefstpunkt. Die Feststellung von der »stillschweigenden Duldung der israelischen Gaza-Blockade durch die ägyptische Regierung« findet sich überall in den internationalen Medien, und der Angriff auf die ausländischen Aktivisten zeigt, dass arabische Regierungen fest im Griff zionistischen Einflusses sind. Wären diese Ausländer unter anderen, ›normalen‹ Umständen in Kairo malträtiert worden, hätten ihre Botschaften sofort Vertreter und Anwälte geschickt und alles Menschenmögliche getan, um ihre Rechte zu gewährleisten. Doch da ihre Aktivitäten eindeutig antiisraelisch waren, schwiegen diese Botschaften in Kairo. Ja, westliche Regierungen, die so laut aufschreien, wenn in China oder Iran oder irgendeinem Land mit antiwestlicher Politik Demonstrationen unterbunden werden, haben sich mit keinem Wort dazu geäußert, dass ihre Bürger durch die Straßen von Kairo geschleift wurden, und dies aus dem einfachen Grund, dass die Proteste sich gegen Israel richteten, das kein westlicher Politiker ungestraft erzürnen darf.

Schließlich bleibt die peinliche Frage, was denn wir Ägypter getan haben, nachdem diese Ausländer Tausende von Kilometern gereist sind und ihr behagliches Leben unterbrochen haben, um die Kinder in Gaza vor den Folgen der Blockade zu schützen? Es stimmt ja, dass wir Ägypter allesamt volle Sympathie für unsere Brüder und Schwestern in Gaza hegen, doch die Reaktion auf den Straßen von Ägypten ist bescheidener, als sie sein sollte. Warum strömen nicht Millionen von Ägyptern hinaus, um die Regierung zu zwingen, die Blockade von Gaza zu brechen? Dafür gibt es mehrere Gründe, deren wichtigster die Repression ist. In demokratischen Ländern hat die Bevölkerung das Recht, in Demonstrationen ihre Meinung zum Ausdruck zu bringen. Demonstrationen stehen sogar unter Polizeischutz. In Ägypten, einem zutiefst despotischen Land, muss jeder, der demonstriert, damit rechnen, von der Staatssicherheit festgenommen, geschlagen und gefoltert zu werden.

Ein weiterer Grund ist, dass viele führende Meinungsmacher in Ägypten sich in stillschweigendem Einverständnis mit der Regierung befinden oder sich doch fürchten, diese Regierung zu verärgern. Als die ausländischen Aktivisten von der Polizei geprügelt wurden und »Freiheit für Gaza« riefen, haben sich beispielsweise die ägyptischen Oppositionsparteien in vielsagendes Schweigen gehüllt, und die Muslimbruderschaft hat sich darauf beschränkt, im Parlament die Stahlwand zu verurteilen, ohne auch nur einen einzigen Protest auf der Straße zu organisieren. Offensichtlich ist es für die Muslimbruderschaft aus vielfältigen Gründen, die niemand mehr nachvollziehen kann, äußerst schwierig geworden, eine Demonstration zu organisieren. Ägypter haben zu ihrer Überraschung gar offizielle Stellungnahmen vernommen, wonach die Errichtung dieser Stahlwand nach islamischem Gesetz rechtens ist. Äußerungen dieser Art kamen von Mitgliedern des Islamischen Forschungsinstituts, dem Großscheich der Ashar-Universität, dem Mufti der Republik und dem Minister für Religiöse Angelegenheiten. Die Scheiche der salafistischen Gruppierungen haben ihre volle Solidarität mit der Bevölkerung von Gaza zum Ausdruck gebracht, jedoch ihren Mitgliedern untersagt zu demonstrieren. Demonstrationen, so argumentierten sie, seien nutzlos und würden nichts bewirken, außerdem würden sich daran auch Frauen ohne Hidschab beteiligen. Diese defätistische Logik mit ihren völlig verkehrten Prioritäten erklärt die nachsichtige Haltung der ägyptischen Regierung den salafistischen Scheichen gegenüber, die immer große Strenge in Detailfragen der gottesdienstlichen Rituale und des äußeren Erscheinungsbilds zeigen, in politischen Fragen jedoch ihre Grenzen genau kennen. Die Ägypter sind, ebenso wie die Palästinenser, von einer Stahlwand aus Despotismus, Ungerechtigkeit und Repression umgeben, einer würgenden Ummauerung, die sie ihrer grundlegenden Menschenrechte beraubt. Die Wand ist die gleiche, das Elend ist das gleiche, aber auch die Rettung ist die gleiche.

Demokratie ist die Lösung.

5. Januar 2010

Wer ist für den Mord an Ägyptern an einem religiösen Feiertag verantwortlich?

Im Jahr 1923 wurde eine Kommission gebildet mit dem Auftrag, einen Entwurf für die erste ägyptische Verfassung zu erarbeiten, doch der Wafd, die damalige Mehrheitspartei, erklärte, er werde diese Kommission boykottieren, da sie ernannt und nicht in freien Wahlen bestimmt worden sei. Dennoch befanden sich in dieser Kommission einige der brillantesten Geister Ägyptens, und es wurden darin durchaus substantielle Debatten über die vorgeschlagenen Verfassungsartikel geführt. Einige Mitglieder setzten sich lautstark für eine proportionale Vertretung der Kopten ein, damit diese immer über einen gewissen Anteil der Sitze im Parlament und in den Provinz- und Ortsräten verfügten, ein Vorschlag, der rasch zum nationalen Thema wurde. Diejenigen, die sich für eine proportionale Vertretung aussprachen, wollten diese im Interesse einer fairen Behandlung der Kopten und in der Hoffnung, dadurch eine britische Einmischung zum angeblichen Minderheitenschutz zu verhindern. Diejenigen, die sich dagegen aussprachen, wollten in den Kopten keine religiöse Minderheit, sondern einfach ägyptische Staatsbürger sehen, die allein auf der Grundlage ihrer Fähigkeiten zu beurteilen seien.

Überraschenderweise waren es zumeist Kopten, die sich gegen die proportionale Vertretung wandten. Zu den Opponenten gehörten neben Dr. Taha Hussein, einem Muslim, Salama Mussa, einem Intellektuellen, Professor Asis Merhom, der fünftausend koptische Unterschriften dagegen sammelte, Vater Butros Abdalmalik, Vorsitzender des allgemeinen Kirchenrats und Haupt der orthodoxen koptischen Kirche, und viele weitere Kopten. Schließlich wurde der Vorschlag abgelehnt, und die Kopten erzielten einen der größten Siege in unserer neueren Geschichte, indem sie es ablehnten, unter irgendeinem Vorwand Minderheitenprivilegien anzunehmen. Diese Auseinandersetzung fiel mir ein, als ich von dem Massaker in Nag Hammadi las, bei dem sieben Kopten beim Verlassen des Weihnachtsgottesdienstes erschossen wurden. Die Frage stellt sich, warum die Kopten vor siebzig Jahren Privilegien als religiöse Minderheit ablehnten und nun an Weihnachten vor der Kirche ermordet werden. Für diese Krise gibt es meiner Meinung nach verschiedene Gründe.

Erstens: In der ägyptischen Geschichte treten religiöse Auseinandersetzungen in Zeiten nationaler Frustration auf. Zu Beginn des zwanzigsten Jahrhunderts machte Ägypten aufgrund der britischen Besetzung eine Phase der Verzweiflung durch, was zu einem beschämenden Ausbruch religiöser Konflikte führte (in denen auch, wie üblich, britische Finger mitmischten), die zwischen 1908 und 1911 ihren Höhepunkt erreichten. Doch beim Ausbruch der Unruhen von 1919 standen alle zusammen, ja, manche Kopten, so Vater Sergius, die sich für den Konflikt ausgesprochen hatten, wurden nun zu den intensivsten Verfechtern nationaler Einheit. Heutzutage gibt es jede Menge an Frustration, Repression, Armut und Ungerechtigkeit in Ägypten, und alle diese Faktoren drängen die Ägypter ebenso zu religiöser Konfrontation wie zu Gewalt, Verbrechen und sexueller Belästigung.

Zweitens: Als die Kopten im Jahr 1923 Privilegien als religiöse Minderheit ablehnten, kämpften die Ägypter trotz der britischen

Besetzung um einen säkularen, demokratischen Staat, in dem alle Bürger vor dem Gesetz gleich wären. Es gab eine tolerante Lesart des Islams, für die der reformistische Imam Muhammad Abduh (1849 – 1905) durch die Befreiung des ägyptischen Denkens von Aberglauben und Extremismus die Grundlage geschaffen hatte. Ägypten erlebte auf allen Gebieten eine wahre Renaissance: in der Erziehung der Frauen, im Theater, im Film und in der Literatur. Doch seit dem Ende der 1970er Jahre breitet sich in Ägypten ein anderes Islamverständnis aus: die extremistische, salafistisch-wahhabitische Ideologie, die ägyptische Rechtsgelehrte als ›das Gesetz der Beduinen‹ bezeichnen. Verschiedene Faktoren begünstigen die Ausbreitung dieser Ideologie, in erster Linie die Erhöhung des Ölpreises nach dem Oktoberkrieg von 1973. Dadurch verfügten die salafistischen Organisationen plötzlich über ungeheure finanzielle Ressourcen, die sie zur Verbreitung ihrer Vorstellungen in Ägypten und anderswo auf der Welt einsetzten. Außerdem gingen Millionen von Ägyptern zum Arbeiten in die Golfstaaten und kehrten Jahre später getränkt mit wahhabitischen Ideen zurück. Auch die staatlichen ägyptischen Sicherheitsorgane beteiligten sich nachweislich an der Förderung dieser Ideologie, indem sie den salafistischen Scheichen mit großer Nachsicht begegneten – ganz im Gegensatz zur repressiven Behandlung, die sie den Muslimbrüdern zukommen ließen. Das hat seinen Grund darin, dass der salafistische Wahhabismus die despotische Regierung stützt, indem er die Muslime mahnt, dem Herrscher zu gehorchen und sich, solange er nur Muslim ist, nicht gegen ihn aufzulehnen. Das Problem ist, dass die wahhabitischen Vorstellungen eine wahrhaft zivilisationsfeindliche Weltsicht vermitteln, denn sollten sie sich durchsetzen, würde die Kunst, gemeinsam mit Musik, Gesang, Film, Theater und Literatur, etwas Gottloses (*harâm*). Die wahhabitische Ideologie schreibt den Frauen die Verbannung hinter den Gesichtsschleier, die türkische Burka, vor, den die Ägypterinnen vor hundert Jahren abgelegt haben. Sie betrachtet außerdem die Demokratie als *harâm* (etwas Gottloses), da es sich dabei um die Herrschaft des Volkes handle, während die Wahhabiten Gottes Gesetz (natürlich nach ihrem Verständnis) zur Anwendung bringen wollen.

Am schwersten wiegt bei der salafistisch-wahhabitischen Ideologie jedoch, dass sie die Vorstellung einer Staatsbürgerschaft völlig untergräbt. Für die Wahhabiten sind die Kopten nicht Bürger, sondern *dhimmis* (schutzbefohlene Nichtmuslime), die besiegte und unterworfene Minderheit in einem von Muslimen eroberten Land. Sie werden auch als Ungläubige oder Polytheisten betrachtet, die dazu neigen, den Islam zu hassen und sich gegen ihn zu verschwören. Es sei verboten, ihre religiösen Feste zu feiern oder sie beim Bau von Kirchen zu unterstützen, da es sich bei diesen nicht um Orte für den Gottesdienst handle, sondern um Lokalitäten, in denen der Polytheismus praktiziert werde. Nach Ansicht der Wahhabiten dürfen Christen keine Staatsämter innehaben und keine Truppen führen, weil sie angeblich keine Loyalität der Nation gegenüber besitzen. Wer sich die Darstellung der Kopten auf Dutzenden von Satellitenkanälen und auf salafistischen Websites betrachtet, muss in Depression verfallen. Diese Foren, die Millionen von Ägyptern tagtäglich betrachten, bringen unmissverständlich Abneigung und Verachtung gegenüber den Kopten zum Ausdruck. Häufig rufen sie Muslime auf, Kopten zu boykottieren. Aus den unzähligen Beispielen dafür werde ich hier nur aus einer bekannten salafistischen Website *Hüter des Glaubens* zitieren, die der Frage »Warum sind Muslime den Kopten überlegen?« einen ganzen Artikel widmete: »Ein muslimisches Mädchen zu sein, das ihr Vorbild bei den Frauen des Propheten – Gott segne und beschütze ihn –

findet, die den Hidschab zu tragen verpflichtet waren«, so heißt es
da, »ist besser als ein christliches Mädchen zu sein, das ihr Vorbild
bei den Huren findet.« Und etwas später: »Ein Muslim zu sein, der
für seine Ehre und seinen Glauben einsteht, ist besser, als ein Christ
zu sein, der stiehlt, vergewaltigt und Kinder mordet.« Und nochmals
später: »Ein Muslim zu sein, der sein Vorbild im Propheten – Gott
segne und beschütze ihn – und dessen Gefährten findet, ist besser als
ein Christ zu sein, der sein Vorbild in Paulus, dem Lügner, und in
den zuhälterischen Propheten findet.« Wenn diese Feindseligkeit
den Kopten gegenüber sich ausbreitet, ist es da nicht natürlich oder
gar unvermeidlich, dass es schließlich zu Übergriffen kommt?

Drittens: Das Virus des Extremismus ist von den Muslimen auf
die Kopten übergesprungen, die generationenlang außerhalb der
Gesellschaft gelebt haben, und einige Kopten haben inzwischen
denselben extremistischen Hassdiskurs übernommen. Bekanntestes
Beispiel dafür ist Vater Sakarija Butros, der mit Hingabe den Islam
bekämpft und die Muslime beleidigt, wobei ich glaube, dass die
Kirche ihn, wenn sie nur wollte, sofort zum Schweigen bringen
könnte. Die koptische Kirche hat es sich zur Aufgabe gemacht, ihre
Gemeindeglieder zu schützen, hat sie dadurch aber nur noch mehr
isoliert und ist selbst von einer geistlichen Autorität zu einer politischen Partei geworden, die im Namen des koptischen ›Volkes‹ (man
achte auf die Bedeutung eines solchen Begriffs) Verhandlungen
führt. Aus Furcht vor dem Aufstieg der Muslimbruderschaft hat die
Kirche durch ihre hohen Würdenträger verkünden lassen, sie akzep-
tiere die Idee von der Weitergabe des Präsidentenamtes durch Hosni
Mubarak an seinen Sohn Gamal. Diese Haltung steht nicht nur im
Widerspruch zur großen patriotischen Tradition der Kirche, sondern
schadet auch den Kopten, da sie den Eindruck vermittelt, dass sie
aufseiten des ägyptischen Regimes gegen die übrigen Ägypter wir-

ken. Daneben beschlossen einige Kopten in der Diaspora, die offenbar nichts aus der Geschichte gelernt haben, sich voll hinter ausländische Mächte zu stellen, die es nie gut mit Ägypten meinten und ihre kolonialistischen Ambitionen immer unter dem Mäntelchen des Minderheitenschutzes versteckten. Kopten in der Diaspora haben Forderungen, von denen die meisten zwar gerechtfertigt, aber leider völlig konfessionell bestimmt sind. Das heißt, sie wollen die Probleme der Kopten isoliert von den Problemen der Nation lösen. Kopten in der Diaspora tun heute das Gegenteil von dem, was ihre illustren Ahnen taten, als sie im Jahre 1923 die Vertretung auf der Grundlage eines Religionsproporzes ablehnten. Sie verlangen nicht Gerechtigkeit und Freiheit für alle Ägypter, sondern fordern religiöse Privilegien für sich allein. Sie scheinen dem ägyptischen Regime signalisieren zu wollen, es solle ihnen als Kopten die verlangten Privilegien geben, dann könne es mit den anderen Ägyptern nach Belieben verfahren; das ginge sie dann nichts mehr an.

Es gibt nur eine Art, das schreckliche Massaker von Nag Hammadi zu sehen: Ägyptische Bürger wurden an einem religiösen Feiertag beim Verlassen des Gottesdienstes umgebracht. Die Unschuldigen, die getötet wurden, während sie Glückwünsche zum Fest austauschten, waren Ägypter wie Sie und ich. Sie lebten unter uns, kämpften neben uns und verteidigten mit ihrem Blut das Land. Sie waren Ägypter, die sprachen, dachten, träumten, genau wie wir. Sie waren wir, und ihre Mörder waren nicht diejenigen, die schossen. Sie wurden von einem korrupten, despotischen System getötet, das Ägypter unterdrückt, ihren Reichtum plündert und sie zu Verzweiflung, Extremismus und Gewalt treibt.

Demokratie ist die Lösung.

11. Januar 2010

Kann Präsident Obama
die Kopten schützen?

Diese Woche besucht die US-Kommission für Internationale Religionsfreiheit Ägypten. Deren neun Mitglieder spielen eine wichtige Rolle im Einsatz für Freiheiten. Drei davon bestimmt der amerikanische Präsident, zwei werden von den führenden Kongressmitgliedern der regierenden Partei gewählt, die übrigen vier von den Führern der anderen Partei. Aufgabe der Kommission ist es, die Freiheit der Religion, des Denkens und des Glaubens, wie sie in der Allgemeinen Erklärung der Menschenrechte verlangt wird, zu überwachen. Sie kann zwar keine Sanktionen gegen Staaten verfügen, die diese Freiheiten verletzen, sie kann aber Empfehlungen aussprechen, die in die Gestaltung der amerikanischen Außenpolitik Eingang finden sollten. Laut Zeitungsberichten war der Besuch der Kommission in Kairo schon länger geplant, erhält nun aber, nach dem schrecklichen Massaker in Nag Hammada, bei dem sechs unschuldige Kopten und ein muslimischer Polizist beim Verlassen der Weihnachtsmesse willkürlich erschossen wurden, eine besondere Bedeutung. Dies aus mehreren Gründen.

Erstens stellt jede Untersuchung oder Nachforschung, die eine Regierungskommission in einem fremden Land durchführt, eine offenkundige Verletzung der Souveränität des betroffenen Landes dar. Ägypten ist, zumindest offiziell, kein amerikanischer Staat und keine amerikanische Besitzung, weswegen eine US-Kommission sich

nicht das Recht herausnehmen kann, hier Nachforschungen an-
zustellen. Was geschähe wohl, wenn das ägyptische Parlament eine
Kommission zur Untersuchung der von amerikanischen Soldaten in
Irak, Afghanistan oder Guantánamo verübten Kriegsverbrechen bil-
dete? Würde die amerikanische Regierung eine solche Kommission
empfangen und ihr gestatten, ihre Nachforschungen durchzuführen? Die Antwort ist leider klar. Bedauerlicherweise spielt die ägyptische Regierung die Souveränitätskarte selektiv und nicht neutral.
Wenn die Ägypter unabhängige internationale Wahlbeobachter
fordern, damit die Urnengänge nicht wie üblich gefälscht werden,
weist die ägyptische Regierung dieses Ansinnen nachdrücklich mit
dem Argument nationaler Souveränität zurück. Wenn die ägyptische Regierung gemeinsam mit Israel anderthalb Millionen Menschen belagert und diese dann versuchen, nach Ägypten zu gelangen, um Lebensnotwendiges einzukaufen, wehrt die Regierung sie
ab und lässt das Feuer auf sie eröffnen, auch das im Interesse nationaler Souveränität. Dann schreit Außenminister Abu l-Gheit:
»Jedem Palästinenser, der die Grenze überquert, werde ich die Beine
brechen!« Aber im Fall der US-Kommission, die jetzt überall im
Land Untersuchungen über ägyptische Angelegenheiten anstellt,
darf weder Abu l-Gheit noch sonst jemand ein Wort des Einwands
vorbringen.

Zweitens sind die erklärten Ziele der Kommission hehr und
edel, doch tut sich, wie üblich bei der amerikanischen Außenpolitik, ein weiter Graben zwischen Theorie und Praxis auf. Die
Kommissionspräsidentin, Felice Gaer, ist eine der prominentesten
Pro-Israel-Stimmen mit einer langen Geschichte im Einsatz für
den Zionismus, ja, sie hat schon internationale Organisationen,
einschließlich der Vereinten Nationen, einer ungerechten und
einseitigen Politik gegenüber Israel beschuldigt. Es ist mir schlei-

erhaft, wie Frau Gaer ihren Kampf für die Menschenrechte mit ihrem Einsatz für die amerikanische Politik in Einklang bringen kann. Was hält sie davon, wenn Kinder von Phosphor-, Splitter- oder Napalmbomben verbrannt werden? Israel macht sich solcher Verbrechen ohne Unterlass schuldig, begonnen mit dem Bachr-al-Bakar-Massaker in Ägypten, über das Kana-Massaker bis hin zum neuesten Massaker in Gaza. Hält es Frau Gaer mit den von ihrer Kommission vertretenen Menschenrechtsprinzipien für vereinbar, dass Kinder Opfer international verbotener Waffen werden?

Drittens würde uns interessieren, ob für die Kommission die Verfolgung von Kopten in Ägypten im Hinblick auf die Menschenrechte interessant ist oder weil Kopten Christen sind. Wenn es um die Menschenrechte an sich geht, muss man daran erinnern, dass Tausende junger ägyptischer Islamisten seit Jahren ohne Anklage und Prozess in Kerkern schmachten, ja, in manchen Fällen gibt es sogar Gerichtsbeschlüsse für ihre Freilassung, die die ägyptische Regierung geflissentlich missachtet. Warum setzt sich die Kommission nicht für den Anspruch dieser Inhaftierten auf Gerechtigkeit und Freiheit ein? Haben sie nicht dieselben Menschenrechte wie die Kopten? Und was denkt die Kommission von den Verbrechen – Vergewaltigung, Mord an Zivilisten, Folterung –, derer US-Soldaten im Irak beschuldigt werden? Hat sie sich schon die Zeit genommen, diese Verbrechen zu untersuchen? Ich möchte der Freiheitskommission nahelegen, von Kairo direkt nach Nigeria zu reisen, wo laut Berichten bei religiösen Massakern unschuldige Menschen, meist Muslime, zu Tode kamen. Hier ein Zitat aus dem Bericht von Human Rights Watch, einer angesehenen unabhängigen internationalen Organisation:

Gruppen bewaffneter Männer griffen am 19. Januar 2010 gegen 10 Uhr morgens die meist muslimische Bevölkerung von Kuru Karama an. Sie schlossen den Ort ein und attackierten die muslimischen Bewohner, die sich teils in die Häuser, teils in die örtliche Moschee geflüchtet hatten, töteten viele, die fliehen wollten und verbrannten viele andere bei lebendigem Leib.

Was hält die geschätzte Kommission von diesem Massaker? Steht es im Einklang mit den Menschenrechten?

Viertens ist zu fragen, ob man bei der Verteidigung der Menschenrechte selektiv vorgehen darf.

Kann man sich in einem Land, in dem ein despotisches Regime mit Notstandsgesetzen, Wahlfälschungen, Repression und Straflagern regiert, nur für die Rechte der Christen einsetzen? Die Antwort ist eindeutig. Menschenrechte sind unteilbar, doch die US-Außenpolitik ist auch hier wieder einmal einäugig und scheinheilig. Um ihre und die israelischen Interessen zu wahren, unterstützt die amerikanische Regierung vorbehaltlos die schlimmsten Despoten in der arabischen Welt und sieht über deren Verbrechen an ihrer eigenen Bevölkerung hinweg, gleichzeitig entsendet sie aber Kommissionen, um die Verfolgung der Kopten zu untersuchen.

Fünftens ist, was am Heiligen Abend in Nag Hammada geschah, ein schreckliches religiöses Massaker, das ganz Ägypten erschütterte, und die Kopten haben das Recht, wütend zu sein und Maßnahmen zu verlangen, die eine Wiederholung verhindern. Doch dabei sollten sie sich über zweierlei im Klaren sein. Erstens ist das ägyptische Regime, das die Kopten nicht zu schützen vermochte, dasselbe, das von der koptischen Kirche mit Verve unterstützt wird – ja Papst Schenuda und verschiedene Kirchenführer haben sich schon mehrfach unmissverständlich dahingehend ausgesprochen, dass sie eine

Weitergabe der Präsidentschaft Ägyptens (als handelte es sich dabei um eine Hühnerfarm) von Präsident Mubarak an seinen Sohn Gamal begrüßen würden. Zweitens ist es natürlich und legitim, dass Kopten innerhalb und außerhalb Ägyptens gegen das Massaker protestieren, doch dabei westliche Länder zu Hilfe zu holen und aufzufordern, sich einzumischen, ist inakzeptabel und könnte den koptischen Ärger über die legitimen Grenzen hinausführen. Ich kann mir nicht vorstellen, dass irgendein ägyptischer Patriot, sei er Muslim oder Christ, es mit seinem Gewissen vereinbaren kann, eine ausländische Macht zu bitten, sich in Ägypten einzumischen, egal wie groß die Ungerechtigkeiten sind, unter denen die Ägypter leiden, und egal wie heftig sie sich gegen ihr Regime stellen. Alle Ägypter sind verfolgt. Millionen armer Menschen in Ägypten leben ohne Freiheit, Gerechtigkeit, Würde und das Recht auf Arbeit, Wohnung und Gesundheitsversorgung. Kein Zweifel, die Kopten erleben die Ungerechtigkeit doppelt, als Ägypter und als Kopten, aber die legitimen Forderungen der Kopten können nicht getrennt von den Forderungen der Nation erfüllt werden. Wir können Gerechtigkeit nicht nur für die Kopten verlangen, und nicht für die anderen Ägypter. Diejenigen Kopten, die sich Schutz suchend an ausländische Mächte wenden, begehen einen gravierenden Fehler, der das Image aller Kopten befleckt und sie dem Verdacht aussetzt, Agenten ausländischer Mächte zu sein. Die Kopten können sich noch so sehr um die Hilfe Präsident Obamas oder anderer westlicher Führer bemühen, sie werden ihre Rechte niemals durch fremde Einmischung erhalten, denn westliche Politik wird mehr von Interessen als von Prinzipien geleitet, und die Geschichte westlicher Staaten ist reich an Beispielen politischer Niedertracht. Man darf sich hier an den Schah von Iran erinnern, der sein ganzes Leben im Dienst der US-Interessen verbrachte, den die Vereinigten Staaten dann jedoch verrieten und angesichts der iranischen Revolution seinem Schicksal überließen.

Die Forderungen der Kopten müssen national, nicht religiös sein. Der richtige Platz für die Kopten sind wirklich nicht die Korridore westlicher Außenministerien. Ihr richtiger Platz ist hier, in Ägypten, bei ihren ägyptischen Brüdern, im Kampf für Gerechtigkeit und Freiheit. Wenn das despotische Regime einmal verschwindet und alle Ägypter sich das natürliche Recht zurückgeholt haben, ihre Herrscher frei zu wählen, wenn es mit den Notstandsgesetzen, den Wahlfälschungen, der Repression und der Folter vorbei ist, erst dann werden alle Ägypter, Muslime wie Kopten, die Rechte erhalten, die ihnen vorenthalten wurden.

Demokratie ist die Lösung.

25. Januar 2010

Ägyptens Erwachen

Obwohl die ägyptische Regierung die Ankunft Mohamed el-Baradeis in Ägypten ignorierte, war es doch eine recht deutliche Botschaft, dass das Innenministerium verschiedene junge Leute festnehmen ließ, die lediglich die Ägypter dazu aufgerufen hatten, ihn öffentlich zu empfangen. Die Sicherheitsorgane machten zudem klar, dass sie keine Ansammlung am Flughafen dulden würden, um el-Baradei willkommen zu heißen. Achttausend Polizisten seien bereitgestellt, um sich all derer anzunehmen, die sich dort zusammenrotten sollten. Diese inoffiziellen Verlautbarungen sickerten heraus, und ein paar ›unabhängige‹ Zeitungen publizierten sie in identischer Form auf ihren Titelseiten an dem Morgen, an dem el-Baradei in Ägypten eintreffen sollte. Ich las diese Berichte und machte mich bereit, zum Flughafen zu gehen, überzeugt, dass die Ägypter nach dieser Einschüchterungskampagne verständlicherweise zögern würden, el-Baradei öffentlich zu empfangen. Zwar kann es nicht einmal unter den Notstandgesetzen, mit denen Präsident Mubarak Ägypten seit dreißig Jahren regiert, als Verbrechen gelten, jemanden vom Flughafen abzuholen, aber wann hätte die ägyptische Polizei eine gesetzliche Grundlage gebraucht, um jemanden, irgendjemanden festzunehmen? Die Bürger und Bürgerinnen Ägyptens wissen sehr wohl um das Ausmaß der Misshandlungen durch die Sicherheitsorgane. Bei vielen früheren Gelegenheiten sind diese Sicherheitsorgane auch nicht vor den scheußlichsten Verbrechen zurückgeschreckt, um Demonstrationen zu verhindern: Schläge, Festnahmen, sexuelle Misshandlungen und die Anheuerung von Gangstern sowie der Einsatz von verurteilten Verbrechern, die wie Bluthunde auf die Protestierenden gehetzt wurden, während die Polizei tatenlos zusah. Das alles wusste ich, und so sagte ich mir, dass die Ägypter Mohamcd el-Baradei zwar schätzen und unterstützen, die Furcht jedoch ein nachvollziehbarer menschlicher Instinkt sei. Ich redete mir zu, nicht allzu enttäuscht über eine magere Beteiligung beim Empfang des Ankömmlings zu sein. Doch als ich zum Flughafen kam, war ich fassungslos. Hunderte von Ägyptern, die später Tausende wurden, waren gekommen, um el-Baradei in Empfang zu nehmen, furchtlos gegenüber dem Terror und den Drohungen der Sicherheitsorgane. Sie wollten der ganzen Welt beweisen, dass sie Mohamed el-Baradei unterstützten und mit ihm gemeinsam ihre verlorenen Rechte zurückzugewinnen beabsichtigten. Dieser umfangreiche und eindrucksvolle Empfang el-Baradeis in Ägypten ist eine vielfältige Botschaft.

Erstens kann ab sofort niemand mehr behaupten, die Ägypter seien passiv, würden sich der Ungerechtigkeit ergeben, hielten sich fern von öffentlichen Angelegenheiten und dergleichen mehr. All das entspricht nicht mehr der ägyptischen Wirklichkeit. Die Tausenden von Ägyptern, die ihre Furcht besiegten und zum Flughafen strömten, um el-Baradei zu begrüßen, waren keine Berufspolitiker, die meisten von ihnen gehörten keiner politischen Partei an. Es waren ganz normale Ägypter wie unsere Nachbarn oder unsere Arbeitskollegen. Sie stammten aus verschiedenen Provinzen und unterschiedlichen Gesellschaftsschichten. Einige brausten in Luxuswagen an, viele andere kamen mit öffentlichen Verkehrsmitteln. Universitätsprofessoren waren darunter und Freiberufliche, Studenten, Bauern, Schriftsteller, Künstler und Hausfrauen, Muslime und

Kopten, Frauen mit oder ohne Kopftuch, einige mit dem Nikab. Diese auf so viele Arten unterschiedlichen Ägypter waren sich einig, dass es eine Veränderung brauche, dass man ernsthaft auf die Wiederherstellung von Freiheit und Gerechtigkeit hinwirken müsse. Die öffentliche Meinung in Ägypten, lange Zeit nichts als eine Behauptung, ist zu einer echten Volkskraft geworden, deren Einfluss von Tag zu Tag wächst. Diese Kraft hat sich in all ihrer Stärke bei der Begrüßung el-Baradeis gezeigt.

Zweitens gratuliere ich Dr. Mohamed el-Baradei zu dem Vertrauen, das die Ägypter ihm entgegenbringen. Gleichzeitig bin ich mir im Klaren über die Last, die nun auf seinen Schultern ruht. Die vielen tausend Ägypter, die einen ganzen Tag ausharrten, um ihn willkommen zu heißen, sind wirklich Vertreter der Millionen von Ägyptern, die ihn mögen und unterstützen. Als ich mitten in der Menge stand, trat eine alte Frau zu mir und bat, mit mir unter vier Augen sprechen zu dürfen. Wir traten etwas beiseite und sie fragte mich leise: »Glauben Sie, die Regierung wird etwas gegen Dr. el-Baradei unternehmen?« Als ich ihr erklärte, das hielte ich für eher unwahrscheinlich, seufzte sie erleichtert auf und sagte: »Gott schütze ihn.« Für Millionen von Ägyptern ist Mohamed el-Baradei zum Symbol der Hoffnung auf jede Art von Veränderung geworden. Vielleicht beweisen die ohrenbetäubenden Sprechchöre am Flughafen – »Hier ist das Volk, el-Baradei, es führt kein Weg zurück, el-Baradei!« – am deutlichsten, wie sehr die Ägypter el-Baradei vertrauen und dass sie, wie auch ich, überzeugt sind, dass er sie nicht enttäuschen wird.

Drittens war der wahrhaft erfreuliche Aspekt dieses Empfangs die Arbeit, die Tausende junger Leute beiderlei Geschlechts, meist Studenten oder Universitätsabsolventen, geleistet haben. Sie sind Mohamed el-Baradeis Basis, die namenlosen Soldaten bei der Organisation dieses historischen Empfangs. Sie gründeten Facebook-Gruppen zur Unterstützung el-Baradeis und bereiteten sich bestens auf den Empfang vor. Mittels ihrer technischen Fertigkeiten schufen sie ein ausgedehntes und effizientes Kommunikationsnetz im Internet. Schon mehrere Tage zuvor hatten sie alles Nötige organisiert und verteilt: Pläne des Flughafens samt Anweisungen, wie man ihn im Auto oder mit öffentlichen Transportmitteln erreicht. Es gab sogar einen Notfallplan für den Fall, dass die Polizei ihnen den Weg zum Flughafen verwehrte, außerdem eine Hotline für Personen, die festgenommen wurden. Die Namen dieser Organisatoren und Organisatorinnen sollten auf einer Ehrenliste festgehalten werden: Abdel Rachman Jussuf, Heba Elwa, Achmad Maher, Amr Ali, Bassem Fathi, Nasser Abdel Hamid, Abdel Monim Imam und Dutzende anderer, die mit großer Unerschrockenheit zeigten, wie die geordnete und systematische nationale Aktion ablaufen sollte.

Viertens beschlossen die Sicherheitskräfte von Anfang an, die Leute nicht zu blockieren, da alle internationalen Medien anwesend waren und einen für das Regime nicht wünschenswerten Riesenskandal verursacht hätten, wenn die Sicherheitskräfte gegen einfache Bürger vorgegangen wären, die eine angesehene und international bekannte Persönlichkeit des öffentlichen Lebens willkommen heißen wollten. Ein weiterer Grund war sicherlich, dass die Sicherheitsorgane überzeugt waren, die Ägypter würden sich durch die Drohungen und die Festnahmen abschrecken lassen und die Zahl der Leute am Flughafen werde sehr begrenzt bleiben. Die Sicherheitsorgane hielten sich gegenüber den Leuten, die schon im Flughafen waren, zurück, begannen aber, als die Menge auf mehrere Tausend angeschwollen war, weitere Ankömmlinge zu schikanieren. Alle, die ein Begrüßungstransparent bei sich hatten oder von denen man annahm, sie seien zu el-Baradeis Empfang gekommen, wurden abgewiesen. Als das Flugzeug landete, war die Ankunftshalle berstend voll mit jubelnden und zurufenden Menschen. Doch dann hinderten Sicherheitskräfte el-Baradei daran, herauszukommen. »Aus Sicherheitsgründen«, wie es hieß, schlossen sie das Tor. Natürlich hätte man el-Baradei unschwer schützen können, und die Entscheidung, ihn zurückzuhalten, war eindeutig politisch. El-Baradei umringt von einer jubelnden Menge von Tausenden von Fans vor den westlichen Medien aus dem Flughafen treten zu lassen, ging über das hinaus, was das Regime zulassen konnte. Sicherheitsbeamte führten el-Baradei zu einer anderen Tür, weit weg von seinen Anhängern, doch er ließ diesen durch seinen Bruder, Dr. Ali el-Baradei, mitteilen, er werde kommen, sie zu begrüßen. Die Tausenden standen und warteten, bis el-Baradeis Wagen auftauchte und er mit eigenen Augen die Begeisterung der Leute sehen konnte.

Dieser Freitag war ein wundervoller Tag in meinem Leben. Ich hatte wirklich das Gefühl, einem großartigen Volk anzugehören. Die Atmosphäre der Aufrichtigkeit und der Begeisterung, die ich erleben durfte, werde ich nie vergessen. Der Anblick tausender Menschen, die »Lang lebe Ägypten!« jubelten und die Nationalhymne sangen, wird mir immer im Gedächtnis bleiben. Viele dieser Menschen wurden von ihren Gefühlen überwältigt und schluchzten. Ich werde mich auch immer daran erinnern, mit welcher Hingabe die Menschen darüber diskutierten, was el-Baradei nun unternehmen müsse. Sie unterhielten sich miteinander wie vertraute Freunde, obwohl sie einander noch nie getroffen hatten. Ich werde nie den Mann vergessen, der mit seiner Frau gekommen war; sein süßes Töchterchen, das auf seinen Schultern saß, hatte zwei Zöpfe und hielt ein Bild von el-Baradei in der Hand. Ich werde nie die Personen vergessen, die an die Anwesenden Mineralwasser und Erfrischungsgetränke verteilten. Ich werde nie die würdige Dame im Hidschab vergessen, die liebenswürdige ägyptische Mutter, die ein paar Packungen Datteln mitgebracht hatte. Sie öffnete eine nach der anderen und hielt sie den ihr unbekannten Umstehenden hin. Wenn jemand ablehnte, schaute sie entrüstet, dann lächelte sie und drängte: »Sie müssen doch etwas essen. Sie sind schon den ganzen Tag auf den Beinen. Sie müssen hungrig sein. Nehmen Sie doch.«

Das ist das erwachte Ägypten, ein Ägypten, das niemand mehr wird versklaven, demütigen oder unterdrücken können.

Demokratie ist die Lösung.

21. Februar 2010

Mamduch Hamsas Geschichte

Dr. Mamduch Hamsa ist einer der besten Bauingenieure Ägyptens. Unter seiner Leitung sind Dutzende von Projekten in Ägypten und anderen Ländern wie den Vereinigten Staaten, Großbritannien und Japan ausgeführt worden. Er hat zahlreiche renommierte internationale Auszeichnungen erhalten. Ägypter und Araber können wirklich stolz auf ihn sein. Neben seiner beruflichen Brillanz besitzt Dr. Hamsa einen ausgeprägten Bürgersinn, und er ist davon überzeugt, dass Wissen eine gesellschaftliche Verpflichtung mit sich bringt. Immer wieder betont er, dass er, der auf Kosten der ägyptischen Steuerzahler an der Kairo-Universität studieren konnte, die Pflicht habe, sein Wissen, soweit möglich, zu ihrem Nutzen einzusetzen.

Als vor kurzem die Provinz Assuan von einer Überschwemmung heimgesucht wurde, fühlte Dr. Hamsa sich gedrängt, etwas für die Opfer zu unternehmen. Er trat zusammen mit dem Moderator Amr al-Dib im Fernsehsender *Orbit* auf und erklärte sich bereit, beim Bau von Alternativunterkünften für die obdachlos Gewordenen mitzuhelfen. Die Spenden, die daraufhin eintrafen, beliefen sich bald auf 28 Millionen ägyptische Pfund (etwa 4,5 Millionen Euro) und wurden auf das Konto einer karitativen Organisation für das Projekt einbezahlt. Dr. Hamsa unterbrach seine Arbeit in Kairo und reiste voller Elan nach Assuan, um, unentgeltlich, die Arbeiten vor Ort zu beaufsichtigen. Wie zu erwarten hieß ihn der Gouverneur von Assuan, Generalmajor Mustafa al-Sajjid, herzlich willkommen und dankte ihm dafür, dass er seine Zeit und seine Energie für die Armen einsetzte. Er bestimmte rasch ein Terrain für das Projekt, überließ Dr. Hamsa dann aber ein anderes, das felsig und für den Hausbau eher ungeeignet war. Doch Dr. Hamsa als Boden- und Fundamentspezialist ließ sich nicht beirren, meisterte die Probleme des unwirtlichen Untergrunds und ließ in der Rekordzeit von drei Wochen neunundzwanzig Häuser errichten, deren Kosten er, aufgrund seiner Erfahrung, auch erstaunlich niedrig halten konnte: nur 35 000 Pfund (etwa 6000 Euro) pro Haus. Darum hoffte Dr. Hamsa, dieses Projekt auch auf andere Regionen Ägyptens ausdehnen zu können, um Millionen von Ägyptern, die unter menschenunwürdigen Bedingungen in Barackensiedlungen ohne Elektrizität oder auch nur ein Abwassersystem hausen, ein anständiges Dach überm Kopf zu verschaffen.

Die Arbeit ging rasch voran und alles sprach für Dr. Hamsas Projekt des Wohnungsbaus für die Armen. Doch dann drehte der Wind plötzlich, und statt seine Arbeit zu würdigen und seinen Einsatz zu rühmen, stellten sich die Behörden in Assuan gegen ihn. Sie weigerten sich, das Projekt mit Wasser zu versorgen, lehnten die Baugesuche ab und wollten plötzlich den Arbeitern nicht die vereinbarten Löhne bezahlen. Sie froren sogar die Spendengelder ein und drohten der Organisation mit schwerwiegenden Folgen, sollte sie Dr. Hamsa auch nur ein einziges weiteres Pfund von den Geldern ausbezahlen, die die Leute im Vertrauen auf seine Aufrichtigkeit und seine Kompetenz geschickt hatten. Die Behörden dort gingen sogar so weit, das Projekt bei der Polizei anzuzeigen, die daraufhin einige Ingenieure und Baumeister bei der Arbeit verhaftete. Polizisten übernahmen die Kontrolle über die Baustelle, stoppten die Arbeiten und weigerten sich, Dr. Hamsa anzuhören. So wurde dieser zum Feind Nummer Eins des Gouverneurs von Assuan, der seinerseits einige Ingenieure, ausschließlich ehemalige Studenten von Dr. Hamsa, damit beauftragte, Berichte über bauliche Mängel bei den Häusern des Projekts abzufassen. Die meisten der Angefragten lehnten das Ansinnen ab und priesen stattdessen die Arbeit ihres einstigen Professors. Diese Berichte, die nicht seinen Erwartungen entsprachen, schob der Gouverneur in die Schublade und übergab die ganze Angelegenheit dem Staatsanwalt, eine seltsame Maßnahme, da Dr. Hamsa weder ein Mörder noch ein Dieb war, den der Staatsanwalt hätte befragen müssen, sondern ein großartiger Ägypter, der seinem Land einen Dienst erweisen wollte, und dafür sein Geld, seine Zeit und seine Energie einsetzte. Leider besteht bei dieser Untersuchung keinerlei Grund zu Optimismus, da der Staatsanwalt nicht unabhängig von den politischen Stellen in Ägypten ist. Die Frage stellt sich nun, warum sich das Regime gegen Mamduch Hamsa gestellt hat und ihn so heftig bekämpft, nachdem das Projekt anfänglich begrüßt wurde. Die Gründe dafür sind die folgenden:

Erstens: Dr. Hamsas Häuser waren mit je 35 000 Pfund sehr preiswert, verglichen mit den je 80 000 Pfund, die die Regierung von Assuan für solche Häuser bezahlt. Die Differenz zwischen diesen beiden Summen streichen die großen Bauunternehmer ein, die enge und einflussreiche Beziehungen zu den staatlichen Stellen pflegen und im Erfolg von Dr. Hamsas Projekt mit Recht den Ausgangspunkt für eine neue Art Hausbau für die Armen sehen. Ihnen ist klar, dass ihre Interessen, sollte Dr. Hamsas Modell Schule machen, gefährdet wären und sie Millionen an Profiten einbüßen würden. Darum würden sie natürlich alles unternehmen, um dem neuen Projekt den Garaus zu machen.

Zweitens: Projekte der Provinzbehörden werden von Suzanne

Mubarak, Präsident Mubaraks Ehefrau, eingeweiht, und nach dem Denken der Offiziellen wäre es unschicklich, dass Madame Mubarak ein teures Wohnprojekt für die Armen eröffnet, während gleichzeitig Mamduch Hamsa bessere Häuser zum halben Preis baut. Vielleicht spukt im Gehirn hoher Beamter die Vorstellung, Frau Mubarak könnte von Mamduch Hamsas erfolgreichem Projekt erfahren und ihnen die einleuchtende Frage stellen, wie denn Dr. Mamduch Hamsa Häuser für die Armen für halb so viel Geld zu bauen imstande sei.

Drittens: Ein Erfolg von Dr. Hamsas Projekt würde sein administratives Geschick und seine schon bekannten technischen Fähigkeiten zeigen, wodurch er bei künftigen Kabinettsumbildungen als Kandidat für einen Ministerposten infrage käme. Besonders diese Möglichkeit erschreckt Minister, die um ihre Stellung fürchten und die in Dr. Hamsa und jedweder Person mit vergleichbarer Kompetenz gefährliche Konkurrenten um ihre Sessel sehen.

Viertens: Das von Mamduch Hamsa in die Wege geleitete Projekt wurde gänzlich durch Spendengelder finanziert, war also unabhängig von jeder Regierungs- oder Halbregierungsorganisation. Es ist ein erfolgreiches Modell, das sich überall im Lande wiederholen lässt. Nicht ausgeschlossen, dass daraus eine Bewegung entsteht, die die Regierung herausfordert und Projekte verwirklicht, die besser sind als die staatlichen. Dem ägyptischen Regime ist es, wie allen despotischen Regime, unwohl bei dem Gedanken an eine unabhängige Bewegung, selbst im Zusammenhang mit einem Wohnbauprojekt für die Armen, weil diejenigen, die sich heute aufmachen, mit ihrem eigenen Geld und ihrer Energie Häuser zu bauen, sich irgendwann aufmachen werden, um ihre politischen Rechte einzufordern.

Mamduch Hamsas Geschichte ist frustrierend und gleichzeitig

bedenkenswert. Ich habe sie hier erzählt für alle diejenigen, die noch immer glauben, dass es in unserem Lande ohne politische Reform eine Renaissance geben kann. Einige idealistische Menschen hegen noch immer die Vorstellung, dass es mit Ägypten auch ohne demokratische Reformen aufwärtsgehen könnte, wenn nur alle Ägypter hart arbeiteten. Doch diese gut gemeinte Vorstellung ist ausgesprochen naiv, da sie davon ausgeht, dass der Despotismus nur auf Parlament und Regierung Auswirkungen hat. Tatsächlich ist der Despotismus wie ein Krebsgeschwür: Er beginnt im politischen Machtapparat, breitet sich dann aber bald auf alle staatlichen Stellen aus und verkrüppelt und vernichtet sie. Der Despotismus führt unfehlbar zur Korrumpierung des Staates, weil sich innerhalb des Regimes rasch bösartige Gruppen bilden, die es durch Korruption zu enormen Reichtümern bringen und die, um sich ihre Profite zu erhalten, bereit sind, jede Person, jede Idee und jedes Projekt mit aller Kraft zu bekämpfen und zu zerstören. Da außerdem ein despotisches Regime Loyalität für wichtiger hält als Kompetenz, also Jobs an loyale Anhänger vergibt, die meist – objektiv betrachtet – nicht über die nötige Eignung verfügen, fürchten diese Personen das Auftreten jedweder kompetenten Figur, die ihre Stelle übernehmen könnte. So wird ein despotisches System zu einer Maschine, die auf erschreckende Weise routinemäßig talentierte Menschen aussortiert, indem sie sie bekämpft und verfolgt, und sich gleichzeitig Nieten und Versager eingliedert, solange sie nur für den Präsidenten singen und tanzen und sein Genie und seine überragenden Leistungen preisen.

All das führt am Ende dazu, dass der Staat in jedem Aufgabenbereich versagt, bis das Land schließlich ganz unten angelangt ist. Was jetzt Dr. Hamsa geschah, ist zuvor schon Dr. Zewail und all den begabten Ägyptern geschehen, die den Versuch wagten, etwas für ihr

Land zu tun. Und das beweist einmal mehr, dass Ägypten nicht durch individuelle Bemühung, wie gut gemeint und eifrig sie auch sei, aus dem gegenwärtigen Morast zu ziehen ist. Jeder Reformversuch ohne demokratische Veränderung ist eine Zeit- und Energieverschwendung.

Demokratie ist die Lösung.

10. Mai 2010

Wer tötet die Armen in Ägypten?

Muhammad Fathi, ein brillanter Journalist und begabter Schriftsteller, fuhr zusammen mit seinen beiden Kindern, seiner Frau und deren Schwester Naschwa in die Ferien nach Alexandria, wo sie eine wunderschöne Zeit verbrachten. Doch dann kam es plötzlich zu einem bösen Unfall. Ein Auto fuhr Naschwa mit hoher Geschwindigkeit an, als sie die Straße überquerte. Sie erlitt mehrere Verletzungen und Knochenbrüche, ihr Kleid wurde zerfetzt und sie verlor das Bewusstsein. Da sie bei dem Unfall allein war, brachten ein paar Passanten sie ins staatliche Krankenhaus in der Stadtmitte. Bis zu diesem Punkt ist an der Geschichte nichts Außergewöhnliches – eine Frau wird bei einem Verkehrsunfall verletzt und zur Behandlung ins Krankenhaus gebracht. Doch was danach kam, ist fast unvorstellbar.

Naschwa wurde zu Dutzenden von anderen Verletzten in einen Raum namens Awatef-al-Naggar-Notaufnahme gebracht, wo man sie, ohne die geringste Hilfeleistung und ohne dass ein Arzt sich um sie gekümmert hätte, geschlagene zwei Stunden stehenließ. Als Muhammad Fathi ins Krankenhaus kam, fand er seine Schwägerin mehr tot als lebendig. Er bat darum, dass sie von einem Arzt untersucht würde, aber niemand schenkte ihm auch nur die geringste Aufmerksamkeit. Als immer mehr Zeit verging und das Personal untätig blieb, verlor Fathi die Geduld und schrie jedem, den er traf, ins Gesicht: »Wir brauchen einen Arzt, bitte! Die Patientin liegt im Sterben.«

Es kam zwar kein Arzt, jedoch ein Polizist, der Muhammad Fathi darüber informierte, er dürfe nicht bei ihr bleiben, da sie sich in der Frauenabteilung befinde, zu der Männer keinen Zutritt hätten. Nun begann Fathi zu drohen, er sei Journalist und er werde diese kriminelle Art des Umgangs mit armen Patienten publik machen. Daraufhin tauchte plötzlich ein Arzt auf und untersuchte Naschwa – volle drei Stunden, nachdem sie in schlimmem Zustand ins Krankenhaus eingeliefert worden war. Der Arzt erklärte, man müsse ein paar Röntgenbilder machen. Das war's dann, und er ließ sie liegen, wo sie lag. Nach langen Bemühungen gelang es Muhammad Fathi, den Leiter des Krankenhauses, Dr. Muhammad al-Maradni, ausfindig zu machen. Dieser schien höchst verärgert darüber, dass sich jemand wegen eines Patienten an ihn wandte. »Und was kann ich für Sie tun, Gnädigster?«, fragte er sarkastisch.

Fathi erzählte ihm, seine Schwägerin liege im Sterben und man habe sie in seinem Krankenhaus seit über drei Stunden abgestellt, ohne sie medizinisch zu versorgen oder die notwendigen Röntgenaufnahmen zu machen. Verzögerungen bei Röntgenaufnahmen seien normal, erklärte Dr. al-Maradni. »Selbst in einer Privatklinik, wo Sie den Arzt bezahlen müssen, kann es zu solchen Verzögerungen kommen.«

Offensichtlich wollte der Direktor Fathi daran erinnern, dass Naschwa umsonst behandelt werde, und dass ihre Familie deshalb nicht das Recht habe, sich über irgendetwas zu beklagen. Fathi sprach lange von Menschlichkeit und von der ärztlichen Pflicht, sich um die Kranken zu kümmern. Erst dann, nach langer Überzeugungsarbeit, ordnete der Direktor, der das Krankenhaus per Telefon zu managen schien, sofortige Röntgenaufnahmen für Naschwa an.

An diesem Punkt ergab sich ein neues Problem. Eine Reinigungs-
kraft wollte Naschwa, deren Zustand sich noch verschlechtert hatte,
in die Röntgenabteilung tragen. Muhammad Fathi protestierte.
Eine Patientin mit Knochenbrüchen müsse von einer medizinisch
ausgebildeten Person getragen werden, da in diesem Fall jeder falsche Griff tödlich sein könne. Dem Personal kamen Fathis Vorstellungen komisch vor. »Was soll das heißen, medizinisch ausgebildete
Person? Das gibt es hier gar nicht. Entweder schleppt dieser Mann
sie rüber, oder sie bleibt, wo sie ist«, hieß es. Der Putzmann trat zur
armen Naschwa und rief: »Also los, hoffen wir das Beste. Hoch,
hopp!« Er hievte sie plötzlich hoch, und ihre Schreie hallten durch
das ganze Krankenhaus.

Schließlich kam Naschwa zur Computertomographie, und dort
übernahm der Angestellte. Dieser war, darüber herrschte beim Personal Einigkeit, immer mürrisch und unfreundlich, er behandelte
die Patienten grob und von oben herab, und wenn ihm jemand
nicht passte, erklärte er, die Maschine sei kaputt und weigerte sich,
die Tomographie zu machen, egal, in welchem Zustand sich der
Patient befand. Außerdem war er bärtig und vertrat salafistische
Vorstellungen. Dieser Mann trödelte nun in seinem Zimmer herum, und Fathi ging mehrmals zu ihm, um ihn zu bitten, sich
Naschwas anzunehmen. Endlich erschien er und schrie erst einmal,
alle Frauen sollten den Raum verlassen, er wolle hier keine sehen.
Fathis Frau erklärte ihm, sie sei die Schwester der Patientin, doch
der Mann schickte auch sie hinaus. Fathi durfte bleiben mit dem
Argument, er sei ja ein *mahram*, ein nach islamischem Gesetz naher
Verwandter der Frau. Dann packte er Naschwa fest am Arm, und
brüllte, als sie aufschrie, ärgerlich, sie solle sich ruhighalten, er wolle
da nichts hören. Muhammad Fathi befand sich in einem Dilemma,
denn wenn er mit dem Angestellten einen Disput angefangen hätte,

hätte dieser sich möglicherweise geweigert, seine Arbeit zu tun. Also versuchte er mit einem Trick, bei dem Mann gut Wetter zu machen. Er wandte sich an Naschwa und bediente sich dabei salafistischer Diktionen: »Und vergiss dann nicht, dein Kopftuch umzulegen«, mahnte er sie. »Ertrag es, Schwester! Gott belohne Sie, Bruder. Sprich den Koran. Gottes Hilfe ist es, die wir suchen. Gott belohne Sie! Gott schenke Ihnen seine Belohnung!« Der Trick wirkte. Der. Bärtige wurde nachgiebiger, akzeptierte die Patientin und tat seine Arbeit.

Nach all dieser fast schon verbrecherischen Gleichgültigkeit hätte es nicht weiter überrascht, wenn Naschwa in dem staatlichen Krankenhaus gestorben wäre. Doch Gott wollte ihr ein neues Leben schenken, und so gelang es Muhammad Fathi auf geradezu wunderbare Weise, seine Schwägerin in eine Privatklinik zu bringen, wo eine Notoperation durchgeführt wurde, die ihr das Leben rettete. Dieser Vorfall, den mir Muhammad Fathi in allen Einzelheiten erzählte, enthält die Antwort auf die Frage, wer in Ägypten die Armen tötet.

Die Verantwortung für den Tod mittelloser Patienten in staatlichen Krankenhäusern trägt neben dem Gesundheitsminister der Präsident der Republik selbst. Ägyptens Tragödie beginnt bei Präsident Mubarak, der, trotz unseres Respekts für ihn als Person, nicht gewählt wurde und niemandem Rechenschaft schuldet, weshalb er es nicht für nötig hält, die Anerkennung der Ägypter zu gewinnen oder sich darum zu kümmern, was man von seinem Wirken hält. Er weiß, dass er die Macht durch Gewalt hält und besitzt einen umfassenden Repressionsapparat, der erbarmungslos jeden bestraft, der ihn abzudrängen versucht. Der Präsident, der jeglicher Aufsicht entzogen und gegen Veränderung immun ist, ernennt und entlässt seine Minister aus Gründen, die er sich nicht genötigt sieht, der

Öffentlichkeit zu erklären. Dadurch sind diese Minister nur ihm, nicht den Ägyptern, Rechenschaft schuldig. Ihre einzige Sorge ist es, dem Präsidenten zu gefallen; sie interessieren sich in keiner Weise für die Wirkung ihrer Politik auf die Bevölkerung. Man muss nur daran erinnern, dass Hatem al-Gabali, der Gesundheitsminister, der für den Tod Hunderter von Patienten in seinen heruntergekommenen Krankenhäusern verantwortlich ist, alles stehen und liegen ließ und wochenlang dem Präsidenten Gesellschaft leistete, während dieser zu medizinischer Behandlung in Deutschland weilte. Für den Gesundheitsminister ist der Gesundheitszustand des Präsidenten tausendmal wichtiger als das Leben der armen Ägypter, weil der Präsident ihn jederzeit entlassen kann.

In dieser völligen Entfremdung zwischen Herrschaft und Volk, erkennen wir das Modell ägyptischen Regierens. Wenn der Leiter des Krankenhauses irgendwie die Billigung seiner Vorgesetzten gewonnen hat, ist er sicher vor jedweder Aufsicht und muss sich noch nicht einmal ins Krankenhaus bemühen, sondern leitet es per Telefon. Er betrachtet arme Patienten als lästige Kreaturen, die für ihn und für die Gesellschaft eine Bürde sind. Dann gibt es das verschrobene Verhalten des Verantwortlichen im Röntgenraum, der genauso arm, elend und frustriert ist wie die Patienten, dessen Elend aber zu Feindseligkeit den Patienten gegenüber wird. Ihm ist es eine Lust, diese zu kontrollieren und zu demütigen, und dabei versteht er Religion als Äußerlichkeit, als Kleidung und als rituelle Handlung, völlig abgetrennt von menschlichen Werten wie Aufrichtigkeit und Mitgefühl, die eigentlich die wichtigsten Elemente der Religion sind. Dieser Teufelskreis, der mit der Despotie beginnt und zu Nachlässigkeit und Korruption führt, wiederholt sich täglich in Ägypten und endet schließlich mit dem Tod der armen Leute. Was sich im staatlichen Krankenhaus in Alexandria abspielte, spielt sich genau so im Falle Dutzender von Gebäuden ab, die über ihren Bewohnern eingestürzt, den Fährschiffen, die gesunken, und den Zügen, die in Flammen aufgegangen sind. Es ist bedrückend, dass in Ägypten die Zahl derer, die durch Korruption und Nachlässigkeit ums Leben gekommen sind, größer ist als die Zahl der in allen ägyptischen Kriegen Gefallenen. Mit anderen Worten, das ägyptische Regime hat mehr Ägypter getötet als Israel. Und den alltäglich begangenen schrecklichen Verbrechen an den Armen wird nicht Einhalt geboten, indem man einen Manager versetzt oder einen Arbeiter bestraft. Erst wenn der Präsident und seine Minister gewählt und somit verantwortlich sind, erst wenn sie vom Volk aus dem Amt entfernt werden können, werden sie sich um die Gesundheit, das Leben und die Würde der Ägypter sorgen.

Demokratie ist die Lösung.

12. August 2010

Schützt uns Unterwürfigkeit vor Unrecht?

Es gibt eine Geschichte, wonach ein Landarbeiter ein großes Vermögen erworben und sich davon ein stattliches Hausboot gekauft habe. Außerdem habe er sich feine, teure Kleider zugelegt und es sich dann auf seinem Boot gemütlich gemacht, das mit ihm durchs Wasser glitt. Doch als der Grundbesitzer, auf dessen Land er arbeitete, ein grausamer und hochmütiger Mann, ihn so sah, beauftragte er die Arbeiter, sich des Bootes zu bemächtigen und den Bauern festzunehmen. Er wurde ihm vorgeführt und zwischen den beiden kam es zu folgendem Gespräch:

Grundbesitzer: »Seit wann fahren Bauern in solchen Booten herum?«

Bauer: »Das habe ich nur Eurer Liebenswürdigkeit, Gerechtigkeit und Großzügigkeit zu verdanken. Es sollte Euch glücklich machen, da es ein Zeichen Eurer Gnade und Güte ist.«

Grundbesitzer: »Wie kann man den Bauern erlauben, ihre Herren nachzuahmen und in einem Hausboot herumzusegeln?«

Bauer: »Da sei Gott vor, dass ich meinen Herrn nachahmen sollte. Wer bin ich denn? Nichts als einer Eurer Sklaven, und was immer ich verdiene, gehört schließlich und endlich Euch.«

Grundbesitzer: »Wenn du uns nicht nachahmen wolltest, warum hast du dir dann ein Hausboot gekauft und kreuzt auf dem Nil herum, als wärst du der Herr über dieses Land? Willst du etwa, dass andere Bauern dich sehen und dich für wichtig und hochrangig halten?«

Bauer: »Da sei Gott vor, Herr! Wenn Ihr glaubt, ich hätte etwas Falsches getan, so will ich – ich schwöre es bei Gott und Seinem Propheten – nie mehr in diesem Boot herumsegeln. Ich bereue, was ich getan habe und bitte Euch, meine Reue anzunehmen.«

Grundbesitzer: »Ich nehme sie an, doch ich werde Maßnahmen ergreifen, damit du deinen Fehler nicht wiederholen kannst.«

Nun befahl der Grundbesitzer seinen Dienern, den Bauern zu fesseln und ihn auf dem Boden herumzuschleifen, bis seine neuen Kleider verdreckt und zerfetzt waren. Dann prügelten sie ihn, bis ihm Knie, Füße und Rücken bluteten. Der Grundbesitzer stand lachend daneben und kommentierte, auf diese Weise würden sie, die Bauern, nicht mehr vergessen, wo sie hingehörten.

Dieser Vorgang hat sich tatsächlich zu Beginn des zwanzigsten Jahrhunderts in einem ägyptischen Dorf abgespielt. Achmad Amin, der berühmte Schriftsteller, beschrieb ihn in seinem brillanten Werk *Qâmûs al-ʿâdât wat-taqâlîd al-misrîya* (Verzeichnis ägyptischer Sitten und Traditionen). Ich glaube, der Vorfall ist exemplarisch für ein verbreitetes Muster im Verhältnis zwischen Despot und Untertan. Natürlich wusste der Bauer, dass er das Recht hatte, auf dem Nil in einem Hausboot, das er mit seinem eigenen Geld gekauft hatte, herumzusegeln, dass er außerdem das Recht hatte, sich anzuziehen, wie es ihm passte. Der Bauer wusste, dass er nichts Falsches getan hatte, doch er hielt es für weise, sich bei dem Grundbesitzer zu entschuldigen und in aller Öffentlichkeit ein Vergehen zu bereuen, das er gar nicht begangen hatte. Der Bauer gab sich besonders untertänig, um dem Unrecht zu entgehen. Hätte er dem Grundbesitzer gegenüber mutig die Stirn gezeigt und so auf seinem Recht bestanden, als Mensch behandelt zu werden, hätte er wenigstens seine Würde bewahrt und die Folgen für ein solch mutiges Verhalten wären nicht schlimmer gewesen als diejenigen seiner Unterwürfigkeit.

An diese Lektion muss ich denken, wenn ich verfolge, was sich zurzeit in Ägypten abspielt, weil Generationen von Ägyptern im festen Glauben aufgewachsen sind, sich dem Unrecht zu unterwerfen, sei besonders weise, und Katzbuckeln und Kriechen vor den Mächtigen sei der sicherste Weg, sich aus der Schusslinie zu bringen. Die Ägypter glauben, und das seit langer Zeit, jegliches Aufbegehren gegen das autoritäre System sei reine Torheit und werde niemals eine positive Veränderung herbeiführen. Sie glauben, dass man durch Widerstand gegen das Unrecht nur sein Leben zerstört, weil man verhaftet, gefoltert oder gar umgebracht wird. Die Ägypter sind überzeugt, dass die Koexistenz mit dem autoritären System sie vor dem Schaden bewahrt, den dieses ihnen zufügen kann. Sie vertrauen darauf, dass der riesige staatliche Repressionsapparat nur gegen diejenigen aktiv wird, die sich ihm in den Weg stellen, dass das Regime aber niemandem etwas zuleide tut, der artig das Haupt senkt und ausschließlich seiner Arbeit nachgeht und seine Kinder aufzieht. Ja, die Ägypter denken sogar, das Regime werde sie in diesem Fall schützen und für sie sorgen. Doch im Augenblick wird ihnen, zum ersten Mal seit Jahrzehnten, klar, dass Unterwürfigkeit nicht weiterhilft, dass Unrecht nicht dadurch verhindert wird, dass man sich nicht für Gerechtigkeit einsetzt und vor den Unterdrückern kriecht, sondern dass häufig das Gegenteil der Fall ist.

Chaled Muhammad Said, der junge Mann, der in Alexandria umgebracht wurde, war nicht politisch tätig und gehörte keiner der Organisationen oder Gruppierungen an, deren Ziel es ist, das Regime zu stürzen. Er war ein zutiefst friedlicher junger Ägypter, der, wie Millionen andere, davon träumte, um jeden Preis aus seinem bedrückenden Heimatland wegzukommen und irgendwo hinzugehen, wo er in Freiheit und Würde leben konnte. Er wartete auf einen amerikanischen Pass, um, wie seine Brüder, Ägypten auf immer den Rücken zu kehren. Am Abend seines Todes ging er in ein Internetcafé, um sich die Zeit zu vertreiben, wie Millionen andere. Er beging kein Verbrechen und brach kein Gesetz, aber in dem Augenblick, da er das Café betrat, stürzten sich zwei Polizisten in Zivil auf ihn und begannen, ohne ein Wort zu sagen brutal auf ihn einzudreschen. Sie schlugen seinen Kopf mit aller Wucht gegen die Kante eines Marmortisches, zerrten ihn aus dem Café und schleppten ihn in ein Gebäude in der Nähe, wo sie so lang auf ihn einprügelten und seinen Kopf gegen das Eisentor schlugen, bis sie ihre Aufgabe erledigt hatten. Chaleds Schädel war zertrümmert, und er starb vor ihnen. Egal, was die eigentliche Ursache für den brutalen Mord war, egal auch, was das Innenministerium in der Folge an Verlautbarungen zur Rechtfertigung des Verbrechens absonderte, die sich alle als falsch erwiesen; die klare Botschaft dieses Mordes ist, dass Unterwürfigkeit allein nicht mehr genügt, um die Ägypter vor der Repression zu schützen. Chaled Said wurde auf die gleiche Weise malträtiert wie die jungen Leute, die für die Freiheit demonstrieren. Es gibt da keinen Unterschied.

Die Repression in Ägypten macht keinen Unterschied mehr zwischen Demonstranten oder Sit-in-Teilnehmern auf der einen und Menschen, die im Café sitzen oder zu Hause schlafen, auf der anderen Seite. Dieser brutale Mord an Chaled Said und die Tatsache, dass die Mörder ungestraft davonkamen, zeigt ganz klar, dass jeder Polizist, in Uniform oder in Zivil, umbringen kann, wen er will, und danach durch das despotische System gedeckt wird. Dazu stehen, dank der Notstandgesetze und der Abhängigkeit des Rechtswesens vom Präsidenten, umfangreiche und effiziente Mittel zur

Verfügung. Die Millionen Ägypter, die angesichts des Bildes von Chaled Said mit zertrümmertem Schädel, ausgeschlagenen Zähnen und durch das Schlagen entstelltem Gesicht weinten, taten dies nicht nur aus Mitleid für ihn und seine arme Mutter. Sie weinten auch, weil sie sich vorstellten, dass morgen die Gesichter ihrer Kinder ebenso aussehen könnten. Und die Kopie von Chaled Saids Wehrdienstbescheinigung, die in der Presse neben dem Bild von seinem verunstalteten Körper veröffentlicht wurde, zeigt eine bedrückende Wahrheit: Ägypten tut seiner eigenen Bevölkerung an, was nicht einmal seine Feinde ihr angetan haben.

Jedem Ägypter kann dasselbe passieren wie Chaled Said. Es ist tatsächlich schon Hunderttausenden zugestoßen: denen, die in Todesfähren untergingen; denen, die unter Gebäuden begraben wurden, die einstürzten, weil die Baubewilligung durch Schmierung erteilt wurde und das Baumaterial gestreckt war; denen, die an Krankheiten starben, weil sie verdorbene Lebensmittel aßen, die gewisse Großhändler importierten; jenen, die aus Verzweiflung über ihre Zukunftsperspektiven Selbstmord begingen; und jenen Studenten, die dem Land entkommen wollten, um in Europa Toiletten zu putzen, dann aber in einem sinkenden Boot ertranken. Sie alle waren friedliche Bürger, denen es nie in den Sinn kam, sich der Despotie entgegenzustellen. Ja, sie glaubten wie der Bauer in der Geschichte, sie könnten mit dem Regime koexistieren, ihren Kotau vor dem Unterdrücker machen und sich dann mit ihrer Familie ihre eigene kleine Welt aufbauen. Doch sie alle verloren ihr Leben durch das Regime, dem sie nicht entgegentreten wollten. Das heißt, was ihnen geschah, weil sie sich unterwarfen, ist genau das, was sie befürchteten, sollten sie sich nicht unterwerfen.

Die stürmische Protestwelle, die zurzeit quer durch Ägypten wogt, hat ihre Ursache darin, dass das immer schon harte Leben für

Millionen armer Leute unlebbar geworden ist. Noch wichtiger ist aber, dass die Ägypter sich darüber klargeworden sind, dass das Schweigen über Gerechtigkeit sie nicht mehr vor Unrecht schützt. Dreißig Jahre lang haben die Ägypter individuelle Lösungen gesucht. Sie haben sich der Hölle daheim dadurch entzogen, dass sie in die Golfstaaten gingen, wo sie sich häufig einer anderen Art der Demütigung und Unterwerfung ausgesetzt sahen. Nach einigen Jahren kamen sie mit genug Geld zurück, um hier angenehm zu leben, weit weg vom allgemeinen ägyptischen Elend. Doch diese individuellen Lösungen gibt es nicht mehr, und die Ägypter leben jetzt belagert in ihrem eigenen Land. Sie haben die Lektion gelernt, die der Bauer in der Geschichte nicht begriffen hat: dass die Folgen des Muts nie schlimmer sind als diejenigen der Furcht, und dass der einzige Weg, einem tyrannischen Herrscher zu entkommen, darin besteht, ihm mit aller Kraft entgegenzutreten.

Demokratie ist die Lösung.

22. Juni 2010

Macht Quälerei von Menschen das Fasten ungültig?

Vor einigen Jahren stieg ich täglich an der Station Sajjida Sainab in die Metro ein, dort, wo Straßenverkäufer ihre Waren auf dem Gehsteig feilboten. Einer von ihnen, ein ruhiger und liebenswürdiger Mann von über sechzig in einer Gallabija und einer alten Jacke, bot Vorhängeschlösser, Schraubenzieher, Plastiktischtücher, Gläser und dergleichen an. Eines Morgens im Ramadan beobachtete ich einen Polizeieinsatz gegen diese Verkäufer, mit dem Ziel, sie von der Straße zu vertreiben. Die meisten von ihnen rafften ihre Waren zusammen und suchten erfolgreich das Weite. Doch der alte Mann konnte sich nicht rechtzeitig aus dem Staub machen. Die Polizisten konfiszierten seine Waren, und als er zu schreien und um Hilfe zu rufen begann, überschüttete ihn der Einsatzleiter mit einem Schwall übler Beschimpfungen. Da der alte Mann aber nicht aufhörte zu schreien, verprügelten ihn die Polizisten brutal, verhafteten ihn und nahmen ihn mit. Seltsam dabei waren die durch das Fasten bleichen Gesichter der prügelnden Polizisten. Das ließ mich auf den Gedanken kommen, dass diejenigen, die den alten Straßenhändler misshandelten, keinerlei Zweifel hatten, dass ihr Ramadan-Fasten, vom Standpunkt des islamischen Gesetzes aus, gültig bleibe. Und ich fragte mich, wie man im Ramadan fasten und gleichzeitig Menschen quälen kann, und ob denn die Misshandlung von Menschen nicht eines der Dinge ist, die das Fasten ungültig machen.

Ich nahm ein paar Werke über islamisches Recht zur Hand und fand heraus, dass sieben Dinge das Fasten ungültig machen: Essen und Trinken, dem Essen und Trinken vergleichbare Handlungen, Sexualkontakte, Masturbation, absichtlich herbeigeführtes Erbrechen, Schröpfen, Menstruation und Geburtsblutung. Das heißt, alle Vorgänge, die das Fasten ungültig machen, sind physischer Art, und dies, obwohl der Prophet Muhammad – Gott segne und beschütze ihn – sagte: »Wer nicht aufhört, falsches Zeugnis abzulegen und entsprechend zu handeln, braucht vor Gott auch nicht aufzuhören, zu essen und zu trinken.« Auf der Grundlage dieses Hadiths haben einige Rechtsgelehrte argumentiert, dass auch gewisses nichtphysisches Tun wie die Lüge oder die Misshandlung und Beschimpfung von Menschen das Fasten ungültig macht. Die große Mehrheit beschränkt sich jedoch auf physische Vorgänge und gibt sich überzeugt, schlechtes Verhalten führe lediglich zum Entzug der Belohnung für das Fasten, mache aber nicht das Fasten an sich ungültig. So bricht also jemand, der sich vorsätzlich zum Erbrechen bringt, das Fasten, während das Fasten von Personen, die lügen, täuschen, Menschen misshandeln oder ihrer Rechte berauben, Bestand hat.

Diese seltsame Vorstellung vom Fasten zeigt ein abwegiges Verständnis von Religion. In vielen Fällen sind Rituale zum Selbstzweck geworden, statt der persönlichen Besserung und Läuterung zu dienen. Der Weg der Frömmigkeit wurde zu einer Abfolge von wohldefinierten und unveränderlichen Schritten, als ob es sich dabei um die Gründung einer Handelsgesellschaft oder um die Ausstellung eines Passes handelte. Für viele Menschen ist der Islam zu einem Paket von Maßnahmen geworden, die der Muslim ergreifen muss, die aber nicht notwendigerweise einen Einfluss auf sein Verhalten haben. Dieser Bruch zwischen Dogma und Verhalten fällt zusammen mit einer Periode des Niedergangs in der islamischen

Welt, anders gesagt: Dieser Bruch ist die Hauptursache für diesen Niedergang. Wer dafür eine Bestätigung sucht, braucht nur den nächstgelegenen Polizeiposten aufzusuchen. Dort werden Menschen geschlagen und gedemütigt, und zwar von Personen, die fasten und nicht den geringsten Zweifel an der Gültigkeit ihres Fastens haben. In Ägypten gibt es Zehntausende, die seit Jahren ohne Prozess inhaftiert sind. Viele von ihnen haben Gerichtsbeschlüsse erwirkt, wonach sie freizulassen wären, doch diese Beschlüsse sind wertlose Papiere geblieben und werden nicht umgesetzt. Und diejenigen, die für die Zerstörung des Lebens dieser elenden Menschen und ihrer Familien verantwortlich sind, verstehen sich als Muslime und tragen meist auch noch das Gebetsmal auf der Stirn. Sie verrichten regelmäßig ihr Gebet und haben nicht den Eindruck, ihr Handeln mache sie weniger religiös. Noch erschreckender ist es zu sehen, was sich in den Einrichtungen der Sicherheitsdienste abspielt, wo die Inhaftierten zum Zweck von Geständnissen gefoltert werden. In diesen Schlächtergebäuden, die ans finsterste Mittelalter erinnern, findet sich immer ein Gebetsraum, in dem die Henkersknechte zur vorgeschriebenen Zeit ihre Pflichtgebete absolvieren.

Gibt es Personen, die eifriger ihre religiösen Pflichten erfüllen, als die Führer der Nationaldemokratischen Partei, die Wahlen fälschen und das ägyptische Volk ausgeplündert, ausgesaugt und gedemütigt haben? Dieses irrige Verständnis von Religion hat den Monat Ramadan, der einmal eine göttliche Gelegenheit war, menschliches Verhalten auf die richtige Bahn zurückzubringen, zu einem Riesenkarneval verkommen lassen, an dem wir alle kreischen und schreien, beten und fasten, und das meist ohne im Geringsten unser Verhalten anderen Menschen gegenüber zu überdenken. Wenn ich am Abend Tausende von Muslimen zu den zusätzlichen Ramadangebeten in die Moscheen streben sehe, erfüllt mich das mit einer Mischung aus

Freude und Traurigkeit. Ich freue mich, weil ich sehe, wie Muslime sich für ihre Religion engagieren und sich nicht von der Erfüllung ihrer religiösen Pflichten abbringen lassen, und ich bin traurig, weil Tausende und Abertausende von Muslimen die wahre Botschaft des Islams nicht erfassen, dass nämlich der echte Dschihad darin besteht, die Tyrannen mit der Wahrheit zu konfrontieren. Viele Muslime sehen im Islam lediglich den Hidschab oder den Gesichtsschleier, das Gebet oder die Pilgerfahrt nach Mekka. Das sind Leute, die beim Anblick einer nackten Schauspielerin aufkreischen und wilde Kampagnen gegen Schönheitswettbewerbe führen, die aber angesichts der Despotie und der Repression kein einziges Wort finden, ja, die sich dem ungerechten Tyrannen gegenüber unterwürfig zeigen und an Rebellion nicht einmal denken.

Diese Muslime mit ihrem mangelhaften Islamverständnis sind Opfer zweier Arten von Geistlichen: den Regierungsgeistlichen und den wahhabitischen Geistlichen. Die Regierungsgeistlichen sind Staatsangestellte, die von der Regierung bezahlt und ausgehalten werden und die deswegen aus dem Islam all das auswählen, was den Wünschen des Herrschers entgegenkommt, egal wie korrupt und repressiv er ist. Die wahhabitischen Geistlichen dagegen vertreten die Ansicht, jeglicher Ungehorsam einem muslimischen Herrscher, auch einem korrupten, gegenüber sei ungesetzlich, Gehorsam sei Pflicht, selbst wenn er die Muslime bestehle und sie ungerechtfertigterweise auspeitschen lasse. Die Wahhabiten lenken die Muslime mit allerlei religiösen Nebensächlichkeiten ab. In Ägypten gibt es Dutzende von wahhabitischen TV-Kanälen, finanziert mit Erdölgeldern, auf denen täglich Scheiche auftreten, die alljährlich Millionen von Pfund damit verdienen, dass sie Ägyptern, die zu fünfzig Prozent in tiefstem Elend leben, Predigten halten. Scheiche dieser Art erscheinen auf dem Bildschirm zusammen mit Reklamen für

Waschmaschinen, Kühlschränken, Hautreinigungscremen und Ent-haarungsmitteln für Frauen. Sie predigen über alles, nur nicht über das Wesentliche. Von keinem einzigen hört man je ein Wort über Folter, Wahlfälschungen, Arbeitslosigkeit; keiner warnt die Ägypter, dass der Herrscher sie an seinen Sohn übergeben will wie eine Vieh-herde. Manche dieser Scheiche haben keine Skrupel, offen und voll-umfänglich mit den Sicherheitsdiensten zusammenzuarbeiten, und einige haben sogar versichert, dass Demonstrationen und Streiks für Muslime verboten seien. Das heißt, sie versäumen es nicht nur, sich für Gerechtigkeit auszusprechen, sondern sie unterstützen auch noch die herrscherliche Repression, indem sie die Leute daran hindern, die Wiederherstellung ihrer Rechte zu verlangen.

Diese oberflächliche Frömmigkeit, der Hauptgrund für unsere Zurückgebliebenheit, hat schon vor hundert Jahren der große Re-former Muhammad Abduh (1849 – 1905) mit folgenden Worten gegeißelt:

> Muslime haben ihre Religion vernachlässigt und sind besessen von der Verehrung von Worthülsen. Sie haben alle Tugenden und Qualitäten abgelegt, die ihre Religion enthält, und nichts weitergereicht. Gott erhört keines ihrer Gebete und nimmt keine ihrer Niederwerfungen an: denn es sind nur Bewegungen und Worte ohne Inhalt. Sie begreifen nicht, dass sie sich an Gott, den Allmächtigen, wenden, Ihn rühmen und preisen und Ihn, Ihn allein, um Leitung und Hilfe bitten. Es ist bemerkenswert, dass Rechtsgelehrte aus allen vier großen Rechtsschu-len, und vielleicht auch andere, behauptet haben, das Gebet zähle auch ohne Gedanken an Gott als Verrichtung der religiösen Pflicht. Was für ein Geschwätz! Was für ein Unsinn!

Diese Worte, wie hart sie auch sein mögen, rufen einmal mehr etwas Vergessenes in Erinnerung: Das Wesen des Islams ist der Ruf nach Wahrheit, Gerechtigkeit und Freiheit, alles andere ist sekundär. Leidenschaftliche Religiosität ist in Ägypten echt und aufrichtig, doch nur selten folgt sie dem rechten Weg. Das zentrale Problem in Ägypten ist glasklar: Es gibt seit dreißig Jahren eine abscheuliche Situation voller Korruption, Repression und Ungerechtigkeit, die viele Ägypter in den Selbstmord, ins Verbrechen oder in die Emigration um jeden Preis getrieben hat. Und nachdem der Präsident sich ohne eine einzige echte Wahl dreißig Jahre an der Macht gehalten hat, werden nun Vorbereitungen dafür getroffen, dass sein Sohn diese Macht erben kann, als ob Ägypten eine Hühnerfarm wäre, die der Vater an den Sohn übergibt. Ist das nicht der Höhepunkt an Unrecht? Erst wenn wir uns eingestehen, dass Unrecht das Fasten ungültig macht und dass die Rückforderung unserer entrissenen Rechte wichtiger ist als tausend Niederwerfungen bei Ramadangebeten, werden wir zu einem echten Islamverständnis gefunden haben. Wahrer Islam ist Demokratie.

Demokratie ist die Lösung.

17. August 2010

**Redefreiheit
und staatliche Repression**

Wie begehen Polizisten den Ramadan?

Am 23. August 2007 wachte Muhammad Ali Hassan um sechs Uhr morgens durch heftiges Hämmern an seiner Tür in der Benhawistraße im Stadtteil Bab al-Schaarija auf. Als Asma, seine Frau, und seine beiden Kinder, Jussuf und Muhammad, ebenfalls aufwachten, mussten sie entsetzt mit ansehen, wie Sicherheitsbeamte ihren Vater erst schrecklich verprügelten und danach zum Polizeiposten in al-Daher mitnahmen. Nach Aussage seiner Frau inhaftierte man ihn dort und hängte ihm ein Drogendelikt an – ein Gefallen für zwei einflussreiche Männer aus der Nachbarschaft, mit denen Muhammad ein paar Tage zuvor einen Streit gehabt hatte.

Egal, ob die Geschichte so stimmt oder nicht, der Ramadan begann für Muhammad Ali Hassan in der Untersuchungshaft auf dem Polizeiposten. Seine Frau besuchte ihn, so oft die Polizisten das erlaubten. Doch dann erregte etwas, von dem wir nichts wissen, den Zorn der Geheimdienstler. Sie sorgten dafür, dass er geschlagen und gefoltert wurde, und veranlassten einige der inhaftierten Schwerverbrecher dazu, ihn sich vorzuknöpfen, worauf diese sich auf ihn stürzten und ihn mit Messern attackierten. Als seine Frau ihn nach dem Fastenbrechen am ersten Donnerstag im Ramadan auf dem Polizeiposten aufsuchte, war er in einem erbarmungswürdigen Zustand. Gesicht und Körper waren mit Blutergüssen und Schnittwunden übersät. Er blutete an vielen Stellen und konnte nur mit

Mühe sprechen. Asma war entsetzt und bat die Polizisten, ihren Mann unter Polizeibegleitung in ein Krankenhaus bringen zu dürfen, wo er, wenn es sein müsse, auch auf eigene Kosten, behandelt würde. Doch die Polizisten wiesen das Ansinnen zurück und drohten, sie auch zu inhaftieren, wenn sie sich nicht sofort entferne. Am folgenden Tag starb Muhammad Ali Hassan an seinen Verletzungen, den Folgen der Misshandlungen.

In derselben Woche wurde in Assiut Hani al-Ghandur unter dem Vorwurf krimineller Handlungen inhaftiert. Ein im dortigen Gefängnis arbeitender Polizist namens Islam Bey beleidigte Hani verbal und dieser reagierte auf eine Art, die Islam Bey missfiel, weshalb er beschloss, ihm eine Lektion zu erteilen. Er ließ einen Spitzel namens Ismail kommen, und gemeinsam steckten sie Hani in ein Erdloch, wo sie ihn zwei Stunden lang schrecklich prügelten. Danach fesselten sie ihr Opfer an einen metallenen Stuhl, verabreichten ihm Elektroschocks und schlugen ihn mit Bambusstecken. Schließlich holten sie noch einen Wasserschlauch und schoben ihn in seine Nase. Auf dem Höhepunkt dieser Tortur schrie Hani: »Genug, Islam Bey, ich werde sterben. Das ist zuviel!« Doch Islam Bey, ein alter Hase im Umgang mit Häftlingen, wollte nicht auf einen solchen Trick hereinfallen. Er fuhr fort mit den Elektroschocks und den Schlägen, bis der Häftling seinen letzten Atemzug tat und starb.

Diese beiden Vorfälle wurden in derselben Ramadanwoche in den Zeitungen berichtet und das Innenministerium veröffentlichte, wie üblich, eine Verlautbarung, in der jegliche Foltermaßnahme geleugnet und der Tod der beiden der gleichen Ursache zugeschrieben wurde: ein plötzlicher scharfer Abfall des Blutdrucks. Niemand glaubt ministerialen Verlautbarungen dieser Art. Es lohnt sich nicht einmal, darüber zu diskutieren. Doch diese beiden Vorfälle sind nicht nur besonders brutal, sondern werfen ein paar Fragen auf:

Die an der Folterung beteiligten Polizisten sind Muslime (einer heißt sogar Islam) und befolgen wahrscheinlich aufs Strengste das Fasten im Ramadan und die Gebetspflicht. Vielleicht vollziehen sie sogar, wie andere Leute, die zusätzlichen Gebete in den Ramadannächten. Doch gleichzeitig foltern sie aufs barbarischste Gefangene, ohne dadurch ihr religiöses Gewissen auch nur im Geringsten zu belasten. Offenbar kommt es ihnen nicht in den Sinn, dass Foltern mit Fasten und Gebet unvereinbar ist.

Ein wirklich seltsames Phänomen, das ein paar Gedanken und ein wenig Nachforschung verdient. Wie kann ein Polizist Menschen foltern und danach sein Leben weiterführen, als wäre nichts geschehen? Wie kann ein solcher Mann mit seinen Kindern spielen und mit seiner Frau schlafen, während seine Hände noch mit dem Blut seiner Opfer befleckt sind? Wie können sich hochbegabte junge Männer, körperlich und geistig fit, die beim Eintritt in die Polizeiakademie einen Eid leisten, das Gesetz zu achten, in Bestien verwandeln, denen es ein Vergnügen bereitet, Menschen zu foltern und sexuell zu missbrauchen? Treibt die Polizeiarbeit diejenigen, die sich ihr verschreiben, zu einem pathologischen Sadismus, der sie an solcherlei Quälereien Gefallen finden lässt?

Nun haben psychologische Studien ergeben, dass viele ganz normale Menschen, wenn sie an einem Ort arbeiten, wo systematisch gefoltert wird, in diesen Sog geraten und selbst auch Folterer werden. Auf dem Weg dahin müssen sie aber erst zwei Entwicklungen durchlaufen: die Anpassung und die moralische Rechtfertigung. Anpassung heißt, dass der Polizist, wenn er feststellt, dass alle seine Kollegen sich am Foltern beteiligen und seine Vorgesetzten dieses sogar anordnen, den Anordnungen Folge leistet und ebenfalls zu foltern beginnt, weil er nicht stark genug ist, sich der gängigen Praxis an seinem Arbeitsort entgegenzustellen. Rechtfertigung heißt, dass der Polizist, wenn er zu foltern beginnt, sich selbst einredet, ein solches Tun sei für die allgemeine Sicherheit unumgänglich. Wer foltert, ohne eine Rechtfertigung dafür zu entwickeln, wird das nicht lange durchhalten. Die Folter ist in Ägypten nicht das Werk von ein paar bösartigen oder irregeleiteten Polizisten, sie ist permanente, systematische, vom Staat angewandte Politik, und in der Ära Mubarak ist die Zahl ihrer Opfer höher als je zuvor in der ägyptischen Geschichte.

Als Schulkinder haben wir alle das ›Massaker von Denschawai‹ aus dem Jahr 1906 durchgenommen, und zwar als Beleg für die verbrecherische Besetzung Ägyptens durch die Briten. Doch inzwischen mussten wir einsehen, dass bei diesem berühmten Massaker lediglich fünf Ägypter umkamen (die Engländer erschossen eine Frau und töten vier Männer durch den Strang). Mindestens zweimal so viele kommen in weniger als einem Jahr in Ägypten auf Polizeistationen oder in Einrichtungen der Staatssicherheit ums Leben. Das heißt, was wir Ägypter uns selbst zufügen, ist weitaus schlimmer als das, was uns die britischen Soldaten zugefügt haben. Doch die Verantwortung für den Foltertod Unschuldiger liegt nicht allein bei den Polizisten, die das Verbrechen begehen, auch nicht allein beim Innenminister Habib al-Adli, der ihnen die Befehle erteilt. Die Hauptverantwortung liegt bei Präsident Hosni Mubarak. Zweifellos weiß er, dass jeden Tag Menschen zu Tode gefoltert werden, aber er schaltet sich nicht ein und unternimmt nichts, um diesen Verbrechen Einhalt zu gebieten. Wenn Präsident Mubarak die Folter beenden wollte, würde sie innerhalb von einer Stunde aufhören, doch er betrachtet die Folter als notwendig für den Schutz seines Regimes.

Gott erbarme sich Hani al-Ghandurs von Assiut und Muhammad Ali Hassans von Bab al-Schaarija. Unser tiefstes Beileid geht in diesem heiligen Monat zu ihren Familien und den Kindern, die nun vaterlos aufwachsen müssen. Doch diese Art Unrecht ist zu empörend, als dass es noch lange weitergehen könnte. Sehr bald werden alle, die für diese Verbrechen und Tragödien verantwortlich sind, zur Rechenschaft gezogen werden, und die Tyrannen werden spüren, was sie erwartet.

17. September 2008

Gespräch mit einem Sicherheitsoffizier

Das Folgende spielte sich vor ein paar Jahren ab. Auf der Hochzeit eines Verwandten saß ich neben einem anderen Hochzeitsgast, dem ich nie zuvor begegnet war. »Ich heiße …«, stellte er sich vor. »Ich bin Polizeioffizier.« Er schien zwischen vierzig und fünfzig Jahre alt zu sein, war sehr elegant, höflich und ruhig. Auf seiner Stirn bemerkte ich ein Gebetsmal. Nach einem Austausch von Höflichkeiten wollte ich wissen, in welcher Abteilung er arbeite. »In der Staatssicherheit«, erwiderte er nach kurzem Zögern. Danach schwiegen wir beide. Er wandte sich von mir ab und betrachtete die anderen Gäste. Ich dagegen war zwischen zwei Möglichkeiten hin und her gerissen: entweder den Smalltalk fortzuführen oder offen meine Meinung über die Staatssicherheit zu äußern. Schließlich konnte ich mich doch nicht zurückhalten und bemerkte: »Entschuldigen Sie, Sie scheinen religiös zu sein, wie man sieht.«

»Ja, gepriesen sei Gott.«

»Und Sie finden keinen Widerspruch zwischen Religiosität und der Arbeit für die Staatssicherheit?«

»Wo sollte da ein Widerspruch sein?«

»Nun, die von der Staatssicherheit Festgehaltenen werden geschlagen, gefoltert und vergewaltigt, während die Religion dergleichen Praktiken untersagt.«

Schon begann er, seine Ruhe zu verlieren. »Erstens haben diejenigen, die verprügelt werden, das verdient. Zweitens werden Sie, wenn Sie Ihre Religion gründlich studieren, feststellen, dass sich unsere Arbeit bei der Staatssicherheit im Einklang mit den Lehren des Islams befindet.«

»Aber der Islam legt großen Wert auf den Schutz menschlicher Würde.«

»Was Sie da vorbringen, stimmt nicht. Ich bin bestens vertraut mit den Bestimmungen des islamischen Rechts.«

»Das islamische Recht gestattet es nicht, Menschen zu foltern.«

»Lassen Sie mich ausreden. Der Islam hat nichts mit Demokratie oder Wahlen zu tun… Rechtsgelehrte haben den Gehorsam dem Herrscher gegenüber zur Pflicht erhoben, gleichgültig ob dieser Herrscher mit Zustimmung der Muslime oder durch Gewalt die Macht übernommen hat. Die Allgemeinheit sollte den Herrscher nicht einmal infrage stellen, wenn er korrupt und ungerecht ist. Wissen Sie, wie im Islam Personen bestraft werden, die sich gegen den Herrscher auflehnen?«

Ich schwieg.

»Sie müssen die *harâba*-Strafe erhalten«, fuhr er eifrig fort. »Die linke Hand und der rechte Fuß sollten ihnen abgehackt werden. Alle, die im Hauptquartier der Staatssicherheit einsitzen, sind Aufrührer, denen entsprechend der Scharia Hand und Fuß abgehackt werden sollten. Aber wir tun das nicht. Wir bedienen uns weit zurückhaltenderer Maßnahmen.«

Wir hatten eine lange Debatte. Ich argumentierte, dass sich der Islam auf die Seite von Gerechtigkeit und Freiheit stelle. Außerdem sei die Versammlung, die zu Abu Bakrs Ernennung zum Kalifen geführt habe, ein beispielhaft demokratischer Vorgang, lange vor dem Beginn westlicher Demokratie. Ich erklärte auch, dass die *harâba*-Bestrafung nur bei bewaffneten Gruppen, die unschuldige Menschen berauben, vergewaltigen oder umbringen, zur Anwendung kommen sollte, sicher nicht bei politischen Dissidenten in Ägypten. Er dagegen hielt an seiner Ansicht fest und schloss die Debatte mit der Feststellung, dies sei seine Auffassung des Islams und daran werde sich nichts ändern; schließlich müsse er sich einmal Gott gegenüber verantworten.

Nach der Hochzeit fragte ich mich, wie ein so kluger und gebildeter Mann zu einer so irrigen Auffassung vom Islam gebracht werden konnte. Woher hatte er bloß seine falschen Vorstellungen? Wie konnte jemand nur annehmen, Gott billige es, wenn man Menschen foltere und demütige? Es blieb mir unklar, bis ich einige Monate später eine Untersuchung mit dem Titel *Die Psychologie der Henker* las. Darin erklärte der Autor, man könne Polizisten in zwei Gruppen einteilen: die Psychopathen, die aggressiv seien und keine moralischen Werte besäßen, und die anderen, die Mehrheit, die psychisch ausgeglichen seien. Wenn Letztere ihr Büro verließen, würden sie zu anderen Menschen und seien freundlich und herzlich im Umgang. Zum Foltern seien jedoch zwei Voraussetzungen unverzichtbar: Gehorsam und Überzeugung. Gehorsam bedeute hier, dass der Polizist sich einredet, er befolge nur Befehle und habe selbst nichts dazu zu sagen. Und Überzeugung bedeute, dass er sein Tun für moralisch und religiös zulässig hält. Deshalb würden die Opfer als Agenten des Feindes oder als Ungläubige angesehen, wodurch das Foltern eine gerechte Handlung zum Schutz von Volk und Vaterland werde. Der Autor der Studie folgert, dass ein Polizist ohne Überzeugung nicht lange foltern könne, da er sich ab einem bestimmten Punkt selbst verachte und an einem unüberwindbaren Schuldgefühl leide.

Meine Debatte mit dem Offizier der Staatssicherheit fiel mir auch wieder ein, als ich von der Festnahme zweier Mitglieder der

Bewegung 6. April* erfuhr: Omnija Taha und Sarah Muhammad Risk. Ein Sicherheitsbeamter an der Kafr-al-Scheich-Universität verhaftete die beiden jungen Frauen, weil sie ihre Kommilitonen und Kommilitoninnen zum Streik aufgerufen hätten, und die Staatsanwaltschaft klagte sie der Verschwörung zum Sturz des Regimes an und verordnete eine zweiwöchige Untersuchungshaft.

Dieser Vorgang wirft eine Anzahl Fragen auf, unter anderem diejenige, wie der Streikaufruf zweier noch nicht zwanzigjähriger Studentinnen Präsident Mubaraks Regime gefährlich werden könne. Außerdem ist ein Streikaufruf kein Verbrechen. Ägypten hat verschiedene internationale Vereinbarungen unterzeichnet, in denen der Streik als grundlegendes Menschenrecht festgeschrieben ist. Erfahren zu müssen, dass die beiden Studentinnen von einem Staatssicherheitsoffizier schlimm gefoltert wurden, deprimierte mich zutiefst. Er soll sie geschlagen und ihnen die Kleider vom Leib gerissen haben. Und da erinnerte ich mich an den Offizier der Staatssicherheit an jener Hochzeit und fragte mich, wie ein Mann, der vielleicht Frau und Tochter hat, eine junge Frau – vielleicht sogar im Alter seiner Tochter – derart brutal behandeln könne. Wie konnte er seine Schuldgefühle ertragen und Frau und Kindern in die Augen sehen? Schämte er sich nicht, eine hilflose junge Frau zu schlagen? Konnte er das in Einklang bringen mit seinen Werten von Männlichkeit, Religion, Moral? Und was bedeutet das für das Ansehen von Armee und Polizei?

Das Regime in Ägypten sieht sich einer nie dagewesenen Protestwelle gegenüber, da das Leben für weite Kreise der ägyptischen

---

* Bewegung 6. April: Loser Zusammenschluss oppositioneller Jugendlicher, die als Ausgangsdatum für ihre Bewegung den 6. April 2008 wählen, an dem im ganzen Land Streiks stattfanden, ausgehend von einem Textilarbeiterstreik in Mahalla al-Kubra, wo es zu schweren Zusammenstößen kam.

Bevölkerung unerträglich geworden ist, nachdem ihnen nun auch die grundlegendsten Voraussetzungen für eine anständige Existenz fehlen. Diese Gruppen haben gar keine andere Möglichkeit als auf die Straße zu gehen und für ihre legitimen Rechte einzustehen. Und dann schiebt das Regime, das sich als unfähig für ernsthafte Reform erwiesen hat, die Polizei gegen die Bevölkerung, um sie zu unterdrücken und zu foltern. Doch das Regime übersieht dabei, dass die Polizisten Teil dieser ägyptischen Bevölkerung sind.

Wenn ein Regime sich ausschließlich auf die Unterdrückung verlässt, verliert es offenbar die Tatsache aus dem Blick, dass der Repressionsapparat, er mag noch so mächtig sein, aus Individuen besteht, die zu dieser Gesellschaft gehören und ihre Unzufriedenheiten und Interessen teilen. Mit wachsender Repression sehen sich diese Individuen immer weniger in der Lage, ihre Verbrechen vor sich selbst zu rechtfertigen. Und so wird der eiserne Griff des Regimes gebrochen und es erhält den verdienten Lohn. Für Ägypten, glaube ich, ist dieser Tag nicht mehr fern.

7. April 2009

Vier Videos zu Präsident Mubaraks Unterhaltung

Jüngst trafen sich in Washington die beiden großen Führer Präsident Hosni Mubarak und Präsident Barack Obama zu freundlichen und fruchtbaren Gesprächen über wichtige, ihre beiden Länder betreffende Fragen: Irans Nuklearprogramm, Friede mit Israel und die Situation in Darfur. Mit gleichem Nachdruck versicherten beide ihre tiefe Besorgnis über die Verschlechterung der Menschenrechtssituation in Iran, das Verbot von Demonstrationen, die Fälschung von Wahlen, das Foltern unschuldiger Menschen und die schrecklichen Verbrechen, die sich die iranische Regierung zuschulden kommen lasse und die anzuprangern und zu unterbinden die internationale Gemeinschaft und die ägyptische Regierung keine Mühe scheuen würden. Am Ende erhielt Präsident Obama von seinem Freund Präsident Mubarak das Versprechen, dass die demokratische Reform in Ägypten, wiewohl ein langwieriger und nicht einfacher Prozess, unumkehrbar sei und fortgesetzt werde. Obama gab ein weiteres Mal seiner Bewunderung für Präsident Mubaraks Weisheit, Mäßigung und Mut Ausdruck.

All das ist wohlbekannt, nachvollziehbar und war zu erwarten, doch eigentlich geht es mir um etwas anderes. Die Reisezeit von Washington nach Kairo beträgt zehn Stunden. Was tut Präsident Mubarak während dieser Zeit? Die Ausstattung des Privatflugzeugs des Präsidenten entspricht sicher den höchsten Standards. Trotzdem ist es eine lange Zeit. Womit beschäftigt sich der Präsident also unterwegs? Nutzt er die Gelegenheit, ein paar Stunden zu schlafen, damit sein erschöpfter Körper sich etwas erholen kann? Verbringt er die Zeit im Gespräch mit den Journalisten der Regierungszeitungen, die er auf jede seiner Reisen mitnimmt? Denn diese werden sich, wie üblich, in ihrem Loblied auf die Leistungen des Präsidenten, auf seine historische Führungsrolle und auf seine weisen Entscheidungen überschlagen. Ich persönlich nehme an, dass den Präsidenten die dauernde Lobhudelei schon langweilt. Lenkt er sich mit etwas Lektüre ab? Hat er die gesammelten Werke von Machmud Sami al-Barudi dabei, den er immer wieder seinen Lieblingsdichter nennt? Ich weiß nicht genau, was der Präsident gern tut, also schlage ich vor, dass er sich ein paar gute Videos anschaut, die ihm hoffentlich zusagen. Keine langen Kinofilme, sondern kurze Dokumentarstreifen, nicht mit professionellen Schauspielern oder auch nur Amateuren, sondern mit ganz normalen Ägyptern, die ganz wie Millionen andere einen harten, täglichen Kampf kämpfen, um ihre Kinder zu ernähren und ihnen ein anständiges Leben zu bieten.

Ich stelle mir die Videos folgendermaßen vor:

Im ersten sehen wir, wie ein junger Mann aus Port Said auf einer Polizeistation fürchterlich gefoltert wird. Zu Beginn ist der Mann mit gefesselten Händen an der Decke aufgehängt, sein Rücken und sein Bauch sind von den Schlägen aufgerissen. Der Mann bittet den Polizeioffizier um Schonung. »Hören Sie auf, Muhammad Bey! Ich werde sterben, Muhammad Bey.« In der zweiten Szene sind dem jungen Mann die Augen verbunden. Er weint und fleht mit gebrochener Stimme den Polizisten an: »Ich bitte Sie, Muhammad Bey, wir sind Menschen, keine Tiere.« Muhammad Bey bleibt unsichtbar, aber seine wütende Stimme ist zu hören. »Halts Maul!«, schreit er den Mann an und beschimpft ihn dann aufs unflätigste. Warum Muhammad Bey so verärgert ist? Nun, dieser junge Mann schreit während der Folter, und das betrachtet Muhammad Bey als einen Affront, weil die Regeln seinem Verständnis nach vorsehen, dass niemand das Recht hat, gegenüber einem Polizeioffizier den Mund aufzumachen, nicht einmal, wenn dieser ihn schlägt und foltert.

Im zweiten Video ist eine Frau die Hauptfigur, eine Ägypterin über dreißig, mit unbedecktem Haar, Bluejeans und einem dunklen T-Shirt. Wir sehen, wie ein Polizeioffizier mit einem Knüppel erbarmungslos auf sie eindrischt. Er schlägt sie mit aller Kraft auf den ganzen Körper: Füße, Arme, Kopf. Die Frau schreit erst, dann ist sie still. In der nächsten Aufnahme liegt sie flach, Hände und Füße an einen Eisenstab gebunden. Diese Stellung sei, so erzählt man, auf Polizeiposten und in den Einrichtungen der Staatssicherheit üblich. Man nenne sie die ›Hühnerstellung‹. Sie verursacht entsetzliche Schmerzen, reißt an den Muskeln und kann zu Knochen- und besonders auch Wirbelbrüchen führen. Doch dabei lässt es der Polizeioffizier nicht bewenden, sondern drischt weiter auf sie ein, bis sie schließlich schreit: »Ja, ich habe ihn getötet. Ja, ich habe ihn wirklich umgebracht.« An diesem Punkt stellen wir fest, dass es um die Untersuchung eines Mordfalles geht und dass auf diese effiziente Weise der Polizeioffizier den Mörder gefunden und dem Gesetz Genüge getan hat.

Im dritten Video steht ein etwa vierzigjähriger Mann vor einem Polizeioffizier, der ihn aufs übelste beschimpft. Dann hebt der Polizist die Hand und holt zu einem brutalen Schlag ins Gesicht des Mannes aus. Doch in dem Augenblick, da der Mann zum Schutz vor dem Schlag die Augen schließt, hält der Polizist in seiner Bewegung inne und macht mit seinen Fingern obszöne Gesten. Dazu bricht er in ein wildes Gelächter aus und schreitet dann durch den

Raum, stolz auf seinen schlauen Trick. Wieder ernst, tritt er mit einer Zigarette im Mundwinkel zu seinem Opfer und schlägt ihm mehrfach mit beiden Händen ins Gesicht. Als der Mann instinktiv eine Hand zum Schutz seines Gesichts hebt, hält der Polizist inne, beleidigt die Mutter des Mannes, befiehlt ihm, seine Hand wegzunehmen und schlägt dann wieder zu.

Im vierten Video sehen wir den Polizisten nicht, weil er hinter der Kamera sitzt. Wir sehen einen etwa sechzigjährigen, etwas gebrechlichen Mann, offenbar arm und unterernährt. Ein muskulöser Geheimdienstmann hält ihn fest, und man hört die Stimme des Polizeioffiziers: »Los, gib ihm Saures, Abdalrassul!« Der Angesprochene führt den Befehl aus und beginnt, den alten Mann zu bearbeiten. Doch der Polizeioffizier treibt ihn, mit heiter amüsierter Stimme, noch weiter: »Das ist aber sanft, Abdalrassul, viel zu sanft. Ein bisschen strammer!« Während der Geheimdienstmann immer heftiger wird, erteilt ihm der Polizeioffizier Ratschläge, wo die Hiebe zu platzieren seien: »Auf den Nacken, Abdalrassul! Jetzt auf den Kopf.« Abdalrassul schlägt immer heftiger und tut sein Bestes, um den Polizeioffizier zufriedenzustellen, doch dieser nörgelt immer weiter an der schlappen Leistung herum. Nun betritt ein anderer Spitzel den Raum, um Abdalrassul bei seiner Aufgabe beizustehen. Gemeinsam prügeln sie den alten Mann, um dem Offizier ihre Qualitäten zu demonstrieren. Der alte Mann ergibt sich völlig den Schlägen, unfähig, den Kopf zu heben oder auch nur einen Schrei auszustoßen. Sein Blick ist völlig leer, wie tot.

Herr Präsident, ich habe die erwähnten Filme aus den zahllosen ausgewählt, die auf dem Blog ›Ägyptisches Bewusstsein‹ von Wael Abbas und vielen anderen zu finden sind. Es handelt sich ausschließlich um authentische Aufnahmen der fürchterlichen, verbrecherischen Folter, der Ägypter täglich ausgesetzt sind. In vielen Fällen sind Namen und Wirkungsstätten der Täter vermerkt, und meist sind die Gesichter der Polizeioffiziere deutlich erkennbar und identifizierbar. Alle diese Aufnahmen wurden von zufällig anwesenden Personen mit Handykameras gemacht und fanden irgendwie ihren Weg auf die Blogs. Mitunter hat auch der Polizeioffizier die Aufnahmen während seiner Foltcrarbeit selbst gemacht, um sie seinen Kollegen zeigen oder um die Opfer später demütigen oder einschüchtern zu können. Menschen neigen dazu, glückliche Augenblicke in ihrem Leben festzuhalten. Es leuchtet ein, wenn jemand seine Hochzeit oder die Feier seines Schul- oder Universitätsabschlusses fotografiert, doch sich selbst dabei zu verewigen, wie man andere Menschen quält, ist so bizarr, dass es zum Verständnis eines Psychiaters bedarf.

Herr Präsident, ich erwarte von Ihnen nicht, dass Sie eingreifen, um diese entwürdigende Behandlung zu unterbinden, der Dutzende von Ägyptern täglich auf Polizeiposten und in den Einrichtungen der Staatssicherheit ausgesetzt sind. Ich erwarte von Ihnen auch nicht, dass Sie die Verbrechen untersuchen, die die Vertreter Ihres Regimes an Unschuldigen begehen. Ich erwarte von Ihnen nicht, dass Sie sich einschalten, da ich, wie alle Ägypter, aus meiner Erfahrung heraus die Grenzen des in Ägypten Möglichen kenne. Ich wollte Ihnen, Exzellenz, lediglich ein paar Videofilme zu Ihrer Unterhaltung auf Ihrer langen Reise empfehlen. Kommen Sie gut an!

Demokratie ist die Lösung.

18. August 2009

Bevor wir die Schweiz verurteilen

Am 27. Oktober schrieb ich bei einem Besuch in der Schweiz zum ersten Mal über den Kampf um die Minarette. Ich erklärte damals, dass es bei dieser Auseinandersetzung um mehr gehe, als um das Verbot, Minarette zu bauen. Das eigentliche Ziel sei ein Gesetz, in dem der Islam offiziell mit Terrorismus in Verbindung gebracht wird und mit dem weitere Gesetzeskampagnen rechter rassistischer Parteien Tür und Tor geöffnet würde, die allein der Beschneidung der Freiheiten von Muslimen im Westen dienten. In meinem Artikel schlug ich vor, eine Delegation aus Fachleuten für islamische Kultur und aufgeklärten Religionsgelehrten zu bilden, die in die Schweiz reisen und der Bevölkerung dort erklären solle, dass das Minarett ein Phänomen islamischer Architektur ist, nicht ein Kriegssymbol, wie von der Schweizerischen Volkspartei (SVP), die die Auseinandersetzung begann, behauptet. Die Zeitung *al-Schuruk* reagierte positiv auf meinen Vorschlag und nahm mit einigen hohen Beamten Kontakt auf, die jedoch offenbar nicht sehr begeistert waren, oder vielleicht begeistert waren, aber dennoch nichts unternahmen. Die einzige Ausnahme war der Mufti der Republik, dessen Medienberater zufällig zu einer Konferenz in der Schweiz weilte und von dort nach der Abstimmung über das Minarettverbot zurückkehrte. Inzwischen ist also die Pflichtvergessenheit hoher ägyptischer Beamter zu einem ebenso häufigen wie bedauerlichen Phänomen geworden.

Bei den Vorfällen rund um das Fußballspiel zwischen Ägypten und Algerien im Sudan mussten wir feststellen, dass die ägyptischen Behörden zunächst unfähig waren, ägyptische Bürger gegen barbarische Angriffe krimineller algerischer Gangs zu schützen, die die algerische Regierung im Flugzeug dorthin hatte schaffen lassen, und dass sie anschließend unfähig waren, diejenigen zur Rechenschaft zu ziehen, die die ägyptische Ehre verletzt hatten.

Vor ein paar Tagen nun erfolgte die Abstimmung in der Schweiz, durch die der Bau weiterer Minarette im Land verboten wurde. Die Ägypter waren wütend und fragten sich, wie die Schweiz als angeblich demokratisches Land Muslimen, und nur ihnen, verbieten könne, Minarette zu errichten. Sie fragten sich, was an Minaretten so schlimm sei, dass Schweizer sie nicht in ihrem Land sehen wollen. Auch ob ähnliche Maßnahmen beispielsweise gegen jüdische Synagogen in der Schweiz denkbar wären. Der Ärger der Ägypter ist normal und verständlich, ihre Fragen sind durchaus legitim. Doch bevor wir die Schweiz verdammen, sollten wir uns ein paar Tatsachen vergegenwärtigen.

Erstens bedeutet das Verbot, weitere Minarette zu errichten, nicht, dass alle Schweizer antiislamisch sind. Fast die Hälfte der Schweizer Wählerschaft, ebenso die schweizerische Regierung und die Vertreter der christlichen und jüdischen Gemeinschaften unterschiedlichster Ausrichtung, haben sich bis zuletzt vehement für das Recht der Muslime eingesetzt, ihre Minarette zu bauen. Ja, das Ergebnis des Referendums hatte zur Folge, dass in vielen Schweizer Städten für das Recht der Muslime auf freie Religionsausübung demonstriert wurde. Ich erhielt viele Briefe von kultivierten Schweizer Freunden, in denen ein tiefes Bedauern über das Minarettverbot zum Ausdruck kam. So schrieb die prominente Literaturkritikerin Angela Schader: »Ich bin schockiert und schäme mich für mein

Land«, und charakterisierte das Minarettverbot als eine Entscheidung, die »töricht, engstirnig und feige« sei.

Zweitens verletzt das Referendum, obwohl unter der schweizerischen Bundesverfassung legal und bindend, die Prinzipien der Menschenrechte, und der Fall kann vor internationale Gerichte gebracht und von diesen möglicherweise für ungültig erklärt werden. Das ist genau der richtige Weg, sich des Problems anzunehmen. Boykottaufrufe und der Vorwurf antiislamischer Einstellung in der Schweiz würden ein falsches Bild der Schweizer Bevölkerung geben und eine Konfrontation schaffen, aus der nur die Extremisten Nutzen zögen.

Drittens ist die Schweizerische Volkspartei, die das Ganze ins Rollen gebracht hat, eine der vielen europäischen Rechtsparteien, die rassistische, fremden- und einwandererfeindliche Parolen haben. Diese Partei hat die Furcht der Schweizer vor dem Islam, dessen tolerante Lehren sie nicht kennen, ausgenützt und einen Schritt getan, dem weitere folgen werden. Vertreter der Partei haben erklärt, man bereite ein weiteres Referendum vor, diesmal gegen das Tragen eines Hidschabs bei der Arbeit und in Schulen oder Universitäten, gegen Frauenbeschneidung und gegen separate muslimische Friedhöfe. Der französische Präsident Nicolas Sarkozy hat sich rasch hinter das Minarettverbot gestellt und erklärt, er verstehe gut, dass sich die westliche Gesellschaft für die Bewahrung ihrer kulturellen Identität einsetzen müsse, und auch in Deutschland und den Niederlanden erhoben sich Stimmen, die nach ähnlichen Referenden zur Eindämmung der Muslime riefen. Die Auseinandersetzung ist also mit der Minarettfrage noch nicht zu Ende. Sie hat erst gerade begonnen, und wir müssen die Rechte der Muslime wirksam mit allen legalen und anständigen Mitteln verteidigen.

Viertens glaube ich aus meiner langen Erfahrung im Umgang

mit westlichen Gesellschaften zu wissen, dass wir Muslime weitgehend selbst für diese Welle der Furcht vor dem Islam verantwortlich sind. Vor dem 11. September existierte dieses Gefühl nicht, zumindest nicht so sichtbar. Kriminelle Terroristen vom Schlage eines Osama bin Laden oder eines Aiman al-Sawahiri haben im Bewusstsein von Millionen von Menschen im Westen das Bild des Islams getrübt. So hat das Wort Dschihad in westlichen Sprachen die Bedeutung eines bewaffneten Angriffs auf Zivilisten angenommen und ›islamisme‹ bedeutet in Frankreich – sogar in akademischen Kreisen – inzwischen Terrorismus. Dazu kommt, dass die meisten Moscheen im Westen von wahhabitischen Ölscheichen finanziert werden, die eine ausgesprochen salafistische Religionsvorstellung verbreiten, die viel zur Entstellung des Islambildes im westlichen Bewusstsein beigetragen hat. So ist der Sport für muslimische Mädchen an Schweizer Schulen zum großen Problem geworden, da zahlreiche muslimische Eltern ihren Töchtern verbieten, am Turn- und Schwimmunterricht teilzunehmen – natürlich auf der Grundlage irriger wahhabitischer Fatwas. Das zwingt die Schulbehörden, sich für das Recht der Mädchen zur Teilnahme einzusetzen und verstärkt das Bild vom Islam als einer reaktionären Religion, die in der Frau nur einen Körper sieht, von dem die Verführung ausgeht und der dem Vergnügen dient. Man muss sich nur die Reaktion im Westen vorstellen, wenn ihnen erzählt wird, der Islam verlange die Beschneidung von Frauen, dieses schreckliche Verbrechen, das nichts mit dem Islam gemein hat, oder wenn sie Frauen mit dem Nikab, also einem Gesichtsschleier, sehen, egal ob mit zwei oder nur einer Augenöffnung, wie es manche Scheiche aus Saudi-Arabien empfehlen. Die mit Ölgeldern geförderten wahhabitischen Ideen liefern dem westlichen Bewusstsein das schlimmstmögliche Bild des Islams. Nicht alle, die in der Schweiz für das Verbot neuer Minarette gestimmt haben, sind Rassisten; sie fürchten sich lediglich vor einer Religion, die sich in ihrer Vorstellung mit Gewalt, Mord, Rückständigkeit und der Unterdrückung von Frauen verbindet. Wir haben die Pflicht, dem Westen ein korrektes Bild jenes Islams zu zeigen, der eine Zivilisation schuf, die während sieben Jahrhunderten die Welt die Prinzipien von Gerechtigkeit, Freiheit und Toleranz lehrte. Wenn wir dieser Pflicht nicht nachkommen, dürfen wir nicht den anderen Vorwürfe machen.

Fünftens ist das Verbot, in der Schweiz neue Minarette zu bauen, eine offenkundige Verletzung der Glaubensfreiheit, und Ägypter, Araber und Muslime haben das Recht, sich gegen dieses Verbot zu äußern und es mit allen rechtlichen Mitteln zu bekämpfen. Aber die ägyptische Regierung hat nicht das Recht, den Schweizern Vorhaltungen zu machen, da sie selbst den Ägyptern die Glaubensfreiheit nicht garantieren kann. Die ägyptischen Behörden inhaftieren regelmäßig Schiiten und Koranisten, bringen sie unter dem Vorwurf der Verachtung der Religion vor Gericht und werfen sie dann ins Gefängnis. Das zuständige Büro unter der Leitung des Muftis, das jetzt Glaubensfreiheit in der Schweiz verlangt, hat in einer Fatwa die Bahais zu Ungläubigen erklärt und sie damit praktisch vogelfrei gemacht. Diese Bahais sind ägyptische Bürger, die einen langen Kampf für die offizielle Anerkennung ihrer Religion geführt haben. Was die Kopten angeht, so haben sie die größten Schwierigkeiten, wenn sie neue Kirchen bauen oder die alten instand setzen wollen. Ein Gesetzesentwurf über Gebetsstätten, in dem Moscheen und Kirchen rechtlich gleichgestellt würden, ruht seit vielen Jahren in den Schubladen der ägyptischen Regierung, die sich weigert, auch nur darüber zu reden.

Glaubensfreiheit bedeutet, dass jeder Person Respekt gezollt und die Möglichkeit gottesdienstlicher Verrichtung gewährt wird, egal welcher Überzeugung und welcher Religion sie folgt. Das ist das genaue Gegenteil dessen, was die ägyptische Regierung tut. Sie kann nicht Glaubensfreiheit in der Schweiz einfordern und diese in Ägypten verhindern. Das ägyptische Regime, das seine Macht durch Repression und Betrug hält, kann seinen Bürgern keine Glaubensfreiheit garantieren, weil man etwas Verlorenes nicht weitergeben kann und weil Glaubensfreiheit nicht isoliert von anderen Freiheiten und politischen Rechten zu verwirklichen ist.

Demokratie ist die Lösung.

6. Dezember 2009

Das Malheur eines Offiziers
der Staatssicherheit

Vergangenen Samstag schloss Amr Bey, ein Offizier der Staatssicherheit, seine Arbeit ungewöhnlich früh ab und eilte nach Hause. Er war glücklich. Sollte er doch sein zehnjähriges Töchterchen Nurhan sehen, was während der Woche selten geschieht. Im Allgemeinen kommt er von der Arbeit, wenn sie schon schläft, und wenn er aufsteht, ist sie schon in der Schule. Amr Bey kam in die Wohnung, begrüßte in der Küche seine Frau Nadia und ging dann zu seiner Tochter. Als er in ihr Zimmer trat, saß sie am Schreibtisch und lernte. Sie trug einen blauen Trainingsanzug, ihr Haar war zu einem Pferdeschwanz zusammengefasst. Er küsste sie auf die Stirn und fragte, ob sie schon gegessen habe. Sie müsse erst ihre Hausaufgaben fertig machen, dann könne sie essen. Amr Bey sagte, sie würden zusammen essen. Dann streichelte er mit der rechten Hand ihre Wange. Doch plötzlich blickte Nurhan entgeistert und rief: »Papa, du hast Blut an der Hand!« Amr Bey betrachtete seine rechte Hand. Tatsächlich, es klebte Blut daran. Als Nurhan entsetzt zu kreischen begann, kam die Mutter ins Zimmer gerannt, um zu erfahren, was los war. Amr Bey blieb gefasst und versuchte, Frau und Tochter zu beruhigen. Er ging rasch ins Badezimmer und wusch seine Hand mehrmals gründlich mit Wasser und Seife, bis auch der letzte Blutschimmer beseitigt war. Dann trocknete er sie ab.

Vor dem Badezimmer wartete Nurhan auf ihn. Er küsste sie auf

die Wange und lächelte beruhigend. Das Ehepaar ging ins Schlaf-
zimmer, und Amr Bey begann sich auszuziehen, um ein wenig zu
schlafen. Doch plötzlich, nach einem Blick auf seine Hand, rief er:
»Nadia, das Blut ist wieder da!« Nun ließ sich das Geschehen nicht
länger leugnen. Nadia zog sich eilends an und fuhr ihn in ihrem
Auto ins Salami-Krankenhaus. Unterwegs rief Amr Bey den Chefarzt an, mit dem er gut bekannt war. Er hielt das Handy mit der linken Hand, da die rechte völlig mit Blut bedeckt war. Und während
seine Frau fuhr, fragte sich Amr, woher all dieses Blut stammen
könnte. Er hatte sich nirgends verletzt oder sonst etwas mit seiner
Hand gemacht.

Amr Bey ließ seinen Arbeitstag Revue passieren. Um 13 Uhr war
er im Gebäude der Staatssicherheit eingetroffen. Bevor er in sein
Büro ging, hatte er bei seinem Kollegen Taler Bey vorbeigeschaut,
um sich zu erkundigen, ob er seine Sommerferien in Marsa Ma-
truch, die sie dort gemeinsam verbringen wollten, ab dem 1. August
gebucht habe. Taler Bey war ein Kumpel aus Studientagen und einer
seiner engsten Freunde. Taler war mit ein paar Islamisten, Mitgliedern der Waad(Versprechen)-Gruppe, beschäftigt. Ein Mann war an
den Füßen aufgehängt – man nannte das *dhabiha*, Schlachtopfer –
und ein paar Angestellte verabreichten ihm Elektroschocks zwischen den Beinen. Der Mann kreischte ganz fürchterlich, während
Taler dröhnend rief: »Weißt du was, Bürschchen, wenn du jetzt
nicht auspackst, lass ich deine Frau Buthaina holen und hier ent-
blättern, und dann besorgen es ihr die Soldaten hier vor deinen
Augen.« Als Taler Bey seinen Freund erblickte, hellte sich sein Gesicht auf. Er ging ihm entgegen, um ihm die Hand zu schütteln. Ja,
er habe gebucht, versicherte er ihm.

Nachdem er Taler Beys Büro verlassen hatte, beschloss Amr Bey,
auch noch seinem Kollegen Abdalchalik Bey, der gerade ein paar

streikende Arbeiter aus einer Zementfabrik befragte, einen schönen guten Morgen zu wünschen. Einer der Männer war, nur mit einer Unterhose bekleidet, mit Händen und Füßen wie gekreuzigt an ein Stück Holz gefesselt, das man ›Püppchen‹ nannte. Der Körper des Mannes war mit Wunden und Malen übersät. Hinter ihm stand ein Spitzel, der mit einer Peitsche auf ihn eindrosch, während ein paar andere Kopf und Gesicht des Opfers bearbeiteten. »So so, du spielst den Aktivisten und den Helden?«, schrie Abdalchalik ihn an. »Na gut, Bürschchen, ich schwöre dir, du wirst noch den Soldaten die Stiefel küssen. Du wirst noch wünschen, tot sein zu dürfen, aber dieser Wunsch wird dir nicht erfüllt.« Amr Bey winkte seinem Freund grüßend zu und eilte weiter, um ihn nicht bei seiner Arbeit zu stören. Danach richtete Amr Bey sich in seinem Büro ein und befasste sich mit zwei jungen Männern aus der Bewegung 6. April, die andere aufgefordert hatten, zur Begrüßung von Dr. Mohamed el-Baradei an den Flughafen zu kommen. Die Befragung war recht einfach, da die beiden schon die ganze Nacht hindurch von einigen Spitzeln verprügelt und ausgepeitscht worden waren und sich deshalb im Zustand völliger Erschöpfung befanden. Amr Bey hatte nicht mehr viel zu tun. Er ließ die Männer die üblichen Beleidigungen hören und wollte sie gerade entlassen, als er bemerkte, dass einer von ihnen einen gewissen Trotz im Blick hatte. Er stand auf und schlug ihn mehrmals ins Gesicht, ein Zeichen für die Spitzel, eine neue Runde Prügel und Fußtritte zu beginnen. »Los, sag, ich bin ein Weib«, schrie Amr Bey. Trotz der brutalen Prügelei weigerte sich der junge Mann, das Verlangte zu sagen. Da begannen, auf ein Zeichen Amr Beys hin, die Schergen den Mann an den Füßen herumzuschleifen, so dass sein Kopf immer wieder auf den Boden schlug; dabei traktierten sie ihn mit Fäusten und Stiefeln, bis er ohnmächtig wurde.

Das war alles, was Amr Bey den Tag über getan hatte. Nichts Besonderes oder Ungewöhnliches. Ein ganz normaler Tag. Woher kam also bloß das Blut an seiner Hand? Im Krankenhaus erwartete ihn schon der Chefarzt persönlich. Er untersuchte ihn gründlich und nahm Blutproben, die umgehend untersucht wurden. In seinem Büro las er die Ergebnisse und erklärte Amr Bey und seiner Frau Nadia: »Sehen Sie, man blutet an der Hand in drei Fällen: wegen einer Wunde, wegen einer Überdosis Gerinnungshemmer oder wegen, was Gott verhüten möge, einer bösartigen Blutkrankheit. Nun sind Sie weder verletzt, noch haben Sie einen Gerinnungshemmer genommen, und auch Ihr Blut scheint in Ordnung. Ihr Fall, Herr Amr, ist tatsächlich etwas seltsam. Warten wir doch einmal vierundzwanzig Stunden, vielleicht gibt sich das dann.«

Der Arzt verschrieb ihm ein paar Medikamente und gab ihm etwas Verbandsstoff, um das Bluten zu stoppen. Er solle am folgenden Morgen vorbeikommen, sagte er zum Abschied. Amr Bey tat die ganze Nacht kein Auge zu, und am Morgen hörte er, wie seine Tochter sich für die Schule fertig machte. Er entschied aber, nicht hinauszugehen, um sie nicht mit seiner blutigen Hand zu erschrecken. Seine Frau half ihm beim Anziehen und fuhr ihn wieder zum Krankenhaus, wo ihn der Chefarzt untersuchte und mit Bedauern wiederholte, es gebe keine medizinische Erklärung für dieses Bluten. Er riet ihm, weiterhin die Medikamente zu nehmen und sich des Verbandmaterials zu bedienen.

Von zu Hause rief Amr Bey im Büro an und teilte mit, er sei krank und könne nicht zur Arbeit kommen. Den ganzen Tag verbrachte er in seinem Zimmer und nahm, trotz des Drängens seiner Frau, nichts zu sich. Er schlief nur minutenweise, erwachte und betrachtete seine weiterhin blutbefleckte Hand. Am folgenden Morgen fand ihn seine Frau im Bett, offenbar völlig erschöpft. Auf sei-

nem Gesicht lag ein neuer, seltsamer Ausdruck. Amr Bey kam mit
Mühe auf die Beine, seine Frau half ihm beim Anziehen und fuhr
ihn, auf seine Bitte hin, zum Gebäude der Staatssicherheit. Dort begab er sich zum Büro des für die gesamte Arbeit der Staatssicherheit verantwortlichen Generals und bat, ihn sprechen zu dürfen. Er
wurde sofort vorgelassen. Der General begrüßte ihn und zeigte sich
besorgt, als er den Verband an Amr Beys rechter Hand sah. »Ich
hoffe, es ist nichts Ernstes, Amr. Wo drückt der Schuh?«

Als Amr Bey dem General den Zwischenfall erzählt hatte, runzel-
te dieser die Stirn. »Seltsame Geschichte«, kommentierte er. »Nehmen Sie sich frei, bis das wieder in Ordnung ist.« Doch Amr Bey
lächelte und zog mit der linken Hand ein Papier hervor und legte es
auf den Schreibtisch des Generals, der es rasch überflog und dann
missbilligend ausrief: »Was soll denn das, Amr? Sind Sie verrückt
geworden? Wer hätte je die Staatssicherheitdienste verlassen?«

»Ich bitte Sie, General!«

»Lassen Sie sich Zeit zum Nachdenken, Amr. Sie sind einer unserer besten Männer und haben eine große Zukunft vor sich. Können Sie mir erklären, warum Sie dieses Amt verlassen wollen?«

Ohne ein Wort zu sagen, hielt Amr Bey dem General seine blu-
tige rechte Hand hin.

Demokratie ist die Lösung.

7. März 2010

Die Schreie des Generals

Die jungen Männer und Frauen, die am 6. April auf den Straßen von Kairo demonstrierten, brachen kein Gesetz und taten nichts Verbotenes. Sie wollten einfach ihre Meinung kundtun. Sie verlangten Freiheit, Gerechtigkeit, Würde, anständige Wahlen, die Aufhebung der Notstandsgesetze und die Änderung der Verfassung, damit alle Ägypter das gleiche Recht erhielten, sich zur Wahl zu stellen. Alles gerechte und legitime Forderungen. Warum hat man also diese jungen Leute misshandelt und geschlagen, weggeschleppt und eingebuchtet? Kein Staat in der Welt, der etwas auf sich hält, würde seine Bürger derart züchtigen, nur weil sie ihre Meinung zum Ausdruck bringen. Die Ereignisse vom 6. April werden für das ägyptische Regime auf ewig ein Schandfleck bleiben. Die jungen Leute wurden von der Einsatzpolizei eingekesselt und zusammengepfercht, bis sie fast erstickten, dann stürzte sich die Spezialkampftruppe der Polizei auf sie und drosch mit Knüppeln auf sie ein. Ich habe nie zuvor, außer bei Einsätzen der israelischen Polizei gegen demonstrierende Palästinenser während der Intifada, ein so barbarisches Vorgehen gesehen. Warum also attackieren Ägypter ihre Landsleute mit solcher Brutalität? Diese jungen Menschen schrien, und einige trugen schwere Verletzungen davon, doch auch als der Asphalt schon blutig war, hörte das Prügeln nicht auf.

Schließlich erschien ein Mann um die fünfzig, kräftig, dunkelhäutig, in Zivilkleidung und mit einem üppigen Gebetsmal auf der Stirn. Dieser, von den Polizisten »General« genannt, befahl, die Frauen einzeln aus der eingeschlossenen Gruppe herauszulassen. »Bring mir das Flittchen da drüben«, rief er seinem Adjutanten mit Donnerstimme zu, woraufhin die Männer losrannten, um die junge Frau von ihren Kameraden wegzuzerren. Die jungen Leute versuchten zwar, das zu verhindern, indem sie sie mit ihren Körpern schützten, doch die Polizisten griffen mit solcher Wucht an und verletzten so viele, dass der Widerstand schließlich zusammenbrach und das Mädchen aus der Gruppe gerissen wurde. Man schlug und stieß sie von hinten, bis sie vor dem General stand, der sie mit einer Flut von Beschimpfungen empfing. Er schlug sie mehrmals mit der Hand, dann zerrte er ihr den Hidschab vom Kopf, packte sie bei den Haaren und schleifte sie über den Boden. Dabei trat er sie mit aller Kraft. Schließlich warf er sie einigen Polizisten vor, die weiter auf sie eindroschen und sie am Ende, mehr tot als lebendig, in den Polizeiwagen luden. Die Aufnahmen von dem General, der mehrere junge Frauen auf diese barbarische Weise misshandelte, tauchen in allen Videos auf, die der Konfiszierung durch die Polizei entgangen sind.

Mir fiel dabei etwas Seltsames auf: Während der General die junge Frau derartig traktiert, ist sein Gesicht völlig verzerrt und er stößt ständig Schreie aus, merkwürdige heisere, gutturale Laute, als litte er selbst, und ich fragte mich, warum der General schreit. Dass die junge Frau schreit, während sie in aller Öffentlichkeit gequält wird, ist einleuchtend. Aber warum sollte der General, der sie schlägt, auch schreien? Er ist kräftig und mächtig und Herr der Lage. Alles spricht zu seinen Gunsten, nichts zu Gunsten der jungen Frau. Sein Wort ist Gesetz, und er kann mit ihr anstellen, was er will. Er kann sie schlagen, prügeln, an den Haaren herumziehen. Selbst wenn er sie tötete, käme er ungestraft davon. Warum also schreit er? Im Krieg stößt mitunter ein Soldat einen lauten Schrei aus, um den Feind zu erschrecken, doch der General war nicht im Krieg und stand keinem bewaffneten Feind gegenüber. Er misshandelte ein schutzloses Mädchen, das vor Angst, Schmerz und einem Gefühl der Demütigung und der Schande fast starb. Schrie der General etwa, um die Hemmungen bei seinen Untergebenen zu überwinden, von denen einige es vielleicht ablehnten, eine unschuldige junge Ägypterin zu misshandeln, die kein Verbrechen begangen und kein Gesetz gebrochen hatte? Schrie er, um zu vergessen, dass es eigentlich seine Pflicht war, die junge Frau vor Gewalt zu schützen, statt sich an ihr zu vergreifen?

Schrie er, um zu vergessen, dass dieses Mädchen, dem er den Hidschab vom Kopf gerissen hatte und das er über den Boden schleifte, seiner eigenen Tochter glich, die er sicher liebte und verwöhnte und gegen Beleidigungen und Angriffe schützen würde? Wenn seine Tochter ein schwieriges Examen oder auch nur eine simple Erkältung hätte, könnte der General nicht einschlafen, ohne nach ihr gesehen zu haben. Schrie er, weil er beim Abschluss der Polizeiakademie vor dreißig Jahren davon träumte, Gesetz und Gerechtigkeit zu achten, und schwor, die Würde, das Leben und das Eigentum der Ägypter zu schützen, dann aber nach und nach dazu übergegangen war, das Mubaraksche Regime zu schützen, und schließlich seine Tätigkeit darin besteht, Mädchen zu quälen?

Vielleicht schrie er auch, weil er religiös ist oder sich doch für religiös hält, weil er regelmäßig betet und fastet und sogar das frühmorgendliche Gebet verrichtet, sooft er kann, weil er schon mehr als einmal die große und die kleine Pilgerfahrt unternommen hat und seit Jahren ein Gebetsmal auf der Stirn trägt, das seine vielen Niederwerfungen vor Gott belegt. Vielleicht schrie er auch, weil er inzwischen über fünfzig ist und den Tod in jedem Augenblick gewärtigen muss. Möglich, dass er in einem Verkehrsunfall ums Leben kommt oder dass ihn eine Krankheit dahinrafft oder dass er, wie es häufig geschieht, am Abend in bester Gesundheit zu Bett geht und am Morgen von seiner Frau tot aufgefunden wird. Der General weiß, dass er sterben und Gott gegenübertreten muss, der ihn zur Rechenschaft ziehen wird. Dann wird ihm weder Präsident Mubarak noch Innenminister Habib al-Adli helfen können, auch nicht der Generalstaatsanwalt, der bisher alle Klagen gegen ihn wegen Mangels an Beweisen abgewiesen hat. Am Tag des Jüngsten Gerichts werden ihn alle stehenlassen – die Einsatzpolizei, die Offiziere, die Freunde, die Frau und sogar die Kinder. An jenem Tag wird ihm weder sein Generalsrang helfen noch seine Beziehungen zu hohen Beamten noch sein Reichtum. An jenem Tag wird er nackt dastehen, wie an dem Tag, an dem ihn seine Mutter geboren hat, schwach und hilflos. Er wird aus Furcht vor dem Urteil seines Schöpfers zittern.

An jenem Tag wird Gott ihn fragen: »Warum hast du das arme, hilflose Mädchen gequält? Warum hast du sie geschlagen, herumgezerrt und in aller Öffentlichkeit misshandelt? Möchtest du, dass jemand das deiner Tochter antut?« Was wird der General dann antworten? Er kann Gott nicht sagen, er habe nur Befehle ausgeführt. Dieses Argument würde ihn nicht entschuldigen oder vor Gottes Strafe für all seine Verbrechen schützen. Trotz seiner Autorität und seines Einflusses, trotz der Zehntausenden von Einsatzpolizisten, Gangstern und Sonderkommandos, die wie Kampfhunde nur auf ein Zeichen von ihm warteten, um unschuldige Menschen zu attackieren und zu quälen, trotz all dieser Machtfülle spürte der General tief drinnen, während er die junge Frau malträtierte, dass er schwach, elend und unkontrolliert war und nach und nach zu immer schlimmeren Verbrechen zum Schutz von Präsident Hosni Mubarak und seiner Familie veranlasst wurde.

Der General spürte, dass die junge Frau stärker war als er, weil sie für Wahrheit und Gerechtigkeit einstand, weil sie unschuldig, edel, rein und tapfer war, weil sie ihr Land liebte und es mit all ihrer Kraft verteidigen wollte. Während man sie herumzerrte und mit den Stiefeln trat, rief sie nicht um Hilfe und flehte nicht um Nachsicht. Sie jubelte: »Freiheit, Freiheit! Es lebe Ägypten! Es lebe Ägypten!« Und in diesem Augenblick hatte der General das gespenstische Gefühl, dass er die Frau umbringen, dass er ihren Körper in Stücke reißen könnte, dass es ihm aber nicht gelingen würde, sie zu besiegen, sie zu demütigen oder ihren Willen zu brechen. Er spürte, dass er trotz all seiner Macht besiegt war und dass dieses arme, misshandelte und verletzte Geschöpf triumphieren würde. Und da konnte der General nur noch schreien.

Demokratie ist die Lösung.

12. April 2010

Reform der Moral oder Reform des Systems – was kommt zuerst?

Zur Diskussion um berufliche Standards, Moral und Korruption fallen mir zwei Vorfälle aus meiner Stundentenzeit ein. Der erste ereignete sich, als ich an der Kairo-Universität Zahnmedizin studierte. Am Ende des Studienjahrs mussten wir jeweils eine theoretische und eine praktische Prüfung machen, danach eine mündliche, die sich als Sesam-öffne-dich der Günstlingswirtschaft und des ›Vitamin B‹ entpuppte. Es gab da eine Kommilitonin namens Hala, deren Vater Medizinprofessor an einer Universität in der Provinz und daher mit den meisten prüfenden Professoren befreundet war. Der Zufall wollte es, dass ich meine mündliche Prüfung in Physiologie gemeinsam mit Hala und einer weiteren Kommilitonin abzulegen hatte. Der Professor legte mir einen ganzen Wust schwieriger Fragen vor, die ich beantworten konnte. Danach stellte er der zweiten Kommilitonin eine Anzahl abstruser Fragen, über die sie stolperte. Schließlich war Hala dran, die neben mir saß. Der Professor begrüßte sie mit einem freundlichen »Guten Tag, Hala, bitte grüßen Sie Ihren Herrn Vater von mir!«. Dann entließ er sie. Ich fühlte mich gedemütigt und ungerecht behandelt. Für mich war es eine schwierige Prüfung gewesen, während Hala keine einzige Frage beantworten musste. Als Note erhielten Hala und ich ›sehr gut‹ in Physiologie; ich, weil ich die richtigen Antworten wusste, Hala, weil sie den richtigen Vater hatte.

Der zweite Vorfall ereignete sich ein paar Jahre später an der Universität von Illinois, wo ich mich auf meinen Master vorbereitete. Die Professorin für Statistik war eine weiße Rassistin, die Araber und Muslime nicht ausstehen konnte, und obwohl mein Abschlussexamen fehlerfrei war, erhielt ich zu meiner Überraschung nur die Note ›gut‹, nicht ›sehr gut‹, was ich eigentlich verdient hätte. Ich sprach darüber mit einer amerikanischen Kommilitonin, die mir riet, mich erst einmal gründlich mit den Prüfungsbestimmungen zu beschäftigen und mir dann einen Termin bei der Professorin geben zu lassen. Ich studierte die Bestimmungen und entdeckte, dass Studenten, die sich bei einer Prüfung ungerecht behandelt fühlten, das Recht haben, eine Beschwerde einzureichen. In diesem Fall würde von der Universität eine externe Gruppe von Professoren mit der Aufgabe betraut, die Sache zu überprüfen. Sollte die Beschwerde unberechtigt sein, hätte das für den Studenten oder die Studentin keinerlei Folgen (das heißt, wer Beschwerde erhob, sollte nichts befürchten müssen). Sollte die Beschwerde jedoch gerechtfertigt sein, würde die Note geändert und der verantwortliche Professor offiziell verwarnt. Nach drei solchen Verwarnungen würde der Arbeitsvertrag automatisch aufgehoben. Ich suchte die Professorin auf, und da ich nach kurzer Debatte mit ihr überzeugt war, dass sie mich nicht korrekt behandelt hatte, teilte ich ihr mit, dass ich, entsprechend den Bestimmungen der Universität, die Prüfungsblätter fotokopieren und eine Beschwerde gegen sie einreichen würde. Diese Worte hatten eine magische Wirkung. Sie zögerte einige Augenblicke und meinte dann, sie müsse das Blatt noch einmal sorgfältig durchgehen. Als ich später am selben Tag, wie sie mich gebeten hatte, wiederkam, teilte mir die Sekretärin mit, meine Note sei zu ›sehr gut‹ verändert worden.

Diese beiden Vorgänge gaben mir viel zu denken. Die rassistische

Professorin in Chicago war genau so ungerecht wie der Professor in Kairo, aber sie kam damit nicht durch, weil die Bestimmungen der Universität von Illinois die Rechte der Studierenden schützen und eine ungerechte Behandlung Folgen hat, egal von wem sie kommt. Demgegenüber geben die Bestimmungen der Kairo-Universität den Professoren die absolute Autorität über die Studenten, weshalb sie straflos tun und lassen können, was sie wollen.

Gerechtigkeit wird in jedweder Gesellschaft dadurch hergestellt, dass das Gesetz gegenüber den Mächtigen angewendet wird, nicht so sehr gegenüber den kleinen Leuten. Was mir an der Kairo-Universität geschah, geschieht in ganz Ägypten. Viele Personen erhalten, was sie nicht verdient haben, nur aufgrund persönlicher Beziehungen und der Fähigkeit, Bestechungsgelder zu bezahlen, oder vielleicht auch, weil die Sicherheitsorgane oder die herrschende Partei sie ausgewählt haben. Aber die meisten Ägypter leben unter menschenunwürdigen Bedingungen – Armut, Krankheit, Perspektivlosigkeit – und das Gesetz kommt in Ägypten im Allgemeinen nur gegenüber den Schwachen zur Anwendung, weil sie ihm nicht entkommen und es nicht unterlaufen können. Der kleine Staatsangestellte, der sich mit ein paar hundert Pfund bestechen lässt, kommt vor Gericht und ins Gefängnis, während niemand sich an den hohen Ministerialbeamten wagt, der Millionen an Vermittlungsgebühren einstreicht. Angesichts dieser weitverbreiteten Ungerechtigkeit ist es absurd, die Menschen zu ethischem Handeln aufzurufen, ohne das korrupte System zu ändern, das sie zur Unehrlichkeit drängt.

Vor einigen Jahren bat man mich, im Rahmen eines bekannten Programms bei einem staatlichen Fernsehsender über das Phänomen der Bestechung in Ägypten zu sprechen. Zu meiner Überraschung beschrieb der Gesprächsleiter Bestechung lediglich als moralisches Problem, das seinen Ursprung in einem gestörten Gewissen und einem schwachen Glauben habe. Ich bestätigte dem Gesprächs-leiter, das sei durchaus richtig, aber es reiche nicht, um das Phäno-men der Bestechung zu erklären. Dazu müsse man auch über Ein-kommen und Preise reden. Er widersprach dem aufs heftigste und brach das Interview recht bald ab. Tatsächlich tat dieser Gesprächs-leiter genau das, was alle Regierungsvertreter tun: Ethik als absolut hinstellen, als völlig getrennt von gesellschaftlichen und politischen Verhältnissen. Meist führen Leute dieser Art die gegenwärtigen Probleme in Ägypten auf die brüchige Moral der Ägypter zurück, und das erklärt, warum Präsident Mubarak den Ägyptern immer vorwirft, faul und unproduktiv zu sein. Doch eine solche Argu-mentation vergisst, dass Produktivität überall eine gute Ausbildung, einen gerechten Zugang zur Arbeit und Löhne voraussetzt, die einen anständigen Lebensstandard sicherstellen. All das den Ägyp-tern zu garantieren, darin hat Präsident Mubaraks Regime kläglich versagt.

In diesem Kontext können wir jetzt auch das jüngste Verhalten Achmad Saki Badrs, des Bildungsministers, verstehen, dem schon ein übler Ruf als Präsident der Ain-Schams-Universität vorauseilte, nachdem er Gangstergruppen auf den Campus eingeladen hatte, um protestierende Studenten zu verprügeln. Badr unternahm, in Beglei-tung von Journalisten und Fernsehkameras, verschiedene Besuche an Schulen und beschimpfte dabei Lehrer, die fehlten oder zu spät zum Unterricht kamen. Er trat vor die Kamera und predigte den Lehrern die Tugend der Disziplin, als ob Gott manche als gute und disziplinierte Lehrer geschaffen habe, andere als böse und von Natur aus nachlässig, die streng bestraft gehörten, damit sie Disziplin ler-nten. Diese perverse Logik verschließt die Augen vor der Tatsache, dass staatliche Schulen weder über Mittel, noch über Ausstattung,

noch über Laboratorien verfügen und die Lehrer eine derart lächerliche Entlöhnung erhalten, dass sie sich um Privatschüler oder
einen Zweitjob bemühen müssen, um ihre Familien durchzubringen. Das alles will der Minister nicht sehen und nicht hören, weil es
bedeuten würde, dass er die Pflicht hat, wirkliche Reformen vor-
zunehmen, wozu er aber nicht in der Lage ist. Also predigt er über
eine von allem anderen losgelöste Moral.

Die gleiche Logik hat sich Hatem al-Gabali zueigen gemacht, der
Gesundheitsminister und einer der Investitionsgiganten im privaten
Medizinsektor in Ägypten, gleichzeitig aber auch der eigentlich Verantwortliche für den Niedergang der öffentlichen Krankenhäuser,
deren Aufgabe inzwischen nicht mehr darin zu bestehen scheint,
die Patienten zu pflegen und zu behandeln, sondern sie für die
Reise ins Jenseits fertig zu machen. Mitten in diesem Niedergang
unternimmt der Minister, immer in Begleitung von Journalisten
und Fernsehkameras, Überraschungsbesuche in staatlichen Krankenhäusern und erscheint dann auf den Titelseiten der Zeitungen,
wie er Ärzte kritisiert, die zu spät zur Arbeit erscheinen, und ihnen
das Hohelied der ärztlichen Berufung im Dienst der Menschheit
singt. Natürlich verschließt er die Augen gegenüber der Tatsache,
dass unter seiner Ägide diesen Krankenhäusern das noch so Grundlegende fehlt, dass Ratten und Ungeziefer sich darin tummeln und
dass diese bemitleidenswerten Ärzte nicht genug verdienen, um ihre
Familien zu ernähren, und deshalb Tag und Nacht in Privatkliniken
arbeiten, um in einem Monat das zusammenzukriegen, was Seine
Exzellenz mit ihren Privatkrankenhäusern in ein paar Minuten verdient.

Der Ruf nach einer von politischer Reform getrennten moralischen Reform ist nicht nur naiv und unergiebig, sondern verhindert auch eine klare Einsicht in die Situation und lenkt die Men-

schen von den wirklichen Gründen des Niedergangs. Man kann nicht Menschen auffordern, ihre Pflicht zu tun, solange man ihnen die grundlegendsten Rechte vorenthält. Man kann nicht Menschen zur Verantwortung ziehen, solange man sie nicht in den Genuss eines Minimums an Gerechtigkeit kommen lässt. Ich versuche nicht, Korruption schönzureden, und ich weiß auch, dass es immer außergewöhnliche Menschen gibt, die unter jeglichen Umständen gegen Korruption immun sind. Aber bei den meisten Menschen steht die Moral unter dem Einfluss des Systems, dem sie unterstehen. Wer sich gerecht behandelt fühlt, kann seine besten Seiten mobilisieren. Wer sich aber ungerecht behandelt und hoffnungslos fühlt, kann entsprechend unmoralisch und aggressiv werden. Egal wie wohlformuliert unsere Predigt ist, Prostitution wird nicht verschwinden, solange die Armut nicht verschwunden ist, und Bestechung und Korruption werden nicht ausgemerzt, solange kein faires System existiert, das jedem das ihm Zustehende gibt und Missetäter bestraft, egal wie mächtig und einflussreich sie sein mögen. Die politische Reform ist der erste Schritt, alles andere ist Zeit- und Energieverschwendung.

Demokratie ist die Lösung.

26. April 2010

Ist Freiheit teilbar?

Das ist eine wichtige Frage. Vor kurzem verlangte eine Gruppe ägyptischer Anwälte vor Gericht, *Tausendundeine Nacht* sei vom Markt zu nehmen. Begründung: das Werk enthalte Obszönitäten. Offensichtlich haben diese Herren niemals die Klassiker gelesen. Schließlich enthalten die meisten davon detaillierte Beschreibungen über die Beziehungen zwischen Mann und Frau, beispielsweise im *Kitâb al-aghâni* (Buch der Lieder) von Abu l-Faradsch al-Isfahâni (897–972), im *Kitâb al-imtâ' wal-mu'ânasa* (Buch der Ergötzung und der Gemütlichkeit) von Abu Hajjân al-Tauhîdi (927–1023). Selbst al-Dschâhis (776–869), zweifellos der Meister der arabischen Prosa, verfasste einen Traktat *Mufâkhara baina ashâb al-ghilmân wa-ashâb al-dschawâri* (Disput zwischen den Besitzern von Epheben und denen von Konkubinen), in dem ein Mann, der Knaben liebt, mit einem solchen debattiert, der Frauen liebt. Das kleine Werk enthält ein paar Obszönitäten, ist aber trotzdem ein wunderschöner, stilvollendeter literarischer Text. Wer auf das arabische literarische Erbe die Zensur ansetzt, öffnet das Tor zur Zerstörung und Verstümmelung dieser Literatur. Wir müssen diese Werke erhalten, wie sie sind, und selbst wenn wir, zum Gebrauch für Kinder und Jugendliche, gereinigte Texte publizieren, müssen die Originale unverändert und ungekürzt bleiben. Das ist meine Überzeugung, und aus diesem Grund habe ich mich mit Nachdruck denen angeschlossen, die sich gegen Zensur und reaktionäre Ideen für die Freiheit des literarischen Ausdrucks einsetzen.

Doch im Anschluss daran tat sich eine Diskrepanz auf. Während nämlich die Intellektuellen noch für *Tausendundeine Nacht* kämpften, kündigte die Regierung die Verlängerung der Notstandsgesetze an, was nichts anderes heißt, als die Aufhebung des Naturgesetzes, das die Freiheit und die Würde der Ägypter schützt. Nun hatte ich erwartet, dass die Freiheitshelden, die sich für *Tausendundeine Nacht* stark machten, sich für die Freiheit insgesamt einsetzen würden, doch das geschah leider nicht. Viele der Intellektuellen, die heute *Tausendundeine Nacht* verteidigen, machen nie den Mund auf, wenn es darum geht, gegen gefälschte Wahlen, Inhaftierungen und Folter zu protestieren, also skandalöse Verbrechen, die sich das ägyptische Regime gegenüber Millionen von Ägyptern zuschulden kommen lässt. Daher stellt sich mir die Frage, ob Freiheiten voneinander zu trennen sind. Kann man die Freiheit künstlerischer Betätigung trennen von der Freiheit an sich? Können Intellektuelle ihre Rolle auf Fragen beschränken, die mit dem Schreiben zu tun haben, und sich nicht über das Land und die Bevölkerung im Allgemeinen äußern?

Es ist betrüblich, dass man diese Frage überhaupt stellen muss. In der Welt insgesamt und eben auch in Ägypten bezogen die Intellektuellen früher immer eine klare Position zur Verteidigung von Wahrheit, Gerechtigkeit und Freiheit. Beispiele gibt es zahllose. Unter den Ägyptern wären zu nennen: Abbas al-Akkad, Taha Hussein, Alfred Farag und Abdalrachman al-Scharkawi; unter denjenigen aus dem Westen: Albert Camus, Jean-Paul Sartre, Bertrand Russel, Gabriel García Márquez, José Samarago, Pablo Neruda und viele andere Schriftsteller, die standhaft gegen Unrecht und Despotie eintraten und nicht selten einen hohen Preis dafür bezahlten. Ja, der bedeutendste Romancier in der Literatur überhaupt, der Russe Fjodor Dostojewskij (1821 – 1881) beteiligte sich am öffentlichen Leben und war Mitglied einer Geheimgesellschaft mit dem Ziel, die zaristische Herrschaft in Russland zu beenden. Dafür wurde er verhaftet und zum Tode verurteilt, ein Urteil, das in vier Jahre Straflager in Sibirien umgewandelt wurde. Die Essenz literarischen Schaffens ist der Einsatz für die höchsten menschlichen Werte. Wie könnte also ein Schriftsteller sich in seinen Büchern für die Freiheit einsetzen und dann zu den Verletzungen der Freiheit in seinem täglichen Leben schweigen? Ein Intellektueller verliert zwangsläufig seine gesamte Glaubwürdigkeit, wenn er seine Begabungen in den Dienst von Tyrannen stellt und nicht gegen Unrecht, Korruption, die Ausplünderung der öffentlichen Mittel und die Unterdrückung Unschuldiger die Stimme erhebt, sich gleichzeitig aber empört gegen das Verbot eines Gedichts oder eines Buches.

Ein Beleg dafür sind die jüngsten Vorgänge in Libyen, wo hohe Staatsfunktionäre feststellen mussten, dass der Ruf des Gaddafi-Regimes sehr angeschlagen war, nachdem Zehntausende unschuldiger Libyer inhaftiert, gefoltert, ausgewiesen oder umgebracht wurden, und dies aus keinem anderen Grund, als dem, dass ihre Vorstellungen von denen von Oberst Gaddafi differierten, der jüngst beschloss, sich den Titel ›König der Könige Afrikas‹ zu verleihen. Diese libyschen Staatsfunktionäre wollten etwas unternehmen, um das ramponierte Image des Regimes in den Augen der Welt ein wenig aufzupolieren, und da Libyen ein reiches Land ist und sein Geld der Kontrolle von Oberst Gaddafi, der es nach Belieben ausgeben kann, untersteht, schuf man unter dem Namen ›Gaddafi-Preis für internationale Literatur‹ einen mit 150 000 Euro wohldotierten Literaturpreis. Dieser sollte alljährlich an einen international renommierten Schriftsteller gehen. Im ersten Jahr wählte man als Preisträger den großen, damals neunundsiebzigjährigen spanischen Romancier Juan Goytisolo, den man in Kritikerkreisen für den wichtigsten lebenden Schriftsteller Spaniens hält. Ein Mann, der auch unter der Tyrannei gelitten hat: Seine Mutter wurde unter Franco ermordet, als er selbst noch ein Kind war, und den größten Teil seines Lebens musste er im Exil verbringen. Gleichzeitig ist Juan Goytisolo eine der lautesten Stimmen für Demokratie und Freiheit, ein Mann, der sich für die Rechte der Araber einsetzt und die arabische Kultur dermaßen liebt, dass er seit Jahren in Marokko lebt. Die libyschen Verantwortlichen nahmen Kontakt mit ihm auf, gratulierten ihm und teilten ihm mit, ihm sei der ›Gaddafi-Preis für internationale Literatur‹ zuerkannt worden. Daraufhin schrieb Goytisolo an die Jury einen Brief, der in der spanischen Zeitung *El País* abgedruckt wurde und in dem er den Preis ablehnt. Es heißt darin:

> Ich habe mich mein ganzes Leben lang für die Rechte der arabischen Völker eingesetzt und habe mich klar und deutlich gegen die despotischen Regime ausgesprochen, die, korrupt und ungerecht wie sie sind, Millionen von Arabern in den Klauen von Unwissenheit und Armut halten… Ich könnte niemals einen Preis aus der Hand von Oberst Gaddafi annehmen, der die Macht mit Gewalt übernommen, ein diktatorisches Regime eingerichtet und unschuldige Libyer inhaftiert, gefoltert und ermordet hat. Ich lehne diesen Preis aus dem einfachen Grunde ab, dass er allen Prinzipien zuwider läuft, an die ich glaube.

Diese Reaktion war ein Schlag ins Gesicht des Gaddafi-Regimes, der auf der ganzen Welt widerhallte. Im Londoner *Independent* schrieb Boyd Tonkin einen langen Artikel, in dem er Goytisolos Haltung pries und feststellte, der spanische Romancier sei die echte Verwirklichung von Schriftstellern als »Stimmen des Gewissens, die sich die Freiheit – samt allen Folgen – nehmen, der Tyrannei die Stirn zu bieten«. Dutzende libyscher Intellektueller im Exil sandten Dankesschreiben an Juan Goytisolo, in denen es hieß:

> Indem Sie den ›Gaddafi-Preis für internationale Literatur‹ trotz der stattlichen Preissumme gleich im ersten Jahr seines Bestehens ablehnen, verabreichen Sie dem Diktator Gaddafi einen prinzipiengeleiteten Schlag, da dieser glaubte, er könne sich mit dem vom libyschen Volk gestohlenen Geld das Gewissen der Schriftsteller kaufen.

Die Verantwortlichen für den Preis hatten nun ein Problem. Den Preis zu annullieren, hätte einen Riesenskandal verursacht, ihn jedoch einem anderen international renommierten Autor anzutragen, hätte das Risiko bedeutet, dass auch dieser ihn ablehnt, und der Skandal wäre ein doppelter gewesen. Obwohl der Preis eigentlich für einen international bedeutenden Schriftsteller gedacht war, sahen die Organisatoren über diese Bestimmung hinweg und suchten einen Araber, der den Preis annehmen würde.

Und sie wurden fündig. Man verkündete, der ägyptische Literaturwissenschaftler Gaber Asfur erhalte den Preis. Diesem war die ganze Vorgeschichte nicht bekannt, und so fuhr er nach Libyen und nahm den Preis im Rahmen einer großen Feier entgegen, auf der er natürlich auch lobende Worte für den Führer der libyschen Revolution (und den König der Könige Afrikas) fand und die große Freiheit pries, derer sich die Libyer erfreuen. Gaber Asfur war es nicht im Geringsten peinlich, einen Preis anzunehmen, den ein großer internationaler Autor aus Solidarität mit dem libyschen Volk gegen das despotische Gaddafi-Regime abgelehnt hatte. Offenbar waren die 150 000 Euro eine zu große Versuchung. Seltsamerweise kehrte Gaber Asfur, nachdem er den Scheck aus Gaddafis Hand empfangen hatte, nach Ägypten zurück und organisierte dort angeregte Seminare zur Verteidigung von *Tausendundeine Nacht.* Aber kann man nach diesen Vorgängen Gaber Asfur noch ernst nehmen, wenn er die künstlerische Freiheit verteidigt?

Die Freiheit ist unteilbar. Man kann nicht die künstlerische Freiheit isoliert von anderen Freiheiten verteidigen. Künstlerische Freiheit ist von großer Bedeutung, aber sie erhält ihren Wert nur im Zusammenhang mit der Verteidigung der Rechte, der Freiheit und der Würde der Menschen im Allgemeinen. Der Unterschied zwischen der Haltung eines Gaber Asfur und derjenigen eines Juan Goytisolo entspricht dem Unterschied zwischen Interesse und Prinzip, zwischen falsch und richtig. Erst wenn alle unsere Intellektuellen sich verhalten wie Goytisolo, wird der Despotismus enden und die Zukunft beginnen.

Demokratie ist die Lösung.

18. Mai 2010

Das Schicksal des Ibrahim Issa

In den 1980er Jahren bewarb ich mich um ein Stipendium für ein Studium in den Vereinigten Staaten. Eine der Voraussetzungen dafür war der Nachweis der erfolgreich abgeschlossenen Prüfung für ›Englisch als Fremdsprache‹, genannt TOEFL. Ich unterzog mich dieser Prüfung in der Ewert-Halle an der Amerikanischen Universität in Kairo. Der Saal war voller junger Ärzte und Ingenieure, die wie ich zum Studium ins Ausland wollten. Ich erkundigte mich damals bei allen, mit denen ich sprach, ob sie, wenn sich die Gelegenheit böte, in den USA bleiben wollten. Die Antwort war ein klares Ja. Viele wollten einfach weg aus Ägypten, in welches Land auch immer, und ich dachte über den schrecklichen Verlust nach, den dies für Ägypten bedeutete. Das Land benötigte dringend Ärzte und Ingenieure, doch diese verließen es, kaum dass sie ihre Ausbildung abgeschlossen hatten.

Und hier stellte sich mir die Frage, warum diese jungen Leute aus Ägypten weg wollten. Die Armut konnte nicht der Grund sein, denn mit ein bisschen Geduld und harter Arbeit könnten sie auch in Ägypten ein anständiges Gehalt bekommen, während sie im Westen oft Arbeiten verrichten mussten, für die sie überqualifiziert waren. Der Hauptgrund für ihren Wunsch zu emigrieren waren die Frustration und das Gefühl, dass die Gesamtsituation in Ägypten ungerecht und ungeordnet ist: Ursachen führen meist nicht zu den richtigen Ergebnissen, harte Arbeit ist nie die Voraussetzung für Beförderung und Kompetenz kein Kriterium für eine gute Anstellung. Reich zu werden hat im Normalfall nichts mit Talent oder Anstrengung zu tun. Alles, was man in demokratischen Ländern durch harte Arbeit und Verdienst erwirbt, kann man in Ägypten durch persönliche Beziehungen und Schlauheit bekommen. Alles, was einen dort zur Beförderung empfiehlt, reicht in Ägypten nicht, um weiterzukommen. Im Gegenteil, wer in Ägypten begabt ist, hat ein Problem und wäre besser durchschnittlich oder unterbelichtet. Erstens ist nämlich das System hier für durchschnittliche Menschen geschaffen und erstickt die begabten, und zweitens hängt jemandes Zukunft in erster Linie von Beziehungen, nicht von Verdiensten ab. Begabung ist in Ägypten eine Belastung, weil sie zu Intrige und Neid führt, und weil viele Menschen versuchen werden, sie zu vernichten. Wer in Ägypten begabt ist, hat drei Möglichkeiten: Er kann in ein demokratisches Land emigrieren, das Begabung respektiert und Kompetenz anerkennt; dort kann er Tag für Tag hart arbeiten und es so weit bringen wie Ahmad Zewail, Mohamed el-Baradei, Magdi Yakub und andere; er kann seine Begabungen einem despotischen Regime anbieten und sich in den Dienst der Unterdrückung, der Misshandlung und des Betrugs der Ägypter stellen; oder er kann an seiner Ehre festhalten und das Schicksal Ibrahim Issas teilen.

Issa ist einer der talentiertesten, ehrlichsten und mutigsten Journalisten in Ägypten. Mit seiner bewundernswerten Begabung und praktisch ohne finanzielle Mittel gelang es ihm, die Zeitung *al-Dustur* zu einem Markstein in der ägyptischen und sogar arabischen Presselandschaft zu machen. Und wie ein großer Meister hat er sich nicht mit seiner eigenen beruflichen Leistung zufriedengegeben, sondern betrachtete es immer als seine Aufgabe, junge Talente zu fördern. Bei *al-Dustur* führte er Dutzende von neuen Namen ein, die sich als junge Reporter an ihn gewandt hatten. Er gab ihnen seinen Zuspruch, ermutigte sie und lehrte sie fliegen, bis sie hoch am ägyptischen Pressehimmel aufstiegen. Wäre Ibrahim Issa in einem demokratischen Land aufgetreten, hätte man ihn inzwischen mit Ehrungen für seine Begabung und seine geleistete Arbeit überhäuft. Unglücklicherweise lebt er in Ägypten, wo das despotische Regime einem nicht erlauben kann, gleichzeitig begabt und anständig zu sein. Ibrahim Issa hat sich nicht gegen die Regierung, sondern gegen das System gewandt. Er hat keinerlei Angriffe gegen diejenigen gerichtet, die für das Abwassersystem oder für das Telefonnetz verantwortlich sind. Seine Kritik richtete sich direkt gegen das Oberhaupt des Regimes. Er rief zu einer demokratischen Veränderung durch freie und faire Wahlen auf und zu einem regelmäßigen Wechsel an der Spitze. Er nahm eine klare Haltung gegen jeden Versuch ein, die Macht vom Vater auf den Sohn zu übertragen, als ob Ägypten eine Hühnerfarm wäre. Ibrahim Issa gelang es, *al-Dustur* zu einem wichtigen Übungsfeld für Journalisten und zu einem offenen Haus für alle Patrioten zu machen. Jeder Ägypter mit einer berechtigten Klage fand *al-Dustur* auf seiner Seite, und jeder Artikel, den eine andere ägyptische Zeitung abgelehnt hatte, konnte sofort in *al-Dustur* erscheinen. Es war eine Zeitung für alle Ägypter, die furchtlos und unparteiisch für die Wahrheit eintraten.

Das Regime versuchte auf jede Art, Ibrahim Issa mundtot zu machen. Es strengte absurde Prozesse und abstruse Anklagen gegen ihn an. Es schüchterte ihn ein und drohte, ihn zu inhaftieren, weil er es wagte, Fragen zu Präsident Mubaraks Gesundheitszustand aufzuwerfen, beschloss dann aber in letzter Minute, ihm zu verzeihen. Es versuchte, ihn zu kaufen, indem es ihm vorschlug, gegen ein Gehalt TV-Programme mitzugestalten. Man glaubte tatsächlich, er werde im Interesse seines Lebensunterhalts schweigen, doch im Lauf der Zeit stellte man fest, dass sein Gewissen nicht käuflich war. Ibrahim Issa hielt die Fackel der Wahrheit hoch: Er sagte immer, wovon er überzeugt war, und tat immer, was er sagte. Als der einheimische und internationale Druck für einen demokratischen Wechsel in Ägypten wuchs, wurde die Lage für das Regime schwierig, und es wurde nervös. Ibrahim Issa war für das Regime unerträglich geworden, und man entwarf einen großangelegten Plan, ihn zu vernichten. Zunächst erschien ein Mann namens Sajjid Badawi, von dem nichts anderes bekannt war, als dass er viel Geld und die *al-Hajât*-Fernsehstationen sein Eigen nannte, was wiederum darauf hindeutete, dass er auch die Gunst der obersten Stellen im Regime genoss. Dieser Badawi gab sehr viel Geld dafür aus, die Führung der Wafd-Partei zu erhalten, danach gab er noch mehr Geld dafür aus, die Partei zu überreden, bei der nächsten Farce der gefälschten Wahlen die Rolle einer Feigenblattopposition zu übernehmen. Das war der erste Streich, den er für das Regime führte. Dann kam der zweite. Plötzlich kam heraus, dass Badawi *al-Dustur* aufkaufte, wobei er aber von Beginn betonte, die politische Linie der Zeitung werde sich nicht verändern und, entsprechend seinem Prinzip, würden Herausgeberschaft und Redaktion getrennt bleiben. Dann erschien neben Badawi ein zweiter Eigentümer namens Reda Edward, eine Person, die nie etwas mit der Presse zu tun gehabt hatte. Die beiden Partner erfüllten ihre Aufgabe in einträchtiger Professionalität. Herr Edward führte große Sprüche und hob seine Loyalität zum Regime hervor, während Herr Badawi freundlich lächelte und jedermann umarmte, küsste und freundlich beredete. Der Plan lief ab, wie vorgesehen.

Am Tag, an dem *al-Dustur* offiziell an Herrn Badawi überging, war dessen erste Maßnahme, Ibrahim Issa zu entlassen, völlig will-

kürlich und unwürdig. Danach lief alles wunschgemäß ab. Die
jungen Journalisten, schockiert über die Behandlung ihres Mentors,
veranstalteten ein Sit-in. Doch das war nur eine minime Herausforderung. Badawi erneuerte ihre Verträge mit soliden Gehältern,
und ließ sie das Geschehene vergessen. Doch die Journalistenge-
werkschaft geriet in eine in der ägyptischen Presse nie dagewesene
Situation. Der Vorstand nahm die Sache sehr ernst und verlangte
die Wiedereinstellung Ibrahim Issas, da er willkürlich und illegal
entlassen worden sei. An diesem Punkt erschien der Gewerkschafts-
führer Makram Muhammad Achmad, ein glühender Bewunderer
Präsident Mubaraks mit all seiner Weisheit und all seinen Leistungen, auf der Bildfläche. Dieser Achmad sauste hierhin und dorthin
und führte lange Besprechungen, an deren Ende er Ibrahim Issa
den Rat gab, auf gesetzlichem Wege Schadensersatzansprüche gel-
tend zu machen (wahrlich eine echte gewerkschaftliche Rolle!).
Somit war das Ziel erreicht. Ibrahim Issa war als Herausgeber der
Zeitung *al-Dustur* entlassen, dieser Zeitung, die er mit seinem Intellekt und seiner Arbeit ins Leben gerufen hatte. Und es war son-
nenklar, dass Herr Badawi und Herr Edward nur die neuesten Auf-
lagen der Regimemänner sind.

Die Frage stellt sich nun aber, warum all diese Machenschaften
und Manöver durchgezogen und die vielen Millionen Pfund vergeudet werden mussten, um einen begabten und anständigen Autor
loszuwerden, der über nichts anderes verfügt als seine Ideen und
seine Feder? Warum setzt das Regime all diese Energie nicht lieber
dazu ein, Millionen von Ägyptern aus dem Elend zu retten, in dem
sie leben? *Al-Dustur* ist erledigt, aber die Zeitung ist in die ägyptische Geschichte als ein großes nationales und journalistisches Experiment eingegangen. Das Regime mag mit Erfolg Ibrahim Issa
als Herausgeber von *al-Dustur* entlassen haben, es wird ihm aber

nie gelingen, ihn von jener Ehrenliste zu entfernen, auf der das Land die Namen anständiger und aufrichtiger Ägypter verzeichnet. Und dann gibt es da etwas, mit dem Sajjid Badawi und die Kollegen, die ihm bei der Ausarbeitung seines Plans zur Seite standen, nicht gerechnet hatten: Der Ibrahim Issa, der *al-Dustur* gründete, kann Dutzende anderer Zeitungen gründen, und der Strom der Veränderung in Ägypten wird sicher siegreich sein, da er für Wahrheit und Gerechtigkeit einsteht, während die Helfer des Regimes Unrecht, Unterdrückung und Böses verteidigen. Ägypten hat sich erhoben, und niemand, wer auch immer es sei, kann sich ihm auf dem Weg in die Zukunft entgegenstellen.

Demokratie ist die Lösung.

12. Oktober 2010

Nachbemerkung

Was sich Ende Januar, Anfang Februar 2011 in Ägypten abspielte, hat durchaus eine Chance, als eine der ägyptischen Revolutionen in die Geschichte einzugehen. Die wievielte, ist nicht ganz klar. Mehrere Volksbewegungen im Verlauf der vergangenen etwa 130 Jahre, Bewegungen mit unterschiedlichen, positiven oder negativen, Ergebnissen, haben schon das Etikett ›Revolution‹ erhalten. Gemeinsam dürfte ihnen gewesen sein, dass sie gegen das Ausland, beziehungsweise gegen Ausländer gerichtet waren, die häufig mit dem Herrscherhaus gemeinsame Sache machten.

1879–1882 fand unter der Führung von Achmad Urabi, einem Politiker und Offizier, eine Volkserhebung statt, die sich gegen die meist turko-tscherkessische Führungsschicht und den wachsenden europäischen Einfluss richtete und für ein unabhängiges Ägypten einsetzte. Diese stark nationalistische Bewegung veranlasste die britische Regierung, zum Schutz europäischer Interessen, wie es hieß, einzugreifen. Die daraus folgende britische Besetzung Ägyptens dauerte in verschiedenen Varianten von 1882 bis 1956.

1919 kam es zu großen Demonstrationen gegen die Briten, die drei Ägyptern (einer davon Saad Saghlul) verbieten wollten, sich als Repräsentanten ihres Landes zu den Pariser Friedensverhandlungen zu begeben, um dort ägyptische Forderungen vorzutragen. Diese Bewegung, aus der die sogenannte Wafd-(Delegation)Partei entstand, führte in der Folge dazu, dass Großbritannien Ägypten am 22. Februar 1922 für unabhängig erklärte und das Land am 19. April 1923 eine Verfassung nach belgischen Vorbild erhielt, in der die Fiktion von einem souveränen ägyptischen Staat wiederholt wurde. All das brachte der Wafd-Partei unter Saad Saghlul dann unter Mustafa an-Nahhas einen enormen Zulauf. Der neue ägyptisch-britische Vertrag von 1936 sah die formale Beendigung der britischen Okkupation und den stufenweisen Rückzug der britischen Truppen zum Suezkanal vor. Die so deklarierte Unabhängigkeit Ägyptens erlaubte dem Land den Beitritt zum Völkerbund.

Doch die andauernde britische Präsenz, die Verpflichtungen, die dem Land während des Zweiten Weltkriegs auferlegt wurden, und schließlich der verlorene Palästinakrieg von 1948 führten zu wachsenden Spannungen und Unruhen, die sich auch gegen die grassierende Korruption im Lande richteten.

1952 nahmen diese Spannungen das Ausmaß eines Volksaufstands an. Der 26. Januar wurde als ›Schwarzer Samstag‹ bekannt. Doch da die Regierung der Lage nicht Herr wurde, übernahm am 23. Juli eine Gruppe jüngerer Offiziere, die sogenannten Freien Offiziere, unter der Führung von Gamal Abdel Nasser die Herrschaft. Sie stürzten den König, verboten alle Parteien, proklamierten die Republik und zwangen Großbritannien in einem neuen Vertrag zur Räumung der Suezkanalzone bis Mitte 1956. Gamal Abdel Nasser wurde 1954 Ministerpräsident, 1956 Staatspräsident. Die dann folgenden Veränderungen in der Innen- wie der Außenpolitik Ägyptens waren bemerkenswert und sie stimmten breite Kreise der ägyptischen Bevölkerung optimistisch für die Entwicklung des Nillandes, ein Optimismus, der schon unter Nasser, dann unter Sadat und schließlich unter Mubarak immer mehr enttäuscht wurde, wobei jedoch Nasser, aufgrund seiner versuchten Eigenständigkeit, in nicht wenigen ägyptischen Kreisen einen gewissen Nimbus behielt.

Und nun, Anfang 2011, kam es zu einer weiteren Revolte der Bevölkerung gegen die Regierung, eine Revolte, die aber weder von einer einzelnen Person oder auch Personengruppe angeführt war noch sich um eine solche gruppierte. Die Anzeichen für einen solchen Ausbruch waren, so darf man sicher rückblickend sagen, vorhanden, auch wenn in Politiker- und Beobachterkreisen niemand daran geglaubt hat.

Dagegen schien zweierlei zu sprechen: Erstens ist da der uralte Mythos von der unbegrenzten Leidensfähigkeit der Ägypter, der Araber, der Muslime, ein Mythos, der sich trotz gegenteiliger Evidenz fest im internationalen Bewusstsein eingenistet hat. Zweitens ist da das Wissen, dass die Despoten Ägyptens spätestens seit Anwar Sadat (1970 – 1981) mit westlicher Unterstützung rechnen konnten, weil sie westlicher Politik nützlich waren. So entwickelte sich ein immer gewalttätiger gegen die eigenen Bürger gerichtetes staatliches Gewaltpotential, das beispielsweise in der raschen Niederschlagung der seit den 1970er Jahren immer wieder aufflammenden sogenannten Brotunruhen sichtbar wurde.

Geschrieben werden konnte trotzdem erstaunlich Vieles und Kritisches im Verlauf der letzten zwei Jahrzehnte. Fast alle Zeitungen boten Artikel über Korruption im Großen. Die Schiebungen und die Schmierungen, besonders aber die Ineffizienz im Administrativen und Organisatorischen waren beliebte Themen. Und zahlreich waren die Berichte über geborstene Kanalisationsrohre oder über Bauprojekte, die wegen abgezweigter Gelder zum Erliegen kamen.

Grenzen gab es jedoch, allgemein bekannte und akzeptierte No-go-Bereiche, an die sich im Allgemeinen auch die publizierte Kritik hielt: der Präsident, das Militär und die Religion.

Einer der wenigen, die sich in den letzten Jahren klar und unerschütterlich über diese unsichtbaren, aber weitestgehend respektierten Grenzen hinweggesetzt haben, ist Alaa al-Aswani. Besonders der Präsident wird, als oberster Verantwortlicher für die Misere des Landes, Ziel seiner Attacken.

Alaa al-Aswani wurde im Jahr 1957 in Kairo in eine Mittelklassefamilie geboren. Sein Vater war Anwalt, der sich auch schriftstellerisch betätigte. In Kairo besuchte al-Aswani eine französische Schule und begann danach Zahnmedizin zu studieren. Dieses Studium führte ihn von 1985 bis 1988 in die Vereinigten Staaten, wo er an der University of Illinois in Chicago seine Hochschulausbildung abschloss. Seit Jahren betreibt er eine Zahnarztpraxis im Kairoer Stadtteil Garden City.

Neben dieser beruflichen Tätigkeit pflegt Alaa al-Aswani ein doppeltes Engagement: ein literarisches und ein politisches.

Ergebnis des literarischen Engagements sind bisher einige in einem Sammelband zusammengefasste Erzählungen und zwei Romane.* In den beiden Romanen nimmt der ägyptische Präsident (unbenannt, versteht sich) eine nicht sehr schmeichelhafte prominente Stellung ein. Im internationalen Bestseller *Der Jakubijân-Bau* ist er das anonyme Haupt der allgegenwärtigen nationalen Korruptionshierarchie, in *Chicago* taucht er auf Staatsbesuch und im Fadenkreuz von ägyptischen Emigranten in den USA auf.

Ergebnis des politischen Engagements sind, neben einem allwöchentlich abgehaltenen politisch-literarischen Diskussionszirkel (der nach der Januar-Februar-Revolte aus seiner bis dahin eher

---

* Alle drei Titel sind auf Deutsch in der Übersetzung von Hartmut Fähndrich im Lenos Verlag, Basel, erschienen: *Der Jakubijân-Bau* (2007), *Chicago* (2008), *Ich wollt', ich würd' Ägypter* (2009).

bescheidenen Lokalität in das viel sichtbarare Opernhausareal verlegt wurde), eine große Zahl von Kolumnen, die Alaa al-Aswani seit Ende der 1990er Jahre regelmäßig in einigen ägyptischen Zeitungen publizierte und die schon in mehreren Bänden gesammelt und in Kairo publiziert wurden.

Gemeinsam mit den anderen Aktivitäten haben diese Kolumnen, diese unbestechlichen Attacken gegen die in Ägypten herrschenden Machtstrukturen Alaa al-Aswani zu einer kritischen Instanz in Kairo gemacht. Bis zum Sturz Mubaraks besaß er, aufgrund seines internationalen Renommees Sicherheit vor dem Zugriff des Machtapparats. Nach dem Sturz Mubaraks habe er, so wird zum Teil spekuliert, obwohl ohne politisches Amt, direkten Einfluss auf politische Maßnahmen: Der Interimsministerpräsident Ahmad Schafik wurde am Tag nach einem fulminanten Fernsehauftritt mit Alaa al-Aswani entlassen. Und die lautstarken Aufrufe al-Aswanis, den ehemaligen Präsidenten zur Rechenschaft zu ziehen, haben inzwischen auch zu einer gerichtlichen Vorladung Hosni Mubaraks geführt.

Die im vorliegenden Band zusammengestellten Beiträge erschienen in der zweiten Hälfte des letzten Jahrzehnts in *al-Schuruk* (Al Shorouk / aš-Šurûq, ›Sonnenaufgang‹), einer der seit einiger Zeit neben der »Regierungspresse« existierenden oppositionellen Tageszeitungen. Publiziert wird sie von dem in Verlauf der letzten zwanzig Jahre zu internationalem Renommee aufgestiegenen gleichnamigen Verlag (gegründet 1968), dessen Autorenliste sich wie ein Who-is-who des ägyptischen Geisteslebens liest.

Spätestens seit dem Erscheinen seines Romans *Der Jakubijân-Bau* im Jahre 2002 spielt Alaa al-Aswani eine bedeutende und sehr sichtbare Rolle in diesem Geistesleben. Er wurde zu einem der klarsten Sprachrohre politischer und gesellschaftlicher Kritik. Schon

im Jahr 2005 / 2006 spricht er vom großen politischen und moralischen Zusammenbruch des Mubarak-Regimes, das sich in eine
Konfrontationssituation mit der ägyptischen Bevölkerung hinein-
manövriert habe. In der Folge geißelt er ebenso unermüdlich wie
unerbittlich das Scheitern und die Verhärtung dieses Regimes. Dies
anhand unzähliger, auch immer mal wieder repetierter Einzelbei-
spiele, die Repression und Korruption verdeutlichen. Außerdem die
Abhängigkeit und Unterwürfigkeit der ägyptischen Regierung gegen
außen, eine Entwicklung, die zu einem völligen Verlust der Würde
Ägyptens und der Ägypter geführt habe.

Sein Fazit schon ein Jahr vor dem Ausbruch der großen Revolte
am 25. Januar 2011 lautet dann auch unmissverständlich, die Ägypter müssten lernen, sich ihre Rechte zu nehmen. Und sehr bald,
so war er schon im September 2010 überzeugt, würden die Verantwortlichen zur Rechenschaft gezogen.

Hartmut Fähndrich

Zeittafel

1798 – 1801   Besetzung Ägyptens durch ein französisches Expeditionsheer unter Napoleon

1805 – 1849   erster Modernisierungsschub unter der Regentschaft Muhammad Alis

1831 – 1841   ägyptische Expansionspolitik in der Levante, zurückgewiesen von europäischen Mächten

1869   Einweihung des Suezkanals

1879   nationalistische Militärrevolte unter Urabi Pascha gegen zunehmenden europäischen Einfluss

1882   Urabi-Revolte niedergeschlagen durch Großbritannien; britische Besetzung Ägyptens

1914   nach Ausbruch des Ersten Weltkriegs erklärt Großbritannien Ägypten zum Protektorat und zum militärischen Aufmarschgebiet der britischen Streitkräfte

1919   Großdemonstrationen unter der entstehenden Wafd-Partei (Saad Saghlul) gegen die britische Präsenz

1922   Großbritannien erklärt die formelle Unabhängigkeit Ägyptens

1923   Ägypten wird konstitutionelle Monarchie unter andauernder britischer Kontrolle

1936	Anglo-Ägyptischer Vertrag: sichert britische Präsenz
1945	Gründung der Arabischen Liga in Kairo
1952	›Juli-Revolution‹ der Freien Offiziere unter Gamal Abdel Nasser
1956	Verstaatlichung des Suezkanals. Israelisch-britisch-französische ›Dreieraggression‹ (Suezkrieg)
1967	Sechstagekrieg/Junikrieg: ägyptisch-jordanisch-syrische Niederlage gegen Israel
1970	(September) Tod Gamal Abdel Nassers; ihm folgt Anwar Sadat als Präsident mit West-Orientierung
1973	Oktoberkrieg: ägyptisch-syrischer Angriff auf Israel
1977	(November) Sadats Besuch in Jerusalem
1978	Unterzeichnung des Camp-David-Abkommens, aus dem der Friedensvertrag zwischen Ägypten und Israel entsteht (26. März 1979)
1977	(Januar) Brotaufstand
1979	Ausschluss Ägyptens aus der Arabischen Liga
1980	Verfassungsreform: mehr Raum für das islamische Gesetz
1981	wachsende Unruhe im Land; Ermordung Sadats (6. Oktober); ihm folgt Hosni Mubarak als Präsident
1989	Rückkehr Ägyptens in die Arabische Liga
2006	*Arab Human Development Report*, in dem in der Arabischen Welt Defizite besonders in den Bereichen Freiheit, Wissen und Frauenrechte festgestellt werden
2009	(Juni) Rede des amerikanischen Präsidenten Barack Obama in Kairo

2011 Unruhe im ganzen Land; Husni Mubarak tritt als Präsident zurück (11. Februar); verschiedene frühere Regierungsmitglieder werden wegen Korruption zu Gefängnisstrafen verurteilt

Inhalt

Die Menschen und soziale Gerechtigkeit

Redefreiheit und staatliche Repression